KiWi
1755

Das Buch

Nach seinem Rücktritt aus der Revolutionsregierung 1965 verlässt Che Guevara Kuba als Geschäftsmann verkleidet in Richtung Kongo. In dem zentralafrikanischen Land herrscht ein Bürgerkrieg unter Beteiligung der USA, der Sowjetunion und Chinas. Gemeinsam mit weiteren kubanischen Kämpfer*innen möchte er die Rebellen in ihrem revolutionären Kampf unterstützen.
Doch die Bedingungen, die sie vorfinden, unterscheiden sich deutlich von ihren Erwartungen, die Revolution nach kubanischem Modell lässt sich nicht wiederholen. Nach verlustreichen Kämpfen wird er das Land nach wenigen Monaten wieder verlassen. Sein Tagebuch, Zeugnis dieses tragischen Kapitels, wird erst Jahre später wiedergefunden und veröffentlicht.

Der Autor

Ernesto »Che« Guevara wurde 1928 im argentinischen Rosario geboren. Nach seinem Studium und ausgedehnten Reisen durch Lateinamerika schließt er sich 1956 einer Gruppe Exilkubaner um Fidel Castro an und wird zu einem der wichtigsten Akteure der Revolution auf Kuba. Nach seinem Ausscheiden aus der Regierung engagierte er sich an der Seite sozialistischer Rebellen im Kongo und in Bolivien, wo er 1967 erschossen wird. Er gilt auf Kuba bis heute als Volksheld und weltweit als eine der großen Ikonen der antiimperialistischen Kämpfe des 20. Jahrhunderts.

Der Übersetzer

Hans-Joachim Hartstein, geboren 1949, übersetzt französisch- und spanischsprachige Literatur. Er hat u.a. Werke von Georges Simenon, Marina Mayoral und Leonardo Padura ins Deutsche übertragen.

ERNESTO CHE GUEVARA

DER AFRIKANISCHE TRAUM

Kongolesisches Tagebuch

Aus dem Spanischen von Hans-Joachim Hartstein

Kiepenheuer & Witsch

Inhalt

Vorwort

Mir wurde immer gesagt, dass irgendwann mit der Arbeit begonnen werden müsse; aber man hat mir nicht gesagt, dass es so schwer werden würde. Dieses Buch wurde von einem Mann geschrieben, für den ich, seit ich denken kann, großen Respekt und Bewunderung empfinde. Leider lebt er nicht mehr und kann mir deshalb nicht sagen, was er von dem hält, was ich schreibe. Schlimmer noch, er kann nicht mehr erläutern, was er damals ausdrücken wollte. Vielleicht würde er heute, dreißig Jahre nach jenen Ereignissen, erklärende Anmerkungen anfügen. Wir wissen es nicht. Das meine ich, wenn ich von einer schwierigen Arbeit spreche. Die *Etappen des revolutionären Kampfes: Kongo* (so der Originaltitel des vorliegenden Tagebuchs), ein bisher unveröffentlichtes Dokument aus seinem persönlichen Archiv, herauszugeben, zu edieren und mit Anmerkungen zu versehen, ist eine große Verpflichtung gegenüber der Geschichte, zumal bereits andere Versionen verbreitet wurden, die sich an den ersten Bearbeitungen durch Che orientieren. Auch wenn er die Herausgeber ermächtigt, Änderungen vorzunehmen, die sie für notwendig erachten, haben wir uns dennoch genau an seinen Text gehalten, da er den Befreiungskampf nach Beendigung seiner Mission im Kongo beschrieben und einer gründlichen kritischen Analyse unterworfen hat. Dadurch wird es möglich, »Erfahrungen zu gewinnen, die für andere revolutionäre Bewegungen von Nutzen sein können«.

Seine »Vorbemerkung« beginnt mit dem Satz: »Dies ist die Geschichte eines Scheiterns.« Obwohl ich nicht seiner Meinung bin, verstehe ich, in welcher Gemütsverfassung er sich befand. Natürlich kann man von einer Niederlage sprechen, doch ich persönlich glaube, dass es ein Heldenepos war. Wer eine Zeit lang auf jenem Kontinent gelebt hat, wird sicherlich verstehen, was ich damit meine. Die Auswirkungen der Demütigung durch die sogenannten europäischen Kolonisatoren, der die afrikanische Bevölkerung jahrhundertelang ausgesetzt war, sind immer noch zu spüren. Die Unterwerfung unter eine fremde Kultur und andere Religionen, die Lähmung der normalen Fortentwicklung einer Zivilisation und die Ausbeutung der natürlichen Reichtümer, einschließlich der Körperkraft der Menschen, die als Sklaven missbraucht, aus ihrer gewohnten Umgebung herausgerissen, misshandelt und gedemütigt wurden, all das hat tiefe Spuren bei diesen Menschen hinterlassen. Wenn wir uns klar machen, dass die Verursacher dieses Elends und ihre Nachfolger sich noch heute berechtigt fühlen, damit fortzufahren, und dass wir das in der einen oder anderen Form zulassen, so beginnen wir zu verstehen, wie die afrikanischen Menschen auf bestimmte Dinge reagieren.

Gewiss werden sich viele Leser fragen, warum Che Guevara an diesem revolutionären Prozess teilgenommen hat, was ihn dazu veranlasste, diese Bewegung zu unterstützen. Er selbst gibt uns die Antwort darauf, wenn er sagt: »Denn es geht nicht nur darum, sich entschlossen gegen den Yankee-Imperialismus zu verteidigen; es ist nötig, ihn an seinen Stützpunkten anzugreifen, auf den Kolonial- und Neokolonialterritorien, die ihm als Basis für seine Weltherrschaft dienen.«

Schon immer hatte Che beabsichtigt, den revolutionären Kampf in anderen Ländern der Erde fortzusetzen. Als Arzt von Beruf und Guerillero aus Leidenschaft wusste er um die Beschränkungen, die das Leben dem Menschen auferlegt, und um die Opfer, die eine so schwierige Aufgabe des Guerillakrieges von ihm verlangt. Daraus wird das Bestreben verständlich, sich der Verwirklichung seiner Ziele in der bestmöglichen körperlichen Verfassung zu stellen. Wir kennen sein tiefes Verantwortungsbewusstsein und seine politische Reife, und wir wissen auch, dass er sich gegenüber den vielen Genossen, die ihre Hoffnung in ihn setzten, verpflichtet fühlte, den Kampf fortzuführen.

Er unternimmt eine erste Reise auf den afrikanischen Kontinent, wo er Gelegenheit hat, einige Führer der damaligen Befreiungsbewegungen kennen zu lernen, und dort erfährt er auch von ihren Schwierigkeiten und Sorgen. Er hält ständigen Kontakt mit Fidel Castro, der ihn in einem bisher unveröffentlichten Brief vom Dezember 1964 über die Aktionen informiert, die unterdessen von Kuba aus gestartet werden:

> »Che,
>
> Sergio [Sergio del Valle] war soeben bei mir, er hat mir eingehend berichtet, wie alles vorangeht. Wie es scheint, gibt es keinerlei Schwierigkeiten bei der Durchführung des Programms. Diocles [Diocles Torralba] wird Dich mündlich in allen Einzelheiten darüber informieren. (…)
>
> Die endgültige Entscheidung über die Vorgehensweise werden wir nach Deiner Rückkehr treffen. Um zwischen den möglichen Alternativen wählen zu können, müssen wir die Meinung unseres Freundes [Ahmed Ben Bela] hören. Versuche, uns über sichere Kanäle weiterhin auf dem Laufenden zu halten.«

Auf keinen Fall darf vergessen werden, dass an diesem Kampf neben Che eine Gruppe von Kubanern teilnahm, die seine Überzeugung teilten: »Unser Land, die einsame Bastion des Sozialismus vor den Toren des Yankee-Imperialismus, schickt seine Soldaten zum Kämpfen und zum Sterben in fremdes Land, auf einen fernen Kontinent, und übernimmt öffentlich die volle Verantwortung für ihr Handeln. In dieser Herausforderung, in dieser klaren Parteinahme angesichts des großen Problems unserer Zeit – des erbarmungslosen Kampfes gegen den Yankee-Imperialismus – liegt die heroische Bedeutung unserer Teilnahme an dem Kampf im Kongo.«

Zusammen mit den Männern, die unter seinem Kommando stehen, versucht er, so weit wie möglich die kongolesische Befreiungsbewegung zu verstärken, eine Einheitsfront aufzubauen und die Besten auszuwählen, diejenigen, die bereit sind, den Kampf für die endgültige Befreiung Amerikas fortzuführen. Er bringt die Erfahrungen mit, die er in Kuba gesammelt hat, und stellt sie in den Dienst der neuen Revolution.

Die raue Wirklichkeit im Kongo, die Rückständigkeit, das fehlende politische Bewusstsein der Menschen, wogegen konsequent und entschlossen angekämpft werden musste, all das überraschte Che. Es gibt Momente der Mutlosigkeit und Verständnislosigkeit, doch angesichts der widrigen Umstände erwacht wie eine prophetische Vision sein ungeheures Vertrauen und die Liebe zu den Menschen, die beschlossen haben, Entwicklungsmöglichkeiten für ihr Volk zu schaffen und für ein Leben in Würde zu streiten.

In Afrika hat die Geschichte während mehr als dreißig Jahren den Boden für solche Visionen bereitet, da sich revolutionäres Bewusstsein mit wachsender Kriegskultur verband und so entscheidende Siege wie die von Cuito Cuanavale, Äthiopien und Namibia errungen werden konnten, die zur Souveränität und Unabhängigkeit des Kontinents beigetragen haben.

Als Che sich bereits mitten im Schlachtengetümmel im Kongo befand, beschloss die kubanische Revolution, die so lange wie möglich absolutes Stillschweigen über seine internationalen Aktivitäten bewahrt und monatelang standhaft eine Flut von Verleumdungen über sich hatte ergehen lassen, auf der konstituierenden Sitzung des Ersten Zentralkomitees, seinen Abschiedsbrief zu veröffentlichen; denn es war nicht länger möglich, dem kubanischen Volk und der Welt eine Erklärung für die Abwesenheit des Mannes vorzuenthalten, der einer der zuverlässigsten und legendärsten Helden der Revolution war.

In seinen Aufzeichnungen kommt Che zu dem Schluss, dass die Kenntnis dieses Schreibens zu einer Entfremdung zwischen ihm und den kubanischen Kampfgefährten geführt hat: »Gewisse Gemeinsamkeiten existierten nicht mehr, gemeinsame Sehnsüchte, die jedem einzelnen Menschen heilig sind und auf die ich stillschweigend oder ausdrücklich verzichtet hatte: die Familie, das Land, die vertraute Umgebung.« Wenn es das war, was er zu jener Zeit empfand, lässt sich vorstellen, wie schwierig es für den Genossen Fidel war, Che zur Rückkehr nach Kuba zu bewegen. In mehreren Briefen versucht er ihn zu überzeugen, und es gelingt ihm schließlich mit stichhaltigen Argumenten. Im Juni 1966 schreibt er ihm in einem bisher nicht veröffentlichten Brief:

»Lieber Ramón,

der Brief, den ich Dir schreiben wollte, ist von den Ereignissen überholt worden. Ich habe mich ausführlich mit dem Buchprojekt über Deine Erfahrungen im K. [Kongo] und erneut mit dem ›Leitfaden für Guerillakriege‹ beschäftigt, mit der Absicht, eine bestmögliche Analyse zu diesen Themen erstellen zu können, bedenkt man vor allem den praktischen Nutzen für unsere Pläne im Land von Carlitos [Carlos Gardel]. Obwohl es zur Zeit keinen Sinn hat, darüber zu reden, möchte ich Dir im Moment nur so viel sagen, dass ich die Arbeit über den K. außerordentlich interessant fand. Ich glaube, die Ausdauer, mit der Du alles schriftlich festgehalten hast, hat sich wirklich gelohnt. (...)

Über deine Situation

Soeben habe ich Deinen Brief an Bracero [Osmany Cienfuegos] gelesen und ausführlich mit der Doctora [Aleida March] darüber gesprochen.

Während der Zeit, als hier eine Aggression unmittelbar bevorzustehen schien, habe ich einigen Genossen von meiner Idee erzählt, Dir nahe zu legen, nach Kuba zurückzukehren. Es stellte sich heraus, dass diese Idee alle mit sich herumtragen. Der Gallego [Manuel Pineiro] übernahm die Aufgabe, herauszufinden, wie Du darüber denkst. Deinem Brief an Bracero entnehme ich, dass Du genau denselben Gedanken hattest. Zum gegenwärtigen Zeitpunkt jedoch können wir keine diesbezüglichen Pläne machen, denn wie ich Dir bereits gesagt habe, ist unser jetziger Eindruck der, dass im Moment nichts passieren wird.

Dennoch, so glaube ich, solltest Du Dir angesichts der heiklen und bedrohlichen Situation, in der Du Dich dort befindest, auf jeden Fall überlegen, ob es nicht angebracht wäre, auf einen Sprung hier vorbeizukommen.

Ich bin mir vollauf im Klaren darüber, dass es Dir außerordentlich widerstrebt, irgendeine Entscheidung zu treffen, auch die, zum jetzigen Zeitpunkt einen Fuß auf Kuba zu setzen, es sei denn, in dem ganz besonderen, oben genannten Fall. Das aber, betrachtet man es nüchtern und objektiv, behindert

Deine Pläne; schlimmer noch, es gefährdet sie. Ich jedenfalls habe Probleme, mich mit dem Gedanken abzufinden, dass das richtig sein soll und sich obendrein vom revolutionären Standpunkt aus rechtfertigen lässt. Dein Verweilen im sogenannten Zwischenstadium erhöht die Risiken; es erschwert die anstehende praktische Arbeit außerordentlich; weit davon entfernt, die Realisierung unserer Pläne zu beschleunigen, verschleppt es sie und zwingt Dich außerdem zu einer unnötig ängstlichen, unsicheren und ungeduldigen Warterei.

Und warum das alles, wofür? Es ist keine Frage von Prinzipien, Ehre oder revolutionärer Moral, die Dich davon abhält, von den Talenten, über die Du zweifellos verfügst, um Deine Ziele zu erreichen, erfolgreich Gebrauch zu machen. Von den Vorteilen, die objektiv bedeuten, dass Du kommen und gehen kannst, wann Du willst, um zu koordinieren, zu planen, Kader auszuwählen und auszubilden, und von hier aus all das zu machen, was Du von dort oder jedem anderen Punkt aus mit so großer Mühe und nur mangelhaft realisieren kannst – von all diesen Vorteilen Gebrauch zu machen, ist ganz und gar kein Betrug, keine Lüge, keine Täuschung des kubanischen Volkes oder der Welt. Weder heute noch morgen oder irgendwann könnte man das als Fehler auslegen, und schon gar nicht Du selbst vor Deinem eigenen Gewissen. Dagegen wäre es ein schwerer, unverzeihlicher Fehler, die Dinge schlecht zu machen, wenn Du sie gut machen kannst. Zu scheitern, wenn alle Möglichkeiten zum Erfolg vorhanden sind.

Es liegt mir fern, Dich zur Aufgabe oder Aufschiebung Deiner Pläne zu bewegen, auch lasse ich mich nicht zu pessimistischen Einschätzungen angesichts der aufgetretenen Schwierigkeiten hinreißen. Ganz im Gegenteil, denn ich glaube, dass die Schwierigkeiten überwunden werden können und dass wir mehr denn je über die Erfahrung, die Überzeugung und die Mittel verfügen, unsere Pläne erfolgreich durchzuführen. Daher bin ich der Ansicht, dass wir den rationellsten und optimalen Gebrauch von den uns zur Verfügung stehenden Kenntnissen, den Mitteln und Möglichkeiten machen müssen. Hast Du seit der Verwirklichung Deiner alten Idee, den

Kampf auf der anderen Bühne fortzuführen, wirklich auch nur einmal Zeit gefunden, Dich mit ganzer Kraft der Frage zu widmen, wie unsere Pläne konzipiert und ihre Durchführung organisiert werden können, so weit das möglich ist? (...)

In Deinem Fall ist es ein gewaltiger Vorteil, dass Du alles zur Verfügung hast, Häuser, abgelegene Bauernhöfe, Berge, einsame Inseln und alles, was man unbedingt braucht, um die Durchführung persönlich zu organisieren und zu leiten, und dass Du Dich hundertprozentig der Sache widmen kannst, wobei Dich so viele Leute wie nötig unterstützen, ohne dass mehr als eine winzige Anzahl von Personen über Deine Anwesenheit informiert ist. Du weißt ganz genau, dass Dir diese Möglichkeiten zu Gebote stehen und es vollkommen ausgeschlossen ist, dass Du von staatlicher oder politischer Seite Schwierigkeiten oder irgendwelche Einmischung zu befürchten hast. Das Schwierigste von allem, nämlich die Abschirmung vor der Öffentlichkeit, ist uns gelungen, allerdings nicht ohne einen bestimmten Preis an Verleumdungen, Intrigen etc. zahlen zu müssen. Ist es zu vertreten, wenn wir nicht den größtmöglichen Nutzen daraus ziehen? Hatte je ein Revolutionär so ideale Bedingungen, um seine historische Mission zu erfüllen, zu einer Zeit, in der diese Mission eine einzigartige Bedeutung für die Menschheit erlangt, nun, da der entscheidende und folgenschwerste Kampf um den Sieg der Völker entbrannt ist? (...)

Warum sollen wir die Sache nicht gut machen, wo wir doch alle Möglichkeiten dazu haben? Warum nehmen wir uns nicht die nötige Zeit, auch wenn wir so schnell wie möglich handeln müssen? Mussten sich Marx, Engels, Bolivar oder José Martí etwa nicht in Geduld üben und manchmal jahrzehntelang warten?

Und dabei gab es zu der damaligen Zeit weder Flugzeug noch Radio oder die anderen Mittel, die heutzutage die Entfernungen verkürzen und die Ausbeute jeder Stunde des menschlichen Lebens erhöhen. In Mexiko mussten wir achtzehn Monate warten, bevor wir hierher zurückkehren konnten. Ich mute Dir nicht zu, Jahrzehnte zu warten, nicht einmal Jahre, sondern nur Monate. Denn ich glaube, dass Du, wenn Du meinen Vorschlag annimmst, schon nach wenigen Monaten aufbrechen kannst, und zwar unter unendlich günstigeren Bedingungen als denen, die wir im Moment geschaffen haben.

Ich weiß, dass Du am 14. achtunddreißig wirst. Meinst Du vielleicht, ein Mann fängt in diesem Alter an, alt zu werden?

Ich hoffe, dass Dich diese Zeilen weder ärgern noch beunruhigen. Wenn Du sie in aller Ruhe analysierst, wirst Du mir, das weiß ich, mit der Ehrlichkeit, die Dich auszeichnet, Recht geben. Aber auch wenn Du eine vollkommen andere Entscheidung treffen solltest, werde ich nicht enttäuscht sein. Ich schreibe diese Zeilen in innigster Freundschaft und mit der tiefsten und aufrichtigsten Bewunderung für Deine wache, großherzige Intelligenz, Dein mustergültiges Verhalten und Deinen unerschütterlichen Charakter eines untadeligen Revolutionärs. Und die Möglichkeit, dass Du die Dinge anders beurteilen könntest, wird nicht das Geringste an meinen Gefühlen ändern und unsere Zusammenarbeit in keiner Weise beeinträchtigen.«

Im selben Jahr kehrt Che nach Kuba zurück.

Am ersten Jahrestag des Sieges der Revolution im Kongo nahm ich an den Feierlichkeiten teil. Dabei hatte ich Gelegenheit, mit einigen der Männer, die an seiner Seite gekämpft hatten, zu sprechen, und ich erzählte ihnen von der Veröffentlichung dieses Buches. Ihre Meinung darüber bereitete mir Sorgen, denn Che ist in seinen Aufzeichnungen kritisch und direkt, das Dokument sollte die Fehler der Vergangenheit analysieren, damit sie nicht erneut begangen würden, und er erwähnt auch verschiedene Führer, insbesondere den Kongolesen Laurent Kabila, der heute der Präsident seines Volkes ist.

Bei dem Kontakt mit jenen Männern konnte ich feststellen, dass sie sich mit Respekt und Zuneigung an Che Guevara erinnern. Die meisten von ihnen waren damals noch sehr jung, aber ihren eigenen Worten zufolge können sie die Schlichtheit und Bescheidenheit nicht vergessen, mit denen Che ihnen seinen Respekt zollte und sich unter ihr Kommando stellte. Darum sind sie sich im Klaren darüber, dass die Empfehlungen, die er ihnen gab, stets von Nutzen sein werden für die große Aufgabe, die vor ihnen liegt, nämlich die, das Land zu einen und zu erreichen, dass zum ersten Mal seit vielen Jahren das kongolesische Volk selbst von den eigenen Reichtümern profitiert.

Menschen sterben nicht, wenn sie es schaffen, durch ihr Leben und ihr Beispiel vielen anderen ein Vorbild zu sein, und wenn es diesen anderen gelingt, das Werk fortzuführen.

Aleida Guevara March
Juni 1998

Vorbemerkung

Dies ist die Geschichte eines Scheiterns. Sie geht von der Schilderung einzelner Begebenheiten aus, so wie es bei Kriegsberichten üblich ist, wird aber durch Anmerkungen und eine kritische Analyse ergänzt; denn wenn dieser Bericht eine Bedeutung haben soll, so liegt sie, glaube ich, darin, Erfahrungen zu gewinnen, die für andere revolutionäre Bewegungen von Nutzen sein können. Der Sieg ist eine wichtige Quelle positiver Erfahrungen, doch das ist die Niederlage ebenfalls, vor allem, wenn man die außergewöhnlichen Begleitumstände der Episode in Betracht zieht: Bei Beteiligten und Informanten handelt es sich um Ausländer, die ihr Leben in einem unbekannten Land riskieren, in dem eine andere Sprache gesprochen wird und mit dem sie bisher durch nichts als die Bande des proletarischen Internationalismus verbunden waren. Außerdem gehen sie nach einem Plan vor, der in den modernen Befreiungskriegen zuvor noch nicht verfolgt wurde.

Der Bericht schließt mit einem Nachwort, in dem die Fragen des Kampfes in Afrika und, ganz allgemein, die des nationalen Befreiungskampfes gegen die neokoloniale Form des Imperialismus aufgeworfen werden, welche seine gefährlichste Erscheinungsform ist angesichts der Verschleierungen und Subtilitäten sowie der langen Erfahrung, die die Kolonialmächte mit dieser Art der Ausbeutung besitzen.

Die Aufzeichnungen werden lange nachdem ich sie diktiert habe, veröffentlicht werden, und möglicherweise kann der Autor für das, was hier gesagt wird, keine Verantwortung mehr übernehmen. Die Zeit wird viele Ecken und Kanten geschliffen haben, und wenn das Erscheinen des Buches irgendeine Bedeutung haben soll, so mögen die Herausgeber mit der Hilfe berufener Personen die Korrekturen anbringen, die sie für nötig erachten, um die Ereignisse oder Meinungen im Lichte der verflossenen Zeit zu erläutern.

Treffender gesagt: Dies ist die Geschichte einer Auflösung. Als wir im Kongo eintrafen, befand sich die Revolution dort in einer Phase des Stillstands; die darauf folgenden Ereignisse sollten zu ihrem endgültigen Niedergang führen, jedenfalls in jenem Moment und auf dem riesigen Kampfgebiet, das der Kongo darstellt. Das Interessanteste hierbei ist nicht die Geschichte der Auflösung der kongolesischen Revolution, deren Ursachen und Besonderheiten zu kompliziert sind, als dass ich sie vollständig von meinem Blickwinkel aus behandeln könnte; nein, das Interessanteste ist der Auflösungsprozess unserer Kampfmoral. Denn die von uns gemachten Erfahrungen dürfen nicht verloren gehen, und die Armee des Internationalen Proletariats darf angesichts des ersten Fehlschlags nicht gleich kapitulieren. Man muss die Probleme, die sich stellen, gründlich analysieren, um sie dann zu lösen. Ein guter Ausbilder auf dem Schlachtfeld tut mehr für die Revolution als einer, der eine beträchtliche Anzahl von Neulingen in Friedenszeiten für den Krieg ausbildet; doch die Eigenschaften eines solchen Ausbilders, der die Funktion eines Katalysators bei der Heranbildung zukünftiger revolutionärer Kader hat, müssen genau studiert werden.

Unser Leitgedanke war es, in Befreiungskriegen und Kämpfen gegen die kubanische Reaktion erprobte Männer gemeinsam mit unerfahrenen Leuten kämpfen zu lassen und so das zu bewirken, was wir die »Kubanisierung« der Kongolesen nannten. Im Folgenden werden wir sehen, dass die Wirkung diametral entgegengesetzt war und mit der Zeit die »Kongolisierung« der Kubaner stattfand. »Kongolisierung« nennen wir die Übernahme von Gewohnheiten und Einstellungen gegenüber der Revolution, die für den kongolesischen Soldaten in der damaligen Kampfsituation charakteristisch waren. Damit soll nichts Abwertendes über das kongolesische Volk gesagt werden, sehr wohl aber über den kongolesischen Soldaten zu jener Zeit. Die Ursachen dafür, dass jene Kämpfer so negative Eigenschaften zeigten, werden im Laufe dieser Geschichte ebenfalls zu klären sein.

Als allgemeine Regel – eine Regel, die ich stets befolgt habe – gilt: Hier wird nichts als die Wahrheit gesagt, zumindest was meine Interpretation der Tatsachen angeht – auch wenn diese im Widerspruch zu anderen subjektiven oder korrigierenden Einschätzungen stehen kann, falls sich Irrtümer in den Bericht einschleichen.

Sollte die Wahrheit indiskret oder unangebracht erscheinen, werde ich Stillschweigen bewahren; denn es gibt Dinge, die der Feind nicht wissen darf, zumal hier Fragen aufgeworfen werden sollen, die unseren Freunden für eine mögliche Wiederaufnahme des Kampfes im Kongo von Nutzen sein könnten (oder für die Aufnahme des Kampfes in jedem anderen Land Afrikas oder auf anderen Kontinenten, dessen Probleme ähnlich gelagert sind). Zu den verschwiegenen Informationen gehören die Wege und Methoden, die wir benutzten, um auf tansanisches Gebiet zu gelangen, das Sprungbrett für unseren Auftritt in dieser Geschichte.

Die Namen der Kongolesen, die hier genannt werden, sind real; dagegen erscheinen die Mitglieder unserer Truppe unter den Namen in Suaheli, die wir ihnen beim Einmarsch in kongolesisches Gebiet gaben. Die wirklichen Namen der teilnehmenden Genossen werden in einem Anhang aufgeführt, wenn die Herausgeber das für zweckmäßig halten.

Zuletzt möchte ich ausdrücklich betonen, dass es dem Heroismus unserer Aktion keinerlei Abbruch tut, wenn wir, um uns strikt an die Wahrheit zu halten und weil es für zukünftige Freiheitsbewegungen von großer Bedeutung sein kann, im Folgenden auf verschiedene Fälle von Schwäche bei einzelnen Männern oder in ganzen Abteilungen hinweisen und eindringlich über die allgemeine Demoralisierung sprechen, die bei uns um sich gegriffen hat. Die Heldenhaftigkeit der Teilnehmer wird von der allgemeinen Haltung unserer Regierung und des kubanischen Volkes bestätigt. Unser Land, die einsame Bastion des Sozialismus vor den Toren des Yankee-Imperialismus, schickt seine Soldaten zum Kämpfen und zum Sterben in fremdes Land, auf einen fernen Kontinent, und übernimmt öffentlich die volle Verantwortung für ihr Handeln. In dieser Herausforderung, in dieser klaren Parteinahme angesichts des großen Problems unserer Zeit – des erbarmungslosen Kampfes gegen den Yankee-Imperialismus – liegt die heroische Bedeutung unserer Teilnahme an dem Kampf im Kongo.

Dort nämlich zeigt sich die Bereitschaft eines Volkes und seiner politischen Führer, sich nicht nur zu verteidigen, sondern auch anzugreifen. Denn es geht nicht nur darum, sich entschlossen gegen den Yankee-Imperialismus zu verteidigen; es ist nötig, ihn an seinen Stützpunkten anzugreifen, auf den Kolonial- und Neokolonialterritorien, die ihm als Basis für seine Weltherrschaft dienen.

Erster Akt

Bei einer Geschichte wie dieser ist es schwierig herauszufinden, welches der erste Akt war. Aus erzähltechnischen Gründen möchte ich mit einer Reise durch den afrikanischen Kontinent beginnen, auf der ich Gelegenheit hatte, mit zahlreichen Führern der verschiedenen Befreiungsbewegungen Kontakt aufzunehmen. Ganz besonders informativ war der Besuch in Daressalam, dem Aufenthaltsort einer beträchtlichen Anzahl von *freedom fighters*, die aus ihrer Situation einen wirklichen, mitunter lukrativen und selten anstrengenden Beruf gemacht haben und meist in Hotels ein behagliches Leben führen. In dieser Umgebung also fanden die Gespräche statt, bei denen sie im Allgemeinen um eine militärische Ausbildung auf Kuba und um finanzielle Unterstützung baten. Das war bei fast allen das *Leitmotiv.*

Ich lernte auch die kongolesischen Kämpfer kennen. Schon bei der ersten Begegnung konnten wir die außergewöhnliche Vielfalt unterschiedlicher Tendenzen und Meinungen feststellen, die bei den Führern dieser Revolution vorherrschten. Ich nahm Kontakt zu Kabila und seinem Generalstab auf; mein Eindruck von ihm war hervorragend. Er gab an, aus dem Landesinneren zu kommen – anscheinend aus Kigoma, einer tansanischen Ortschaft am Tanganyika-See und einem der wichtigsten Schauplätze dieser Geschichte, der als Ausgangspunkt für das Vordringen in den Kongo diente sowie als behagliches Quartier und Zufluchtsort für die Revolutionäre, die des gefahrvollen Lebens in den Bergen jenseits der Wasserscheide überdrüssig waren.

Kabilas Ausführungen waren verständlich, anschaulich und entschlossen. Er deutete seine Opposition zu Gbenyé und Kanza an und ließ durchblicken, wie wenig er mit Soumialot einverstanden war. Kabilas These besagte, dass man nicht von einer kongolesischen Regierung sprechen könne, da sich diese nicht mit Mulele, dem Begründer der Befreiungsbewegung, besprochen habe und der Präsident lediglich den Titel des Regierungschefs für den Nordosten des Kongos beanspruchen könne. Mit dieser Bemerkung bestritt er auch den Einfluss Gbenyés auf sein eigenes Gebiet, den Südosten, den er als stellvertretender Parteivorsitzender kontrollierte.

Kabila war sich vollkommen klar darüber, dass der Hauptfeind der nordamerikanische Imperialismus war, und er zeigte sich entschlossen, ihn konsequent bis zum Ende zu bekämpfen. Seine Äußerungen und sein entschlossener Ton machten, wie ich bereits sagte, einen sehr guten Eindruck auf mich.

Am nächsten Tag sprachen wir mit Soumialot. Er ist ganz anders. Sein politisches Bewusstsein ist viel weniger entwickelt, er ist viel älter und besitzt so etwas wie einen Urinstinkt, zu schweigen oder sehr wenig zu sagen. Mit verschwommenen Sätzen scheint er äußerst tiefgründige Gedanken ausdrücken zu wollen, doch so viel Mühe er sich auch gibt, ihm fehlt die Ausstrahlung eines wirklichen Volkstribuns.

Er sagte, was er später öffentlich erklärt hat: dass er als Verteidigungsminister Mitglied der Regierung Gbenyé war, wie sie von dessen Aktion überrascht wurden etc., und er ließ auch keinen Zweifel an seiner Opposition zu Gbenyé und, vor allem, zu Kanza. Die beiden Letzteren kannte ich nicht persönlich, außer dass ich Kanza einmal flüchtig die Hand geschüttelt hatte, als wir uns auf einem Flughafen begegnet waren.

Wir sprachen lange mit Kabila über das, was unsere Regierung als einen strategischen Fehler einiger afrikanischer Freunde betrachtete; angesichts der offensichtlichen Aggression der imperialistischen Mächte wurde die Parole »Das Problem des Kongos ist ein afrikanisches Problem« ausgegeben, und dementsprechend wurde gehandelt. Unserer Meinung nach war das kongolesische Problem ein weltweites Problem, und Kabila schloss sich dem an.

Im Namen unserer Regierung bot ich ihm dreißig Ausbilder an sowie so viele Waffen, wie wir liefern konnten, was er hocherfreut annahm. Er wies darauf hin, dass beides gleichermaßen dringlich sei, was Soumialot bei einem anderen Gespräch ebenfalls zum Ausdruck brachte. Letzterer deutete an, dass es von Vorteil sei, wenn die Ausbilder Schwarze wären.

Ich nahm mir vor herauszufinden, wie die Stimmung unter den anderen *freedom fighters* war, und zwar in separaten, freundschaftlich geführten Gesprächen. Doch aufgrund eines Versehens der Botschaftsangehörigen wurde daraus ein »Rebellentreffen«, an dem fünfzig oder mehr Personen teilnahmen, Vertreter von Befreiungsbewegungen aus zehn oder mehr Ländern, die unter sich zerstritten waren. Ich forderte sie zur Geschlossenheit auf, analysierte die fast einmütig vorgetragenen Bitten um finanzielle Unterstützung und Ausbildung von Soldaten und rechnete ihnen vor, was es kostete, einen Soldaten in Kuba auszubilden, wie viel Geld und Zeit dazu nötig waren und wie gering die Wahrscheinlichkeit war, dass brauchbare Kämpfer für die Bewegung dabei herauskommen würden.

Ich erzählte ihnen von unseren Erfahrungen in der Sierra Maestra, wo wir aus fünf Rekruten nur etwa einen zu einem Soldaten und aus fünf Soldaten wiederum nur einen zu einem guten Kämpfer machen konnten. Ich versuchte die aufgebrachten *freedom fighters* mit dem größten Nachdruck davon zu überzeugen, dass das in die Ausbildung von Soldaten investierte Geld zum großen Teil schlecht angelegt wäre. Ein Mann wird nicht auf einer Militärakademie zum Soldaten, und erst recht nicht zu einem revolutionären Soldaten. Der wird nur im Krieg gemacht. Er kann in jedem Institut einen Titel erwerben, doch wie bei jedem anderen Beruf findet die eigentliche Ausbildung in der Praxis statt, durch das Verhalten unter feindlichem Feuer, durch die Strapazen, durch die Niederlage, durch das andauernde Gejagtwerden, durch die widrigen Umstände. Niemals könne man, sagte ich, aufgrund seiner Aussagen, nicht einmal aufgrund der Vorgeschichte des Betreffenden, seine Reaktion auf all die Unwägbarkeiten des Befreiungskrieges eines Volkes vorhersagen. Deshalb schlug ich ihnen vor, dass die militärische Ausbildung nicht im fernen Kuba stattfinden sollte, sondern im nahen Kongo, wo nicht gegen irgendeine Marionette wie Tschombé, sondern gegen den nordamerikanischen Imperialismus gekämpft wurde, der in seiner neokolonialen Form die soeben erlangte Unabhängigkeit fast aller afrikanischen Völker bedrohte oder dazu beitrug, die Kolonien in Abhängigkeit und Unterdrückung zu halten. Ich sprach von der fundamentalen Bedeutung, die dem Befreiungskampf im Kongo in unserem Konzept zukam; ein Sieg würde sich auf den gesamten Kontinent auswirken, und eine Niederlage ebenfalls.

Die Reaktion auf meine Rede war mehr als frostig. Zwar enthielt sich die Mehrheit der Anwesenden jeglichen Kommentars, doch einige baten ums Wort, um mir wegen meiner Ratschläge heftige Vorwürfe zu machen. Sie argumentierten, dass ihre durch den Imperialismus geschundenen und erniedrigten Völker protestieren würden, dass, sollte es Opfer geben, die Ursache dafür nicht in der Unterdrückung in ihrem Lande zu suchen sei, sondern in einem Krieg, der geführt werde, um einen anderen Staat zu befreien. Ich versuchte ihnen klar zu machen, dass es hier nicht um Kämpfe innerhalb von Staatsgrenzen ging, sondern um einen Krieg gegen die Herrschaft des gemeinsamen Feindes, der allgegenwärtig war, in Mozambique ebenso wie in Malawi, Rhodesien oder Südafrika, Angola oder dem Kongo. Niemand hatte Verständnis dafür.

Kühl und höflich verabschiedeten sie sich. Uns allen war klar, wie weit der Weg noch war, den Afrika zurücklegen musste, bevor ein wirklich revolutionäres Bewusstsein erreicht sein würde; aber uns blieb immerhin die Freude darüber, Leute getroffen zu haben, die bereit waren, den Kampf bis zum Ende fortzuführen. Nun stellte sich uns die Aufgabe, eine Gruppe schwarzer Kubaner auszuwählen und sie, natürlich freiwillig, in den Kongo zu entsenden, um hier den Befreiungskampf zu unterstützen.

Zweiter Akt

Der zweite Akt beginnt in Kuba und umfasst einige Ereignisse, deren Bedeutung im Moment nicht erläutert werden kann, wie zum Beispiel meine Berufung an die Spitze des kubanischen Heeres – trotz meiner weißen Hautfarbe –, die Auswahl der zukünftigen Kämpfer, die Vorbereitung für meine heimliche Abreise, das Abschiednehmen, das nur von wenigen Menschen möglich war, die erläuternden Briefe; eine ganze Reihe also von Aktivitäten hinter den Kulissen, die zu Papier zu bringen auch heute noch gefährlich ist und die später immer noch offen gelegt werden können.

Nach der bittersüßen Pflicht des Abschieds, der im besten Falle ein Abschied auf lange Zeit sein würde, war noch eine letzte Hürde zu nehmen: meine geheim gehaltene Reise, von der zu erzählen zur Zeit ebenfalls nicht angebracht ist.

Ich ließ fast elf Jahre Arbeit für die kubanische Revolution an der Seite Fidels hinter mir, ein glückliches Heim, insoweit man den Aufenthaltsort eines seiner Aufgabe verpflichteten Revolutionärs ein Heim nennen kann, sowie einen Stall voller Kinder, die mich kaum als zärtlichen Vater kennen gelernt hatten. Das Rad begann sich wieder zu drehen.

Eines schönen Tages tauchte ich in Daressalam auf. Niemand kannte mich. Nicht einmal der kubanische Botschafter, ein alter Kampfgenosse, der als Befehlshaber des Heeres der Aufständischen mit uns in Havanna eingezogen war, erkannte mich bei meiner Ankunft wieder.

Wir ließen uns auf einem kleinen Bauernhof nieder, den wir gemietet hatten, um dort auf die dreißig Männer, die mich begleiten sollten, zu warten. Zur Zeit waren wir zu dritt: Moja, Kommandant, Schwarzer, offizieller Chef der Truppe; Mbili, ein weißer, kampferprobter Genosse; ich, Tatu, der die Funktion des Arztes ausübte, wobei meine weiße Hautfarbe mit der Tatsache erklärt wurde, dass ich Französisch sprach und Erfahrung im Guerillakrieg hatte. Unsere Namen bedeuteten: eins, zwei und drei, in dieser Reihenfolge; um uns Kopfzerbrechen zu ersparen, hatten wir beschlossen, uns einfach in der Reihenfolge unserer Ankunft durchzunummerieren und als Name die entsprechende Zahl in Suaheli zu verwenden.

Ich hatte keinem Kongolesen meine Absicht, in seinem Land zu kämpfen, mitgeteilt, genauso wenig wie jetzt meine Anwesenheit. Im ersten Gespräch mit Kabila konnte ich es nicht, da noch nichts entschieden war, und später dann, nachdem der Plan gefasst worden war, wäre es gefährlich gewesen, wenn meine Absicht vor meiner Ankunft bekannt geworden wäre; viel feindliches Land musste durchquert werden. Ich beschloss also, die Leute vor vollendete Tatsachen zu stellen, ihre Reaktion auf meine Anwesenheit abzuwarten und mich dementsprechend zu verhalten. Mir war sehr wohl bewusst, dass eine ablehnende Haltung mich in eine schwierige Lage bringen würde, da ich nicht zurückkehren konnte. Doch ich rechnete auch damit, dass es ihnen sehr schwer fallen würde, sich einer Zusammenarbeit mit mir zu verweigern. Ich erpresste sie sozusagen durch meine physische Anwesenheit.

Es ergab sich ein Problem, auf das wir nicht vorbereitet waren: Kabila hielt sich, wie alle Mitglieder der Revolutionsregierung, in Kairo auf, um Gespräche über Aspekte eines einheitlich geführten Kampfes und über die Neugestaltung der revolutionären Organisation zu führen. Seine Stellvertreter Masengo und Mitudidi begleiteten ihn. Nur einer war daheim geblieben, ein Delegierter namens Chamaleso, der später den kubanischen Decknamen Tremendo Punto (alter Gauner) annahm. Chamaleso akzeptierte die dreißig Ausbilder, die wir zugesagt hatten, und als wir ihm mitteilten, dass weitere einhundertdreißig Männer, ausnahmslos Schwarze, bereit waren, den Kampf aufzunehmen, stimmte er ebenfalls zu und übernahm auch dafür die Verantwortung. Das veränderte ein wenig den ersten Punkt unserer Strategie, da wir von dreißig als Ausbilder akzeptierten Kubanern ausgegangen waren.

Ein Delegierter reiste nach Kairo, um Kabila und seine Genossen darüber zu informieren, dass die Kubaner eingetroffen waren (meine Anwesenheit wurde verschwiegen), während wir auf die Ankunft der ersten Kontingente warteten.

Die dringlichste Aufgabe bestand darin, schnelle Boote mit leistungsstarken Motoren aufzutreiben, mit denen wir relativ sicher den an der für die Überfahrt ausgewählten Stelle 70 Kilometer breiten Tanganyika-See überqueren konnten. Einer unserer fähigen Experten war uns vorausgefahren, um diese doppelte Aufgabe zu übernehmen, nämlich die Boote zu kaufen und eine Erkundungsfahrt über den See zu machen.

Nach einer Wartezeit in Daressalam, die nur einige Tage umfasste, aber für mich, der ich so schnell wie möglich in den Kongo gelangen wollte, deshalb nicht weniger von Ungeduld geprägt war, fuhr am Abend des 20. April die erste Gruppe von vierzehn Kubanern ab. Vier Männer, die gerade erst eingetroffen waren und für die noch keine Ausrüstung gekauft worden war, hatten wir zurückgelassen. Uns begleiteten die beiden Fahrer, der kongolesische Delegierte (Chamaleso) und ein tansanischer Polizist, der dafür sorgen sollte, dass es unterwegs keine Probleme gab. Vom ersten Augenblick an wurden wir mit einer Realität konfrontiert, die uns während der gesamten Kampfesdauer verfolgen sollte: die mangelhafte Organisation. Das machte mir Sorgen, da die Vorbereitungen für unsere Überfahrt von den Imperialisten, die alle Fluggesellschaften und Flughäfen der Region kontrollierten, bestimmt schon aufgedeckt worden waren, ganz zu schweigen davon, dass der Kauf ungewöhnlicher Mengen von bestimmten Artikeln wie Rucksäcken, Plastikplanen, Messern, Decken etc. in Daressalam aufgefallen sein musste.

Nicht nur die Organisation der Kongolesen war schlecht, unsere war es ebenfalls. Wir waren nicht gründlich genug darauf vorbereitet, eine Kompanie mit dem Nötigen auszurüsten, und hatten lediglich Gewehre und Munition für die Soldaten vorgesehen (die allesamt mit der belgischen FAL bewaffnet wurden).

Kabila war noch nicht zurück, er ließ mitteilen, dass er wenigstens noch weitere zwei Wochen in Kairo bleiben wolle. Da wir mit ihm nicht über meine Teilnahme hatten sprechen können, musste ich also die Reise inkognito fortsetzen und konnte deshalb die tansanische Regierung nicht über meine Anwesenheit informieren und um ihre Zustimmung bitten. Um ehrlich zu sein, mir kamen diese Schwierigkeiten nicht ungelegen, denn mich interessierte nur der Kampf im Kongo, und ich befürchtete, dass mein Angebot allzu scharfe Reaktionen hervorgerufen und einige Kongolesen, vielleicht sogar die befreundete Regierung, mich gebeten hätten, von meinem Vorhaben Abstand zu nehmen.

Am Abend des 22. April kamen wir nach einer beschwerlichen Reise in Kigoma an. Da die Boote noch nicht bereit waren, mussten wir dort bis zum nächsten Tag auf die Überfahrt warten. Der Bezirksvertreter, der uns empfing und beherbergte, übermittelte mir sogleich die Beschwerden der Kongolesen. Leider schien alles darauf hinzudeuten, dass viele ihrer Befürchtungen zutrafen: Die Oberbefehlshaber der Region, die unsere erste Abordnung empfangen hatten, hielten sich nun in Kigoma auf, und wir konnten feststellen, dass an der Front Urlaubsscheine für den Aufenthalt dort bewilligt wurden. Das Dorf diente als Zufluchtsort, an dem die Glücklichsten von ihnen fern der Gefahren des Krieges leben konnten. Der unheilvolle Einfluss von Kigoma mit seinen Bordellen, Likören und, vor allem, der sicheren Zuflucht, all das kann von der Revolutionsführung gar nicht hoch genug veranschlagt werden.

Endlich, am frühen Morgen des 24. April, setzten wir unseren Fuß auf kongolesisches Gebiet, vor den Augen einer Gruppe erstaunter, gut bewaffneter Infanteristen, die für uns ganz feierlich eine kleine Parade abhielten. Sie führten uns zu einer eigens für uns geräumten Bauernhütte.

Die ersten Informationen, die wir über irgendwelche Kanäle von unseren Inspektionsagenten erhielten, hatten besagt, dass sich auf kongolesischer Seite eine zehn Meilen breite Ebene erstreckte und dahinter die Berge begannen. In Wirklichkeit jedoch ist der Tanganyika-See eine mit Wasser gefüllte Senke, an dessen Ufern, sowohl in Kigoma, als auch auf der gegenüberliegenden Seite, die Berge direkt aufsteigen. In dem Dorf namens Kibamba, dem Standort des Regimentsstabs, stellte sich praktisch zehn Schritte vom Landeplatz entfernt die Aufgabe, einen beschwerlichen Hügel hinaufzuklettern, was für uns aufgrund mangelnden Trainings besonders hart war.

Erste Eindrücke

Fast unmittelbar nach unserer Ankunft, nach einer kleinen Verschnaufpause, einem kurzen Schlaf auf dem Boden der Hütte, zwischen Rucksäcken und anderem Krimskrams, machten wir Bekanntschaft mit der kongolesischen Realität. Auf den ersten Blick fiel uns eine deutliche Zweiteilung auf: die einen ungebildete Leute, zumeist Bauern, die anderen Männer mit höherem Bildungsgrad, besser gekleidet, des Französischen mächtig. Zwischen den beiden Gruppen gab es keinerlei Verbindung.

Die ersten Männer, die ich kennen lernte, waren Emmanuel Kasabuvabu und Kiwe, die sich als Offiziere des Regimentsstabs vorstellten, ersterer als Beauftragter für Versorgung und Ausrüstung, letzterer für den Nachrichtendienst. Die beiden waren redegewandt und überschwänglich, und durch das, was sie sagten, und das, was sie verschwiegen, bekamen wir rasch eine Vorstellung von den Differenzen im Kongo. Später bat mich Tremendo Punto (Chamaleso) zu einer kleinen Versammlung, an der diese Genossen nicht teilnahmen, sondern eine andere Gruppe, bestehend aus den Kommandanten der Basis und verschiedenen Brigadeführern: von der Ersten Brigade Oberst Bidalila (nach letzten Informationen inzwischen zum General befördert), der die Front von Uvira befehligte; als Vertreter der Zweiten Brigade, die von Generalmajor Moulane kommandiert wurde, war Oberstleutnant Lambert anwesend, und als Vertreter einer, wie es hieß, wahrscheinlich künftigen zusätzlichen Brigade André Ngoja, der in der Region von Kabambare kämpfte. Voller Begeisterung schlug Tremendo Punto vor, dass Moja, der offizielle Chef unserer Truppe, an allen Versammlungen des Regimentsstabs teilnehmen und an den Entscheidungen beteiligt werden sollte, zusammen mit einem weiteren Kubaner, den er selbst aussuchen konnte. Ich beobachtete die Gesichter der Anwesenden und konnte keinerlei Zustimmung erkennen; anscheinend genoss Tremendo Punto keine große Sympathie unter den Kommandanten.

Der Grund für die Feindseligkeit zwischen den Gruppen lag darin, dass einige Männer gezwungenermaßen eine bestimmte Zeit an der Front bleiben mussten und andere nur zwischen den Basen im Kongo und in Kigoma hin- und herpendelten, stets auf der Suche nach bestimmten Dingen, die fehlten. Tremendo Puntos Fall war in den Augen der Kämpfer noch schwerwiegender, da er als Delegierter von Daressalam nur gelegentlich vorbeischaute.

Die Unterredung wurde in freundschaftlichem Ton fortgeführt, wobei der Vorschlag unbeachtet blieb. Ich erfuhr einiges Neue. Oberstleutnant Lambert, ein sympathischer, fröhlicher Mann, erklärte, dass die Flugzeuge für sie keinerlei Bedeutung hätten, da sie über die *dawa* verfügten, einen Zaubertrank, der unverwundbar mache.

»Ich wurde schon mehrmals getroffen, aber die Kugeln fallen kraftlos zu Boden.«

Er sagte das mit einem Lächeln, sodass ich mich genötigt sah, über den Scherz zu lachen. Ich dachte, er wollte dadurch zeigen, welch eine geringe Bedeutung den Waffen des Feindes beigemessen wurde. Doch bald wurde mir klar, dass er es ernst meinte und dass der magische Schutz eine der wichtigsten Waffen im Kampf des kongolesischen Heeres war.

Diese *dawa* richtete einen beträchtlichen Schaden bei der militärischen Vorbereitung an. Das Prinzip ist folgendes: Der Soldat wird mit einer Flüssigkeit übergossen, die sich aus Kräutersäften und anderen magischen Substanzen zusammensetzt; dann werden geheimnisvolle Zeichen gemacht, und meist wird dem Kämpfer ein Kohlefleck auf die Stirn gemalt. Jetzt ist er gegen alle feindlichen Waffen geschützt (obwohl das auch von der Macht des Medizinmannes abhängt). Doch er darf keinen Gegenstand anfassen, der ihm nicht gehört, er darf keine Frau berühren und auch keine Angst haben, sonst verliert er den magischen Schutz. Die Erklärung für ein Versagen des Zaubertranks ist somit sehr einfach; toter Mann: Mann hat Angst gehabt, Mann hat gestohlen oder mit einer Frau geschlafen; verwundeter Mann: Mann hat Angst gehabt. Da die Angst ein ständiger Begleiter bei Kriegshandlungen ist, finden es die Soldaten ganz natürlich, die Schuld für eine Verwundung der Angst, das heißt fehlendem Glauben, zuzuschreiben. Und da Tote nicht reden, kann man ihnen leicht alle drei Verfehlungen nachsagen.

Der Glaube ist so stark, dass niemand ohne die Anwendung der *dawa* in die Schlacht zieht. Ich befürchtete stets, dass sich der Aberglaube gegen uns richten und man uns die Schuld an einer Niederlage mit vielen Toten geben würde. Mehrmals suchte ich das Gespräch mit verschiedenen Verantwortlichen, um zu versuchen, Überzeugungsarbeit dagegen zu leisten. Es war unmöglich. Der Zauber wird als Glaubensartikel angesehen. Diejenigen, deren politisches Bewusstsein entwickelter ist, sagen, dass es sich dabei um eine natürliche, also materielle Kraft handele und dass sie als dialektische Materialisten die Macht der *dawa* anerkennen, deren Geheimnisse nur die Medizinmänner im Urwald beherrschen.

Nach der Unterredung mit den Kommandanten sprach ich unter vier Augen mit Tremendo Punto. Ich erzählte ihm, wer ich war. Die Reaktion war niederschmetternd. Er wiederholte immer wieder »internationaler Skandal« und »das darf niemand erfahren, bitte, das darf niemand erfahren«. Meine Enthüllung hatte ihn wie ein Blitz aus heiterem Himmel getroffen, und ich fürchtete mich vor den möglichen Konsequenzen. Meine Identität konnte jedoch nicht mehr länger geheim gehalten werden, wollten wir uns die Wirkung, die diese Nachricht haben konnte, zu Nutze machen.

Am selben Abend reiste Tremendo Punto mit dem Auftrag ab, Kabila von meiner Anwesenheit im Kongo zu unterrichten. Gleichzeitig reisten auch die kubanischen Funktionäre ab, die uns auf der Überfahrt begleitet hatten, sowie der Schiffsingenieur. Letzterer hatte den Auftrag, uns sozusagen postwendend zwei Mechaniker zu schicken, da sich herausgestellt hatte, dass die Boote und Motoren für die Überquerung des Sees von niemandem gewartet werden konnten.

Am nächsten Tag bat ich, uns zu unserem endgültigen Standort zu schicken, einem Basislager fünf Kilometer vom Regimentsstab entfernt auf dem höchsten Punkt der Sierra, die, wie ich bereits erwähnt habe, direkt vom Seeufer aufsteigt. Und nun kam es zu den ersten Verzögerungen: Der Kommandant war nach Kigoma gefahren, wo er Verschiedenes zu erledigen hatte, und wir mussten auf seine Rückkehr warten. In der Zwischenzeit wurde über einen ziemlich willkürlichen Trainingsplan diskutiert. Ich machte einen Gegenvorschlag: Aufteilung von hundert Männern in Gruppen von nicht mehr als zwanzig, denen Kenntnisse der Infanterie vermittelt werden sollten – speziell in Ausrüstung, Ingenieurswesen (vor allem das Ausheben von Schützengräben), Nachrichtenwesen, Nachschuborganisation sowie Auskundschaften –, immer entsprechend unserer Kapazität und den Mitteln, die uns zur Verfügung standen; Aufstellung eines Vier- bis Fünfwochenplans; Einsätze einzelner Gruppen unter dem Kommando von Mbili. Danach sollten alle wieder zur Basis zurückkehren und diejenigen Männer ausgewählt werden, die sich als brauchbar erwiesen hatten. Währenddessen würde die Zweite Kompanie ausgebildet werden, und wenn eine Einheit vom Fronteinsatz zurückkäme, würde die nächste abmarschieren. Auf diese Weise, so dachte ich, würden die Männer ausgebildet und gleichzeitig die nötige Auswahl vorgenommen werden können. Ich erklärte ihnen noch einmal, dass wir damit rechnen mussten, dass von einhundert Männern nur zwanzig brauchbare Soldaten herauskommen würden, und davon nur zwei oder drei leitende Kader (in dem Sinne, dass sie in der Lage sein würden, bewaffnete Verbände in den Kampf zu führen).

Wie üblich, war die Antwort ausweichend. Sie forderten mich auf, meinen Vorschlag schriftlich einzureichen. Das tat ich, aber ich erfuhr nie, was mit dem Papier geschah. Wir drängten weiterhin darauf, in die Hochbasis überwechseln zu dürfen, um dort mit der Arbeit zu beginnen. Wir mussten damit rechnen, dass wir eine Woche mit den Vorbereitungen verlieren würden (es galt zuerst einen gewissen Rhythmus zu finden), und erwarteten lediglich, dass das einfache Problem der Übersiedlung gelöst würde. Aber wir konnten nicht hinauf, weil der Kommandant noch nicht dort eingetroffen war. Wir mussten warten, weil man »an Versammlungen teilnahm«. Auf diese Weise vergingen die Tage. Immer wenn die Angelegenheit zur Sprache gebracht wurde (und ich tat es mit wahrhaft aufreizender Beharrlichkeit), wurde ein neuer Vorwand gefunden, und ich weiß bis heute nicht, welches der wahre Grund dafür war. Vielleicht verhielt es sich tatsächlich so, dass sie mit den Vorbereitungsarbeiten nicht beginnen wollten, um die Autorität des zuständigen Befehlshabers, in diesem Fall des Kommandanten der Basis, nicht zu untergraben.

Eines Tages gab ich, unter dem Vorwand des Marschtrainings, Moja den Befehl, mit ein paar Männern zu der Hochbasis zu gehen. So geschah es, und abends kamen die Männer erschöpft, durchnässt und durchgefroren wieder zurück. Die Hochbasis war ein sehr kalter und feuchter Ort, ständig in Nebel gehüllt und dem Regen ausgesetzt. Es werde eine Hütte für uns gebaut, berichteten sie, und das könne sich mehrere Tage hinziehen. Geduldig legte ich verschiedene Argumente für unseren Aufstieg dar: Wir könnten doch beim Bau der Hütte mithelfen, da wir ja ohnehin zu jedem Opfer bereit und bemüht seien, nicht zur Last zu fallen etc., etc., und sie brachten ebenso geduldig immer neue Vorwände vor, um unseren Aufstieg zu verzögern.

Während dieser Zeit erzwungenen Nichtstuns begannen die köstlichen Gespräche mit dem Genossen Kiwe, dem Chef des Nachrichtendienstes. Er ist ein unermüdlicher Gesprächspartner und spricht Französisch beinahe mit Überschallgeschwindigkeit. Tagtäglich gab er seine Einschätzungen verschiedener wichtiger Persönlichkeiten der kongolesischen Revolution zum Besten. Als einer der ersten wurde Olenga, ein General, der in der Region von Stanleyville und im Sudan gewesen war, das Opfer seiner spitzen Zunge. Nach Kiwes Aussage war Olenga kaum mehr als ein einfacher Soldat, möglicherweise Leutnant, in Bidalilas Truppen gewesen. Dieser gab ihm den Befehl, diverse Streifzüge in die Region von Stanleyville zu unternehmen und danach wieder zurückzukommen; Olenga jedoch startete in der damaligen einfachen Zeit des Revolutionsprozesses seine Aktionen, und jedes Mal, wenn er ein Dorf einnahm, kletterte er eine Rangstufe höher. Als er nach Stanleyville kam, war er bereits General. Dort wurden die Eroberungszüge der Befreiungsarmee gestoppt, was in gewisser Weise die Lösung des Problems war; denn wäre es so weitergegangen, dann hätte man nicht mehr gewusst, welchen militärischen Rang man dem Genossen Olenga sonst noch hätte verleihen können.

Für Kiwe war der eigentliche Militärchef Oberst Pascasa (der später bei einem Streit unter Kongolesen in Kairo getötet wurde). Dieser Mann, Muleles Stellvertreter, sei revolutionär eingestellt und verfüge über wirkliche militärische Kenntnisse.

Eines Tages fing Kiwe sehr vorsichtig an, Gbenyé zu kritisieren. Er sagte wie nebenbei, dass dieser zu Anfang nicht ganz eindeutig Stellung bezogen habe, und nun sei er Präsident; er sei ein Revolutionär, das ja, doch es gebe noch andere mit einer revolutionären Einstellung etc. Im Laufe der Tage, während wir uns immer besser kennen lernten, entstand das Bild eines Gbenyé, der eher dazu zu taugen schien, eine Bande von Spitzbuben anzuführen als eine Befreiungsbewegung. Nicht alle Behauptungen von Freund Kiwe kann ich bestätigen, aber einige davon sind allgemein bekannt, wie zum Beispiel die von Gbenyés Beteiligung an der Sache im Gefängnis von Gizenga, als er Innenminister in der Regierung Abdoula war. Andere dagegen sind weniger bekannt, werfen aber, sollten sie zutreffen, ein düsteres Licht auf diesen Mann, so zum Beispiel die Attentatsversuche auf Mitudidi oder seine Verbindungen zur nordamerikanischen Botschaft in Kenia.

Ein andermal traf Kiwes Bannstrahl Gizenga, von dem er sagte, er sei zwar ein Revolutionär, aber ein linker Opportunist, der alle Probleme auf politischem Wege lösen und eine Revolution mit dem Heer machen wolle. Man habe ihm sogar Geld gegeben, um eine Revolutionsarmee in Léopoldville aufzubauen, das er für den Aufbau einer politischen Partei verwendet habe.

Durch die Gespräche mit Kiwe bekam ich eine gewisse Vorstellung von den besonderen Eigenschaften einiger wichtiger Personen, doch vor allem wurde mir klar, wie wenig zuverlässig oder wie unzufrieden diese Gruppe von Revolutionären war, die den Generalstab der kongolesischen Revolution bildeten.

So vergingen die Tage. Über den See kamen verschiedene Kuriere, die die unglaubliche Fähigkeit besaßen, jede Nachricht verzerrt wiederzugeben; in Gegenrichtung fuhren Soldaten, die in Kigoma Urlaub machen wollten.

In meiner Eigenschaft als Arzt (als Epidemiologe, was mir – dieser illustre Zweig der Fauna Äskulaps möge es mir verzeihen! – das Recht gab, nichts von Medizin zu verstehen) arbeitete ich, zusammen mit Kumi, ein paar Tage im Lazarett, wo ich einige alarmierende Dinge beobachten konnte. Erstens die zahlreichen Fälle von Geschlechtskrankheiten, mit der sich die Männer zum großen Teil in Kigoma angesteckt hatten. Im Augenblick beunruhigte mich nicht so sehr der Gesundheitszustand der Bevölkerung oder der Prostituierten von Kigoma, sondern in erster Linie die Tatsache, dass sich so viele Männer anstecken konnten. Das war darauf zurückzuführen, dass es den Soldaten so leicht gemacht wurde, den See zu überqueren. Aber noch andere Fragen drängten sich auf: Wer bezahlte diese Frauen? Mit welchem Geld? Wozu wurden die Geldmittel der Revolution verwendet?

Seit den ersten Tagen unseres Aufenthalts hier hatten wir auch Gelegenheit, verschiedene Fälle von Alkoholvergiftung zu beobachten, hervorgerufen durch den berühmten *pombe.* Das ist ein Likör, der aus dem Most von Yucca- und Maismehl gebrannt wird. Der Most hat wenig Alkohol, aber die Wirkung des daraus destillierten Likörs ist schrecklich. Vermutlich weniger durch den gewonnenen Alkohol als durch den Grad der Verunreinigung aufgrund der primitiven Herstellungsmethoden. An manchen Tagen überschwemmte der *pombe* das Lager regelrecht, und die Folge waren Schlägereien, Alkoholvergiftungen, diverse Verstöße gegen die Disziplin etc.

Das Lazarett wurde nach und nach auch von den Bauern aus der Umgebung aufgesucht, denn sie erfuhren durch Radio Bemba, dass sich Ärzte in der Gegend aufhielten. Unser Vorrat an Medikamenten war kümmerlich, doch die Rettung kam in Form einer Sendung sowjetischer Medikamente, obwohl diese natürlich nicht für die Behandlung der Zivilbevölkerung gedacht waren, sondern sich an den Bedürfnissen einer kämpfenden Truppe orientierten. Allerdings reichte selbst dafür das Sortiment nicht aus. Dieses Phänomen der Unzuverlässigkeit war während unseres gesamten Aufenthaltes im Kongo zu beobachten. Die Lieferungen von Waffen und wertvollen Ausrüstungen blieben immer unvollständig: Kanonen und Maschinengewehre ohne die nötige Munition oder wichtige Ersatzteile, Gewehre mit der falschen Munition, Minen ohne Sprengkapsel, so etwas war typisch für die Versorgung aus Kigoma.

Meiner Einschätzung nach – allerdings konnte ich diesen Punkt nicht endgültig klären – lag der Grund darin, dass die kongolesische Befreiungsarmee mangelhaft organisiert war und dass Kader fehlten, die in der Lage gewesen wären, das eintreffende Material wenigstens oberflächlich zu begutachten. Das Gleiche passierte bei den Medikamenten, die außerdem noch in heillosem Durcheinander in La Playa aufbewahrt wurden, zusammen mit den Lebensmittelreserven und den Waffen, alles vermischt in einem fröhlichen, brüderlichen Chaos. Mehrfach versuchte ich die Erlaubnis zu erlangen, Ordnung in das Lager zu bringen, und ich gab auch den Ratschlag, bestimmte Waffen, wie zum Beispiel Panzerfäuste oder Granatwerfer, an einen anderen Platz zu bringen. Doch es verging sehr viel Zeit, bevor ich irgendetwas durchsetzen konnte.

Aus Kigoma erreichten uns jeden Tag widersprüchliche Meldungen, die sich, nach mehrmaligem Wiederholen, schließlich doch bewahrheiteten: Eine Gruppe von Kubanern warte auf ein Boot, einen Motor oder sonst irgendetwas zur Überquerung des Sees; Mitudidi solle morgen über den See setzen, oder übermorgen. Übermorgen kam wieder dieselbe Meldung: Er solle am darauf folgenden Tag übersetzen etc.

Zu derselben Zeit erhielten wir auch Informationen aus Kairo, die Emmanuel von seinen häufigen Fahrten nach Kigoma mitbrachte. Die Ergebnisse der Gespräche in Kairo waren ein voller Erfolg für die revolutionäre Linie. Kabila blieb noch eine Zeit lang dort, um dafür zu sorgen, dass die vereinbarten Punkte auch umgesetzt wurden. Danach wollte er sich an einem anderen Ort eine nicht gefährliche, aber ziemlich lästige Zyste entfernen lassen. Dadurch würde sich seine Rückkehr noch weiter verzögern.

Wir mussten etwas gegen das völlige Nichtstun unternehmen. Es wurde mit dem Unterricht in Französisch und Suaheli begonnen, und auch Kurse in Allgemeinbildung wurden angeboten, denn daran mangelte es unseren Männern sehr. Wegen ihrer fehlenden Begeisterung und der Unfähigkeit der Lehrer trug der Unterricht nicht viel zur Bildung der Genossen bei; doch er füllte die Zeit aus, und das war auch nicht gering zu schätzen. Unsere Moral war noch intakt, obwohl die Genossen bereits anfingen zu murren. Sie sahen die Tage nutzlos verstreichen, und das Schreckgespenst des Fiebers ging unter uns um. Fast alle wurden davon befallen, ob nun von Malaria oder sonst einer tropischen Fieberart. Häufig ließen die Beschwerden durch die Behandlung mit Medikamenten nach, doch die höchst unangenehmen Folgen waren Appetitlosigkeit, allgemeine Lethargie oder Schwäche, was zu einem wachsenden Pessimismus bei der Truppe führte.

Mit der Zeit wurde das organisatorische Chaos immer offensichtlicher. Ich war persönlich beim Verteilen der sowjetischen Medikamente anwesend. Es ging zu wie auf einem Trödelmarkt; die Vertreter der bewaffneten Einheiten warteten mit Zahlen auf, brachten Fälle und Gründe vor, um so viele Medikamente wie möglich zu bekommen. Oft gab es Streit, wenn ich zu verhindern versuchte, dass irgendwelche Medikamente oder Spezialausrüstungen mitgenommen wurden, die dann an den Frontabschnitten nutzlos herumlagen. Aber alle wollten alles haben. Unwahrscheinliche Zahlen wurden genannt: Einer hatte angeblich viertausend Männer, ein anderer zweitausend, und so ging es weiter. Die Zahlen waren frei erfunden, sie entsprachen noch nicht einmal der Anzahl der Bauern, bei denen die Truppen lebten, plus der der künftigen Soldaten. Die tatsächliche Zahl an bewaffneten Männern, die sich in den verschiedenen Lagern aufhielten, war deutlich geringer als angegeben.

Die verschiedenen Frontabschnitte waren während dieser Zeit zu vollkommener Passivität verurteilt, und wenn Verwundete eingeliefert wurden, dann handelte es sich um Unfälle. Denn fast niemand hatte auch nur die leiseste Ahnung davon, was eine Schusswaffe ist, und so lösten sich Schüsse beim Spielen mit den Gewehren oder aus Unvorsichtigkeit.

Am 8. Mai trafen endlich achtzehn Kubaner ein, angeführt von Aly, sowie der Kommandant des Regimentsstabs, Mitudidi, der aber unverzüglich wieder nach Kigoma zurück musste, um Waffen und Munition abzuholen. Wir führten mit ihm ein freundschaftliches Gespräch, und er machte auf mich einen angenehm sicheren, zuverlässigen und, was die Organisation betraf, verantwortungsvollen Eindruck. Kabila ließ mitteilen, dass er große Vorbehalte gegen meine Anwesenheit hatte. Also hielt ich meine Identität weiterhin geheim und widmete mich meinen Aufgaben als Arzt und Übersetzer.

Wir verabredeten mit Mitudidi, dass am darauf folgenden Tag die Übersiedlung zur Hochbasis stattfinden sollte, allerdings ohne Moja, Nane und Tano, die von Fieber befallen waren und unten blieben, sowie Kumi, der weiterhin Dienst im Lazarett tat. Ich wurde als Arzt und Übersetzer mitgeschickt. Auf der Hochbasis lungerten kaum zwanzig einsame, gelangweilte und abgestumpfte Kongolesen herum. Es begann der Kampf gegen die Trägheit. Der politische Beauftragte der Basis gab Unterricht in Suaheli, und ein anderer Genosse in Französisch. Außerdem begannen wir mit dem Bau von Hütten, da es hier oben sehr kalt war. Wir befanden uns 1700 m über dem Meeresspiegel und 1000 m über dem See, und die Passatwinde, die vom Indischen Ozean herüberwehen, brachten fast ununterbrochen Niederschläge mit sich. Wir machten uns sogleich an die Arbeit, und bald brannten Feuer, mit denen wir die Kälte verjagen konnten.

Der erste Monat

In der Nähe der Basis, rund vier Stunden Fußmarsch (die einzig mögliche Fortbewegungsart) entfernt, befindet sich eine Gruppe kleiner Siedlungen mit nicht mehr als je zehn Hütten, die über ein ausgedehntes Weidegebiet verstreut sind. Das Ganze trägt den Namen Nganja und wird von einem Volksstamm aus Ruanda bewohnt. Obwohl die Menschen bereits seit mehreren Generationen im Kongo leben, halten sie unerschütterlich an den Gewohnheiten ihrer ursprünglichen Heimat fest. Zwar sind sie keine Nomaden, führen aber ein Hirtenleben, und der Mittelpunkt ihrer Wirtschaft ist das Rind; es dient zur Versorgung mit Lebensmitteln, aber auch zum Gelderwerb. Manchmal erfuhren wir, dass ein ruandischer Soldat betrübt war, weil er nicht so viele Rinder besaß, wie der Vater der Frau seiner Träume gefordert hatte. Denn auch die Frau wird hier gekauft, und mehrere Frauen zu haben, ist ein Zeichen von Wohlstand, ganz zu schweigen davon, dass sie es sind, die auf dem Feld und im Haus die Arbeit verrichten.

Diese Nachbarschaft sollte es uns im Laufe des Krieges ermöglichen, hin und wieder das köstliche Rindfleisch zu essen, das sogar beinahe gegen Heimweh hilft.

Die Ruander und die verschiedenen kongolesischen Stämme betrachten einander als Feinde, und die ethnischen Gruppen sind klar voneinander abgegrenzt, was eine politische Arbeit auf regionaler Ebene sehr schwierig macht (ein Phänomen, auf das man überall im Kongo trifft).

In den ersten Tagen meines Aufenthaltes in der Hochbasis zollte ich dem kongolesischen Klima Tribut in Form eines ziemlich hohen Fiebers, das aber nicht sehr lange anhielt. Kumi, unser Arzt, kam vom See herauf, um mich zu untersuchen. Doch ich schickte ihn zurück, da er im Lazarett dringender gebraucht wurde und ich mich schon wieder besser fühlte. Drei oder vier Tage später wurde ein bei irgendeinem Scharmützel vor Front de Force verwundeter Soldat zu uns gebracht. Er war sechs Tage ohne jede ärztliche Versorgung; sein Arm war gebrochen und eiterte stark. Ich stand auf, um ihn zu behandeln, und vielleicht wegen des kalten Nieselregens erlitt ich einen Rückfall. Ich bekam hohes Fieber und fing an zu phantasieren, weshalb Kumi zum zweiten Mal zur Basis hochsteigen musste (was für ihn einer Besteigung des Mount Everest gleichkam). Augenzeugen zufolge – ich war nicht in der Lage, mich an Einzelheiten zu erinnern – war sein Zustand nach dem Marsch auf den hohen, steilen Berg ernster als der des Patienten.

Auch der Rückfall dauerte nicht lange an, insgesamt vielleicht fünf Tage, doch die Folge davon war, dass ich von einer großen Mutlosigkeit erfasst wurde, die mir sogar die Lust am Essen nahm. Im Laufe des ersten Monats bezahlten nicht weniger als zehn Genossen die Probezeit in Feindesland mit diesen heftigen Fieberanfällen, deren Auswirkungen so lästig waren. Aus dem Lagertagebuch:

> Der erste offizielle Befehl, den wir erhalten, kommt von Mitudidi, der wieder aus Kigoma zurück ist. Er lautet, dass wir uns für den Angriff auf Albertville, der mit zwei Kolonnen geführt werden soll, bereitzuhalten haben. Vermutlich sollen wir dabei an herausragender Stelle mitkämpfen. Der Befehl ist absurd; es sind keinerlei Vorbereitungen getroffen worden, wir sind nur dreißig Mann, davon zehn Kranke oder Rekonvaleszente; doch ich gebe meinen Leuten die nötigen Instruktionen und sage ihnen, dass sie sich für den Einsatz bereithalten sollen. Aber ich werde versuchen, die Pläne zu ändern oder sie zumindest aufzuschieben.

Am 22. Mai erreichte uns eine der vielen absurden, verwirrenden Nachrichten: »Ein kubanischer Minister befindet sich auf dem

Weg zum Bergkamm. Ein Schub weiterer Kubaner ist eingetroffen.« Das war so unsinnig, dass niemand daran glauben konnte. Dennoch lief ich, um mich ein wenig zu bewegen, ein Stück weit den Berg hinunter, und zu meiner großen Überraschung traf ich auf Osmany Cienfuegos. Nach den Umarmungen die Erklärung: Er war zu Gesprächen mit der tansanischen Regierung hierher gekommen und hatte bei dieser Gelegenheit um die Erlaubnis gebeten, den Genossen im Kongo einen Besuch abstatten zu dürfen. Zuerst hatten die Kongolesen sich geweigert, mit dem Argument, dass hinterher alle anderen kubanischen Minister ebenfalls das Zentrum der Operationen besuchen wollten. Aber schließlich hatten sie nachgegeben, und nun war er hier. So erfuhr ich auch, dass die tansanische Regierung noch immer nichts von meiner Anwesenheit wusste.

Zusammen mit Osmany kamen siebzehn der vierunddreißig Männer zu uns, die in Kigoma eingetroffen waren, und die Nachrichten, die sie mitbrachten, waren im Großen und Ganzen sehr gut. Ich persönlich jedoch erhielt die traurigste Nachricht des gesamten Krieges: Per Telefon war aus Buenos Aires mitgeteilt worden, dass meine Mutter sehr krank war, und der Unterton hatte darauf schließen lassen, dass man mich nur auf Schlimmeres vorbereiten wollte. Mehr hatte Osmany nicht herausfinden können. Einen Monat lang musste ich mit der Ungewissheit leben und auf die Resultate warten, die ich insgeheim fürchtete. Ich hoffte, dass es sich bei der Nachricht um einen Irrtum handelte. Dann kam die Bestätigung vom Tode meiner Mutter. Bevor ich aus Kuba abgereist war, hatte sie mich noch einmal sehen wollen, wahrscheinlich weil sie sich bereits krank fühlte. Doch es war mir nicht mehr möglich gewesen, da die Vorbereitungen für meine Reise schon weit fortgeschritten waren. Den Abschiedsbrief für sie und meinen Vater, den ich noch in Havanna geschrieben hatte, hatte sie nicht mehr bekommen, da er ihr erst im Oktober, nach der Bekanntgabe meiner Abreise, ausgehändigt werden sollte.

Mitudidi kam zur Hochbasis, und wir besprachen verschiedene Aspekte der militärischen Lage. Er bestand darauf, einen strategischen Gesamtplan für die Eroberung von Albertville auszuarbeiten, doch ich konnte ihn davon überzeugen, dass es zu ehrgeizig und folglich zu gefährlich war, die Stadt zu diesem Zeitpunkt anzugreifen. Im Moment war es wichtiger, erst einmal das gesamte Kampfgebiet auszukundschaften und einen Überblick über die uns zur Verfügung stehenden Mittel zu bekommen. Im Regimentsstab hatte man nämlich kein klares Bild von dem, was an den einzelnen Frontabschnitten vor sich ging. Alles hing von den Informationen der Kommandanten ab, aber die gaben die Anzahl der Kämpfer höher an, um mehr Ausrüstung zu bekommen, und erklärten Fehlschläge mit fehlender Munition oder Waffen, um sich herauszureden. Wir kamen überein, Delegationen zu verschiedenen Punkten zu schicken, um die Lage unserer Truppen und die des Feindes sowie das Kräfteverhältnis klären zu lassen.

Es wurden vier Gruppen gebildet und mit entsprechenden Aufträgen versehen: Aly sollte mit drei weiteren Genossen in die Region um Kabimba gehen, Nne mit zwei anderen nach Front de Force, Moja und Paulu in die Regionen von Baraka, Fizi und Lulimba; Mitudidi und ich sollten nach Uvira gehen. Letzteres konnte nicht realisiert werden. Zuerst traten die üblichen Verzögerungen ein: keine Boote, kein Benzin, unvorhergesehene Zwischenfälle. Dann kündigte Kabila seine Rückkehr an, und wir warteten tagelang vergeblich auf ihn.

Die ersten Kontrollmeldungen aus Kabimba und Front de Force zeigten, dass es tatsächlich bewaffnete Truppen gab und sie auch bereit waren zu kämpfen, allerdings ohne jede Ausbildung und ohne Disziplin in Kabimba, etwas disziplinierter in Front de Force, jedoch mit demselben Grad an Desorganisation, was die Kontrolle der Ausrüstung, die Beobachtung des Feindes, die politische Arbeit etc. betraf.

In meiner Bilanz am Ende des Monats (Mai), der ungefähr dem ersten Monat unseres Aufenthaltes hier entsprach (zur Erinnerung: die ersten von uns trafen am 24. April ein), schrieb ich Folgendes in mein Lagertagebuch:

> Die Zeit bis zum Eintreffen Mitudidis war verloren, dann konnte mit dem Auskundschaften der Lage begonnen werden, und unsere Vorschläge fanden ein positives Echo. Morgen vielleicht beginnt die Ausbildung einer Gruppe von Männern,

die er mir versprochen hat. Es ist so gut wie sicher, dass wir im Laufe des Juni in den Kampf eingreifen und so unsere Fähigkeiten unter Beweis stellen können.

Das Hauptübel der Kongolesen besteht darin, dass sie nicht schießen können, und deshalb wird viel Munition vergeudet. Da muss angesetzt werden. Die Disziplin hier ist miserabel, ich habe aber den Eindruck, dass sich das an der Front ändert. Dort werden die Leute einer annehmbaren Disziplin unterworfen, obwohl die Organisation überall sehr zu wünschen übrig lässt.

Die wichtigsten Aufgaben sind: Schießübungen, Ausbildung im Partisanenkampf (dem eigentlichen Guerillakrieg) und Vermittlung bestimmter Regeln militärischer Organisation, die es erlauben, alle Einheiten auf einen Angriffspunkt zu konzentrieren.

Heute können wir feststellen, dass die Disziplin an der Front nur scheinbar besser war und die drei Ziele, auf die wir hinarbeiten wollten (Schießen, Partisanenkampf, Konzentration von Einheiten, um wirksamere Angriffe führen zu können), im Kongo zu keiner Zeit erreicht wurden.

Die Abteilungen wurden von einzelnen Stämmen geprägt und führten eine Art Stellungskrieg. Die Soldaten besetzten die »Sperren«, wie es hier genannt wird. Diese Sperren wurden sorgfältig nach taktischen Gesichtspunkten ausgewählt, zum Beispiel auf schwer zugänglichen Bergkämmen. Doch die Männer führten ein Lagerleben, ohne irgendwelche Aktionen zu starten oder eine militärische Ausbildung zu erhalten, vertrauten auf die Passivität der feindlichen Armee und ließen sich von den Bauern mit Lebensmitteln versorgen. Diese mussten ihnen das Essen bringen und waren obendrein noch Schikanen und Misshandlungen ausgesetzt. Die Angehörigen der Volksbefreiungsarmee benahmen sich wie Schmarotzer: Sie arbeiteten nicht, exerzierten nicht, kämpften nicht und zwangen, manchmal mit äußerster Härte, die Bevölkerung, zu arbeiten und sie zu versorgen. Die Bauern waren ihren Ansprüchen hilflos ausgeliefert; die durchziehenden Truppen forderten Extrarationen und machten sich häufig über die Vorräte der Bauern, auch Hühnchen oder relativ luxuriöse Lebensmittel, her.

Die Grundnahrung des revolutionären Soldaten war der *bukali*, der auf folgende Weise zubereitet wird: Die Yucca wird geschält und ein paar Tage in der Sonne getrocknet, dann wird sie in einer Handmühle gemahlen, die unserer Kaffeemühle in der Sierra Maestra aufs Haar gleicht. Das fein gemahlene Yuccamehl wird in kochendes Wasser gegeben, und der daraus entstehende Brei wird gegessen. Der *bukali* enthält einiges an Kohlehydraten, aber das Yuccamehl wurde fast roh gegessen, als Beilage manchmal *zombe*, geriebene und gekochte Yuccablätter, gewürzt mit etwas Palmenöl; dazu das Fleisch irgendeines Tieres. Es gab genug Tiere zum Jagen, aber das Fleisch auch zu essen war eher unüblich. Man konnte nicht behaupten, dass die Ernährung der Soldaten gut war. Der See gab nicht viel her, und zu den schlechten Gewohnheiten der Kongolesen gehörte es auch, dass sie nur ungern zur Basis marschierten, um Proviant aufzunehmen. Über der Schulter trugen sie nur ihr Gewehr, den Patronengürtel und ihre persönlichen Dinge, im Allgemeinen nichts als eine Decke.

Nachdem wir eine gewisse Zeit mit dieser originellen Armee zusammengelebt hatten, lernten wir einige Aussprüche kennen, die typisch sind für ihre Art. Wenn jemand keine Lust hatte, etwas zu schleppen, sagte er: *Mimi hapana motocari*, was so viel heißt wie »Ich bin kein Lastwagen«; manchmal, in Gegenwart von Kubanern, hieß es: *Mimi hapana cuban*, »Ich bin kein Kubaner«. Das Essen sowie Waffen und Munition mussten ebenfalls die Bauern an die Front bringen. Es ist klar, dass eine solche Armee nur eine Daseinsberechtigung hat, wenn sie wie der Feind hin und wieder auch kämpft. Wie wir sehen werden, entzogen sie sich auch dieser Pflicht. Da diese Zustände nicht geändert wurden, war die kongolesische Revolution aufgrund ihrer eigenen Schwächen unweigerlich zum Scheitern verurteilt.

Eine Hoffnung wird begraben

Die folgenden Tage verliefen, ähnlich wie die vorangegangenen, mit ungeduldigem Warten, wobei uns der von den beiden direkt vom Ufer aufsteigenden Hügel gebildete Winkel, mit dem Wasser als einzigem Horizont, so langsam verhasst wurde.

Mitudidi fand keine Beschäftigungsmöglichkeiten für uns. Wahrscheinlich hatte Kabila, auf den er ungeduldig wartete, ihn entsprechend instruiert. Wir alle warteten mit ebensolcher Ungeduld, während ein Tag nach dem anderen verstrich, ohne dass sich die Situation für das Expeditionskorps in irgendeiner Weise verändert hätte.

Moja kam von seinem Kontrollmarsch aus Baraka, Fizi und Lulimba zurück. Was er berichtete, war wirklich katastrophal. Er war von der Bevölkerung begeistert empfangen worden, auch die Kommandanten hatten sich sehr korrekt verhalten, und doch waren gefährliche Anzeichen zu verspüren. Das erste war die offensichtliche Feindseligkeit, mit der über Kabila und Masengo sowie über den Genossen Mitudidi gesprochen wurde. Allen dreien wurde mehr oder weniger offen vorgeworfen, sie seien dort nur Fremde, außerdem reisten sie bloß herum und seien nie dort, wo ihr Volk sie brauche. In der Region standen ziemlich viele bewaffnete Männer, aber die Organisation war hundsmiserabel; man kann sagen, sie war nicht nur ähnlich schlecht wie in allen bereits bekannten Fällen, sondern noch viel schlechter. Die oberen Ränge tranken den ganzen Tag über und waren so unglaublich besoffen, dass sie sich gar nicht mehr bemühten, es vor der Bevölkerung zu verbergen. Sie sahen es als einen ganz natürlichen Zustand für »Männer« an. Aufgrund der Tatsache, dass der Transport wichtigen Materials quer über den See zu der Zeit reibungslos funktionierte, verfügten sie über ausreichende Mengen Benzin und fuhren ständig von einem Punkt des riesigen besetzten Gebietes zum anderen, ohne dass irgendjemand einen Sinn hinter diesen Fahrten hätte erkennen können.

Die »Sperre« vor Lulimba befand sich, rund sieben Kilometer von der Ortschaft entfernt, oben auf dem Bergkamm. Die revolutionäre Armee war schon lange nicht mehr hinuntergestiegen, um einen Angriff zu führen, und sie versuchte nicht einmal, das Gebiet auszukundschaften. Die gesamte Aktivität bestand darin, aus einer rückstoßfreien 75-Milimeter-Kanone Schüsse abzufeuern. Ohne irgendeine Ahnung von den Gesetzen des indirekten Feuers (mit dieser Kanone kann man ein Ziel aus höchstens eineinhalb Kilometer Entfernung direkt beschießen) und ohne genaue Kenntnis der Position des Feindes veranstalteten sie ein riesiges Feuerwerk mit 75-Millimeter-Kartätschen.

Ich informierte Mitudidi über all diese Dinge, und er gab zu verstehen, dass der Eindruck der Delegation richtig sei: Moulane, der zuständige Kommandant in jenem Abschnitt, habe sich selbst zum Generalmajor ernannt, er sei ein Anarchist ohne jedes revolutionäre Bewusstsein, der abgelöst werden müsse. Er, Mitudidi, habe ihn bereits zu sich beordert, um mit ihm zu sprechen, doch Moulane weigere sich zu kommen, da er befürchte, eingesperrt zu werden.

Da ohnehin nichts anderes zu tun war, widmeten wir uns weiterhin dem Auskundschaften der Kampfgebiete und schickten Inne und Nane wieder an die Frontabschnitte in den Regionen Front de Force und Katenga, die offenbar einige Möglichkeiten boten. Aly übernahm den Auftrag, das Dorf Kabimba und die Straße von Kabimba nach Albertville auszukundschaften und einen befahrbaren Weg zwischen Front de Force und Kabimba zu finden. Doch angesichts der Schwierigkeiten, die der dortige Kommandant ihm machte, konnte er nichts erreichen.

Jeden Morgen dasselbe Lied: Kabila kam heute nicht, aber morgen ganz bestimmt, oder übermorgen …

Und weiterhin legten Boote mit großen Mengen hochwertiger Waffen an. Es war wirklich traurig mit anzusehen, wie das Geld der befreundeten Staaten (im wesentlichen Chinas und der Sowjetunion), die Anstrengungen Tansanias sowie das Leben von Soldaten und Zivilisten vergeudet und dabei nur so wenig erreicht wurde.

Mitudidi hatte es sich zur Aufgabe gemacht, die Basis zu organisieren. Er hatte die Trinker zur Vernunft gebracht, eine nicht einfache Aufgabe, denn das bedeutete nichts anderes, als sich mit neunzig oder fünfundneunzig Prozent der Männer anzulegen. Er ließ die Waffen- und Munitionslieferungen stoppen und ordnete an, dass diejenigen, die die schweren Waffen zu bedienen hatten, vor seinen Augen ihr Können demonstrierten, bevor er ihnen eine neue Lieferung anvertraute. Immerhin erübrigten sich auf diese Weise weitere Waffenlieferungen. Doch es blieb noch viel zu tun, und Mitudidi stand alleine da; seine Stellvertreter waren ihm dabei keine große Hilfe.

Mitudidi und ich wurden gute Freunde. Ich erzählte ihm, dass ich mein größtes Handicap darin sah, keinen direkten Kontakt mit den Soldaten zu haben, da sie nicht Französisch sprachen. Er stellte mir einen seiner jungen Adjutanten als Lehrer für Suaheli zur Verfügung, damit ich mich mit Hilfe der Sprache mit den Kongolesen verständigen konnte. Ernest Ilunga, der mich mit den Geheimnissen dieser Sprache vertraut machen sollte, war ein intelligenter Junge. Wir begannen den Unterricht, drei Stunden täglich, mit großer Begeisterung, doch bald reduzierte ich ihn auf eine Stunde täglich – nicht, weil ich keine Zeit gehabt hätte (Zeit hatte ich mehr als genug, leider), sondern weil ich für fremde Sprachen völlig unbegabt bin. Und es kam noch ein anderes Problem hinzu, das ich während meines gesamten Aufenthaltes im Kongo nicht zu lösen vermochte. Das Suaheli ist eine hoch entwickelte, reiche Sprache mit komplexer Grammatik. Aber in diesem Land mit all seinen Besonderheiten gilt Suaheli den Einwohnern als »Staatssprache«, wie sie es nennen, und in gewisser Weise auch als Sprache der Eroberer, das Symbol einer Fremdherrschaft. Fast alle Bauern sprechen Suaheli als zweite Sprache neben ihrer Muttersprache, dem Dialekt ihres Stammes. Und das bewirkt, zusammen mit der Rückständigkeit dieser Region, dass ein sehr vereinfachtes Suaheli gesprochen wird, ein *basic swahili.* Man konnte sich problemlos auf unser Gestammle einstellen, denn diese Art der Verständigung war allemal bequemer. Aufgrund dieser widersprüchlichen Situation lernte ich während meines gesamten Aufenthaltes weder ein grammatikalisch korrektes Suaheli noch den Dialekt jener Region.

In dieser Zeit lernte ich auch Mundandi kennen, den ruandischen Kommandanten von Front de Force. Er hatte in China studiert und machte einen sehr angenehmen Eindruck, ernsthaft und zuverlässig. Doch im Verlauf unseres ersten Gesprächs erzählte er mir von einer Schlacht, bei der er dem Feind einen Verlust von 35 Mann beigebracht hatte. Ich fragte ihn, wie viele Waffen er dadurch erbeutet hätte. Keine, war die Antwort, denn der Feind hätte sie mit Panzerfäusten angegriffen, und die Waffen wären in winzigen Stückchen durch die Luft geflogen. Meine diplomatischen Fähigkeiten waren noch nie sehr ausgeprägt. So antwortete ich nur, dass das gelogen sei. Er versuchte sich herauszureden und führte an, er sei bei der Schlacht nicht dabei gewesen, seine Untergebenen hätten ihm das so gemeldet etc. Damit war der Fall erledigt. Doch da die Übertreibung in dieser Region zum guten Ton gehört, ist es nicht gerade die sicherste Methode, enge Beziehungen mit jemandem anzuknüpfen, wenn man eine Lüge ganz offen eine Lüge nennt.

Am 7. Juni war ich auf dem Weg zur Hochbasis, nachdem ich mit Mitudidi über die Wahrscheinlichkeit gesprochen hatte, dass Kabila »morgen« eintreffen würde.

Indirekt gab er mir zu verstehen, dass er nicht mit dessen Kommen rechnete, zumal Tschu En-Lai in diesen Tagen zu Besuch in Daressalam weilte. Da war es logisch, dass Kabila dort mit dem chinesischen Premier sprechen und ihn um Unterstützung bitten würde.

Während ich den beschwerlichen Weg zur Basis hinaufstieg, meldete mir ein Bote, dass Mitudidi ertrunken sei. Die Leiche kam erst nach drei Tagen wieder an die Oberfläche des Sees. Am 10. Juni wurde Mitudidi beerdigt. Aufgrund der Aussagen zweier Kubaner, die bei dem Unfall dabei gewesen waren, und einer Reihe von Gesprächen und persönlichen Nachforschungen kam ich zu folgendem Schluss:

Mitudidi wollte sich nach Ruandasi begeben, wohin er den Regimentsstab zu verlegen gedachte, knapp drei Kilometer von der Basis in Kabimba entfernt. Da der Weg sehr beschwerlich war, fuhr er über den See. Es kam ein heftiger Wind auf, und auf dem See herrschte hoher Wellengang. Allem Anschein nach war sein Sturz ins Wasser ein Unfall, die Indizien sprechen dafür. Danach jedoch geschahen einige merkwürdige Dinge, bei denen man nicht weiß, ob sie auf Dummheit, Aberglauben – im See tummeln sich nämlich alle möglichen Geister – oder auf etwas Ernsteres zurückzuführen sind. Tatsache ist, dass Mitudidi, der ein wenig schwimmen konnte, sich die Stiefel abstreifte und, nach Aussage verschiedener Zeugen, zehn oder fünfzehn Minuten lang um Hilfe rief. Einige Leute sprangen ins Wasser, um ihn zu retten, darunter sein persönlicher Bursche, der ebenfalls ertrank, genauso wie Kommandant François, der bei ihm war (ich konnte nicht herausfinden, ob er mit ihm zusammen ins Wasser fiel oder hinterhersprang, um ihn zu retten). Nachdem der Unfall geschehen war, wurde der Außenbordmotor abgestellt, wodurch das Boot manövrierunfähig wurde. Dann warfen sie ihn wieder an, aber anscheinend hinderte irgendeine magische Kraft das Boot daran, sich der Stelle, an der Mitudidi sich befand, zu nähern. Noch während der Ertrinkende um Hilfe schrie, fuhr das Boot schließlich ans Ufer, und die Genossen sahen, wie er kurz darauf unterging.

Das Beziehungsgeflecht unter den kongolesischen Kommandanten war so kompliziert, dass man nicht wusste, was man zu dem Unfall sagen sollte. Jedenfalls wurde der Bootsführer, ebenfalls ein Kommandant, einige Zeit später an einen anderen Frontabschnitt versetzt. Als Erklärung dafür wurde eine Reihe von Vorfällen auf der Basis angeführt, für die der Genosse verantwortlich gemacht wurde.

Auf diese Weise, durch einen dummen Unfall, verlor der Mann sein Leben, der angefangen hatte, ein wenig Ordnung in das furchtbare Chaos zu bringen, das auf der Basis von Kabimba herrschte. Mitudidi war jung, kaum älter als dreißig, war Beamter unter Lumumba gewesen und hatte an der Seite von Mulele gekämpft. Laut Mitudidi hatte Mulele ihn zu der Zeit nach Kabimba geschickt, als es dort noch keine funktionierende revolutionäre Organisation gab. Bei unseren häufigen Gesprächen erklärte er mir die diametral entgegengesetzten Methoden, die Mulele anwandte, den vollkommen anderen Charakter, den der revolutionäre Kampf in jenem anderen Teil des Kongos angenommen hatte, obwohl er nie auch nur ansatzweise Kabila oder Masengo kritisierte, sondern die Schuld an den chaotischen Zuständen den Besonderheiten der Region zuschrieb.

Ich weiß nicht, aus welchem Grund – vielleicht aus rassischen Gründen oder wegen früher erlangtem Ruhm –, jedenfalls wurde Kabila, als er in diese Region kam, Mitudidis Vorgesetzter im Generalstab. Und nun war der einzige Mensch, der Autorität besaß, im See verschwunden. Bereits am nächsten Tag hatte sich die Nachricht herumgesprochen, und Kabila gab ein Lebenszeichen von sich. In einer kurzen Mitteilung schrieb er mir Folgendes:

> Habe soeben vom Schicksal unseres Bruders Mitudidi und von dem anderen Brüder gehört. Sie können ihn sehen, ich nicht, das trifft mich tief. Ich mache mir große Sorgen wegen Ihrer Sicherheit; deswegen will ich so schnell wie möglich kommen. Diese traurige Geschichte ist unser Schicksal. Alle Genossen, mit denen Sie gekommen sind, müssen bis zu meiner Rückkehr dort bleiben, wo sie sind, außer denen, die nach Kabimba oder zu Mundandi nach Bendera wollen.
>
> Ich verlasse mich auf Sie, wir werden alles Mögliche tun, um die Basis in Kürze verlegen zu können.
>
> Besprechen Sie während meiner Abwesenheit alle anstehenden Fragen mit dem Genossen Muteba sowie mit Bulengai und Kasabi.
>
> In Freundschaft
>
> *Kabila*

Genosse Muteba, den Mitudidis Tod sehr erschüttert hatte, kam zu mir, um herauszufinden, was wir über den Unfall dachten. Ich hatte den Eindruck, dass sie aus Aberglauben die Basis verlegen wollten. Ich erhob keine Einwände, denn das Ganze erschien mir sehr heikel, und ich hielt es für angebracht, einer Antwort auszuweichen. Wir sprachen über die wichtigsten Probleme, die uns in den Kongo geführt hatten. Fast zwei Monate hielten wir uns nun schon hier auf, und bis jetzt hatten wir absolut nichts tun können. Ich erzählte Muteba von den Berichten, die ich dem Genossen Mitudidi überbracht hatte, doch die waren mit ihm verschwunden. Muteba bat mich, einen Bericht über die Gesamtsituation zu erstellen, den er dann Kabila schicken wollte. Ich kam der Aufforderung nach und schrieb Folgendes (ich möchte klarstellen, dass dieser Text vom Original leicht abweicht, da mein Küchenfranzösisch mich manchmal zwang, ein Wort zu verwenden, das ich kannte, zu Lasten dessen, was ich eigentlich sagen wollte. Der Brief ist an den Genossen Muteba gerichtet und hat vertraulichen Charakter):

> *Allgemeine Bemerkungen:* Angesichts von nur eineinhalb Monaten Erfahrung im Kongo kann ich mir kein abschließendes Urteil erlauben. Ich stelle aber fest, dass wir einer Hauptgefahr ausgesetzt sind: dem nordamerikanischen Imperialismus.
>
> Es muss nicht näher darauf eingegangen werden, warum die Nordamerikaner eine Gefahr darstellen. Nach den letzten Niederlagen befindet sich die kongolesische Revolution in einer Phase der Neuordnung ihrer Streitkräfte. Wenn die Yankees aus anderen Revolutionen ihre Lehren gezogen haben, dann werden sie wissen, dass dies der richtige Augenblick ist, um zuzuschlagen und zunächst einmal bestimmte Maßnahmen zu ergreifen, wie zum Beispiel die Neutralisierung des Sees, das heißt, alles Nötige zu unternehmen, um die wichtigsten Transportwege für unsere Versorgung abzuschneiden. Durch verschiedene Weltereignisse wie den Vietnamkrieg und die kürzliche Intervention in Santo Domingo sind ihnen andererseits die Hände ein wenig gebunden. Darum ist die Zeit ein wichtiger Faktor für die Konsolidierung und Weiterentwicklung der kongolesischen Revolution, was allein auf der Grundlage harter Schläge gegen den Feind erreicht werden kann; Passivität ist der Beginn der Niederlage.
>
> Der Mobilisierung all unserer Kräfte sowie der Vernichtung der feindlichen Kräfte steht unsere eigene mangelhafte Organisation im Wege. Das lässt sich an verschiedenen, miteinander in Zusammenhang stehenden Aspekten deutlich machen:

1. Das Fehlen eines zentralen, einheitlichen Kommandos mit tatsächlicher Befehlsgewalt über alle Fronten, vergleichbar mit dem, was in der Militärsprache »Weisungseinheit« genannt wird. (Ich beziehe mich speziell auf diese Region und nicht auf den Kongo im Allgemeinen.)

2. Das Fehlen von Kadern mit angemessenem Bildungsniveau und absoluter Treue zur revolutionären Sache, was zur Folge hat, dass immer mehr lokale Befehlshaber mit eigenen Machtbefugnissen sowie taktischer und strategischer Handlungsfreiheit auftreten.

3. Die Vergeudung unserer schweren Waffen durch eine egalitäre Verteilung, sodass die oberste Führung über keinerlei Reserven verfügt, ganz zu schweigen von dem unsachgemäßen Gebrauch, der von diesen Waffen gemacht wird.

4. Das Fehlen jeglicher Disziplin in den Einheiten, die sich von der vor Ort herrschenden Moral anstecken lassen und keinerlei Ausbildung genießen.

5. Die Unfähigkeit der Befehlshaber, Einheiten von einer gewissen Stärke koordiniert zu mobilisieren.

6. Die fehlende Grundausbildung, die notwendig ist, um mit einer Schusswaffe umgehen zu können, was sich bei Waffen, deren Handhabung eine spezielle Kampfausbildung erfordert, noch katastrophaler auswirkt.

Das alles führt zur Unfähigkeit, taktische Aktionen gewissen Ausmaßes durchzuführen, und folglich zu strategischer Lähmung. Derartige Missstände muss jede Revolution bekämpfen, und wir haben keinerlei Grund, uns davor zu fürchten. Man muss lediglich systematische Maßnahmen ergreifen, um sie zu beheben.

Beteiligung der Kubaner: Unsere schwarze Bevölkerung war der Bevölkerungsteil, der am meisten ausgebeutet und diskriminiert wurde. Ihre Beteiligung am Befreiungskampf war sehr wichtig für die Landbevölkerung im Osten Kubas, die sich jedoch zum größten Teil aus Analphabeten zusammensetzte.

Als Folge davon waren sehr wenige unserer führenden Militärs oder mittleren Kader Schwarze. Als die Bitte an uns herangetragen wurde, bevorzugt schwarze Kubaner in den Kongo zu schicken, suchten wir unter den besten Männern der Armee diejenigen mit einer gewissen Kampfpraxis aus. Folglich bringt unsere Gruppe, wie wir meinen, einen sehr guten Kampfgeist und genaue taktische Kenntnisse mit, besitzt jedoch keine akademische Ausbildung.

Das Vorhergehende ist eine Einleitung zu unserem Aktionsplan: Angesichts der besonderen Merkmale der Truppe sollte sich unsere Beteiligung im Wesentlichen auf Kampfeinsätze oder Aufgaben konzentrieren, die mit dem direkten Kampf in Zusammenhang stehen.

Zwei Möglichkeiten bieten sich an:

1. Die Aufteilung unserer Männer auf verschiedene Fronteinheiten als Ausbilder an den Waffen sowie Beteiligung an den Kämpfen innerhalb der kongolesischen Einheiten.

2. Beteiligung in zunächst von Kubanern befehligten gemischten Einheiten an genau definierten taktischen Aktionen sowie Erweiterung des Aktionsradius durch Entwicklung und Ausbildung von Kadern unter kongolesischem Kommando (angesichts unserer geringen Zahl sollten es nicht mehr als zwei Einheiten sein). Es müsste, soweit nötig, eine zentrale Ausbildungsbasis mit kubanischen Ausbildern eingerichtet werden.

Wir neigen aus militärischen und politischen Erwägungen zu dem zweiten Vorschlag. Aus militärischen Erwägungen, weil auf diese Weise eine Übereinstimmung mit unserer Konzeption vom Guerillakrieg (die wir für richtig halten) garantiert wäre. Aus politischen Erwägungen, weil wir aufgrund unserer Erfolge der Stimmung entgegenwirken könnten, die sich gegenüber ausländischen Truppen mit unterschiedlichem religiösen und kulturellen Hintergrund entwickelt, und weil uns dies eine bessere Kontrolle über unsere Männer erlauben würde. Aufteilung auf verschiedene Einheiten könnte Konflikte provozieren aufgrund mangelnden Verständnisses für die Realität im Kongo, auf die wir uns so langsam einzustellen beginnen.

Wir könnten ein paar zusätzliche (und notwendige) Arbeiten übernehmen, wie zum Beispiel das Aufstellen von Ausbildungsplänen für die Einheiten, die Organisation eines Generalstabs (die Kontrolle über die verschiedenen Dienste und die Versorgung mit Waffen ist unvollkommen), die Organisation des öffentlichen oder militärischen Gesundheitsdienstes sowie jede andere Arbeit, die uns übertragen wird.

Unsere Einschätzung der militärischen Lage: Im Moment wird viel über die Eroberung von Albertville gesprochen. Wir glauben, dass diese Aufgabe unsere Truppen zum gegenwärtigen Zeitpunkt überfordert, und zwar aus folgenden Gründen:

1. Wir haben es nicht geschafft, den Feind von seinen Stützpunkten innerhalb unseres natürlichen Verteidigungssystems (der Berge) zu vertreiben.

2. Wir haben keine ausreichende Erfahrung für ein Unternehmen von so großer Reichweite, das die Mobilisierung von Einheiten in Bataillonstärke und ihre Abstimmung durch ein Oberkommando erfordert.

3. Wir verfügen nicht über eine ausreichende Kriegsausrüstung für eine derartige Aktion.

Albertville muss infolge einer groß angelegten und beharrlichen Aktion fallen, vielleicht ist es angebrachter zu sagen: vom Feind aufgegeben werden. Zunächst müssen wir durch systematische Angriffe auf ihre Kommunikations- und Nachschubwege ihre zur Zeit hohe Kampfmoral zerstören; ihre Truppen in Kabimba, Front de Force, Lulimba etc. mit dieser Taktik vernichten oder zum Rückzug zwingen; Eroberung von Albertville – durch Frontalangriffe dort, wo die Truppenkonstellation am ungünstigsten ist, durch Infiltrationen auf allen Straßen, die nach Albertville führen, durch ständige Sabotagen und Hinterhalte sowie durch Lähmung ihrer Wirtschaft.

Aus Gründen, die ich nach Auswertung der Erkundungen in einem weiteren Bericht näher darlegen werde, scheint mir der geeignetste Ausgangspunkt für diese Operation Katenga zu sein.

Folgende Gründe kann ich schon jetzt nennen:

1. Die Zahl der Besatzer ist relativ gering.

2. Man kann (so glauben wir) Angriffe aus dem Hinterhalt gegen ihre Nachschubwege führen, da ihre Versorgungslinie parallel zu den Bergen verläuft.

3. Der Fall von Albertville wird (wenn es uns gelingt, die Stadt zu halten) zur Isolierung von Lulimba, dem Tor zu Kasengo, führen.

Nach diesem Brief schickte ich noch den Bericht über die Erkundung von Katenga, die Analyse der Situation und eine Empfehlung für den Angriff an Muteba. Zum gegenwärtigen Zeitpunkt war es relativ einfach, Katenga anzugreifen, da der Feind dieses Gebiet wegen der totalen Passivität unserer Truppen praktisch nicht überwachte.

Eine Niederlage

Mitudidis Nachfolger schifften sich nach Kigoma ein, und einige von ihnen, wie zum Beispiel den Genossen Muteba, den Empfänger meiner für Kabila bestimmten Briefe, sahen wir während des gesamten Krieges nicht wieder.

Auf der Basis hielt erneut das Chaos Einzug, nun aber mit fast wütender Begeisterung, so als wollte man die durch Mitudidis Maßnahmen verlorene Zeit wieder aufholen. Befehle ohne Sinn und Verstand wurden ausgegeben, unsinnige Bitten vorgetragen. Das Seeufer wurde mit Maschinengewehren förmlich gespickt, und wir Kubaner wurden aufgefordert, sie zu bedienen, was einen Teil der Genossen zur Passivität verurteilte. Angesichts der allgemeinen Disziplinlosigkeit war nicht damit zu rechnen, dass kongolesische MG-Schützen die Basis gegen Luftangriffe verteidigen würden. Sie konnten nicht mit den Waffen umgehen und wollten es auch nicht lernen (während unseres gesamten Aufenthaltes im Kongo fassten sie, außer zu feierlichen Anlässen, keine Maschinenpistole an). Sie liefen vor den feindlichen Flugzeugen davon und pflegten die Waffen nicht ordnungsgemäß. Und doch spielten die Maschinengewehre eine gewisse Rolle bei der Abwehr der gegnerischen Luftwaffe, deren Besatzung fast nur aus Söldnern bestand. Nach einem oder zwei Scharmützeln hatten sie keinerlei Interesse mehr daran, gegen unsere Luftabwehr zu kämpfen, und verlegten sich darauf, Gebiete zu bombardieren, in denen es keine Luftabwehr gab. Trotzdem glaube ich, dass die Stationierung der Männer am See eine unnütze Vergeudung unserer Streitkräfte darstellte, zumal die feindlichen Angriffe nicht sehr effizient waren: vier »Nachtfalter« T-28 und zwei B-26 waren mit dieser Aufgabe betraut.

Auf der Basis hatten wir weiterhin mit gewohnten Schwierigkeiten zu kämpfen. Ohne Rekruten zur Ausbildung, da die von Mitudidi versprochenen Männer nie eintrafen, mussten wir zusehen, wie Delegierte weit entfernter Guerilla-Einheiten Waffen und Munition fortschleppten, die vollkommen nutzlos vergeudet, verloren oder zerstört werden würden. Und viele Genossen waren vom Kongofieber befallen. Mitte Juni traf Genosse Mundandi ein, ein paar Briefe von Kabila im Gepäck. In einem, der auf den 16. Juni datiert war, schrieb er mir Folgendes:

> Genosse, mehrmals habe ich den Bericht gelesen, den Sie unserem Bruder Muteba zur Weiterleitung an mich übergeben haben. Wie ich Ihnen bereits gesagt habe, Genosse, möchte ich mit dem Partisanenkrieg beginnen. Genosse Mundandi wird Ihnen Näheres darüber erzählen. Gestatten Sie fünfzig Kubanern, als einfache Soldaten unter Mundandis Kommando an dem Einsatz am 25. Juni teilzunehmen.
>
> Als Revolutionär, der Sie sind, müssen Sie mit allen Schwierigkeiten, die es dort bei Ihnen gibt, fertig werden. Ich werde jeden Augenblick kommen. Sie können auch ein gutes Dutzend Männer nach Kabimba schicken.
>
> Herzliche Grüße,
>
> *Kabila*
>
> P.S.: Ich habe den Plan für Bendera studiert, den Nando an mich weitergeleitet hat. Fast dasselbe haben wir auch vorgesehen; Courage und Geduld. Ich weiß, dass Sie unter der Desorganisation leiden, aber wir tun alles, um die Missstände zu beseitigen, es mangelt eben an Führungspersönlichkeiten.
>
> Bis bald,
>
> *Kabila*

Wir nahmen Gespräche mit Mundandi auf, da Kabila, wie er versicherte, einverstanden war mit dem Angriffsplan (der sich allerdings nicht auf Bendera bezog, sondern auf Katenga, das ein paar Kilometer davon entfernt liegt), den ich ihm geschickt hatte. Mundandi zeigte sich unentschlossen; er hatte keinen konkreten Plan, nur den Befehl, am 25. Juni anzugreifen. Ich fragte ihn, warum gerade an diesem Tag, doch auch darauf konnte er mir keine Antwort geben. Wir erklärten ihm, dass wir es für besser hielten, Bendera nicht direkt anzugreifen, sondern die kleine Ortschaft Katenga, und die Truppen an diesem Punkt zusammenzuziehen, um den Feind auf der Straße zu vernichten. Er sagte weder ja noch nein. Er machte den Eindruck eines Unglücksvogels, dem man eine Aufgabe übertragen hatte, die seine Kräfte überstieg. Aber auch eine gehörige Portion Heimlichtuerei spielte dabei mit.

Offenbar waren Mundandi und Kabila entschlossen, Front de Force anzugreifen; möglicherweise vertrauten sie darauf, dass ein Überraschungsangriff zu einem großartigen Sieg über die feindliche Armee führen könnte. Ich fürchtete um die Sicherheit der für den Einsatz vorgesehenen kubanischen und ruandischen Genossen bei einem direkten Angriff auf unbekannte Stellungen, wo sie mit Schützengräben, natürlichen Hindernissen und schweren Waffen rechnen mussten. Meine erste Reaktion war, persönlich an der Operation teilzunehmen. Kabila hatte angeordnet, dass die Männer sich unter Mundandis Befehl begeben sollten. Damit wies er auf subtile Weise meinen Vorschlag zurück, der besagte, dass taktische Aktionen mit gemischten Einheiten von Kubanern geleitet werden sollten. Ich beschloss, dem nicht die größte Bedeutung beizumessen, und hoffte, dass ich aufgrund meiner Autorität eventuelle Streitereien auf adäquate Weise würde schlichten können. Denn Mundandi wusste, wer ich war, und schien mich zu respektieren. Deshalb ließ ich Kabila eine kurze Nachricht mit folgendem Wortlaut zukommen:

> Lieber Genosse,
>
> danke für Ihren Brief. Ich kann Ihnen versichern, dass ich als Mann der Tat ungeduldig bin. Das soll keine Kritik sein. Ich habe Verständnis, da wir unter ähnlichen Bedingungen gelebt haben.
>
> Auch Ihr Kommen erwarte ich mit Ungeduld, denn ich

betrachte Sie als alten Freund und bin Ihnen eine Erklärung schuldig. Gleichzeitig unterstelle ich mich bedingungslos Ihrem Kommando.

Wie von Ihnen angeordnet, marschieren die Kubaner morgen nach Front de Force ab. Leider gibt es viele Krankheitsfälle, sodass die Zahl etwas niedriger ist (vierzig). In Kabimba befinden sich weitere vier Genossen. Sobald sie zurückkommen, werden wir sie hinterherschicken.

Ich bitte Sie um einen Gefallen: Erlauben Sie mir, ebenfalls nach Front de Force zu gehen, als politischer Vertreter meiner Genossen und unter dem ausschließlichen Kommando von Genosse Mundandi. Ich habe soeben mit ihm gesprochen, er ist einverstanden. Ich glaube, das könnte sehr von Nutzen sein. Ich würde drei oder vier Tage nach Ihrem Anruf wieder hier auf der Basis sein.

Es grüßt Sie

Tatu

Ich hatte tatsächlich mit Mundandi über die Möglichkeit meiner Teilnahme gesprochen, und er tat zumindest so, als sei er einverstanden. Doch er betonte, dass er die Männer losschicken würde, ohne Kabilas Antwort abzuwarten, was die Vermutung nahe legte, dass er auf eine negative Antwort gefasst war.

Die Antwort kam ein paar Tage später. Sie war nicht negativ, sondern, wie es Kabilas Art war, ausweichend. Mir blieb noch Zeit, einen weiteren Brief zu schreiben, in dem ich Kabila aufforderte, sich klar und deutlich zu äußern – einen Brief also, der keine Ausflüchte zuließ, den Kabila aber ganz einfach nicht beantwortete. Deshalb ging ich nicht mit nach Front de Force.

Am vorgesehenen Tag marschierten die Männer ab. Es waren nicht die angekündigten vierzig, sondern nur sechsunddreißig, doch kurze Zeit darauf schickten wir noch weitere sieben, was insgesamt dreiundvierzig machte. Es kam die Meldung, dass alle wohlauf seien, der Beginn des Angriffs sich jedoch verzögere – Mundandi war noch nicht dort eingetroffen. Sie baten darum, einen Arzt zugeteilt zu bekommen, und wir konnten diesem Wunsch entsprechen, weil soeben eine Gruppe von weiteren 39 Genossen angekommen war, unter ihnen drei Allgemeinmediziner, ein Chirurg, ein Orthopäde und ein Kliniker.

Der erste Kriegsbericht hatte folgenden Wortlaut:

> Tatu oder Kumi, heute, am 29. Juni 1965, um fünf Uhr morgens hat der Einsatz begonnen. Es sieht gut aus. Wie es scheint, wird Katenga bald angegriffen, dort befinden sich fünf unserer Genossen, Nane, der Abteilungschef und zwei ruandische Genossen.
>
> Vaterland oder Tod!
>
> *Moja*

Und dann:

> Es ist halb acht, alles läuft gut, die Leute sind zufrieden und benehmen sich ordentlich. Es ging zur festgesetzten Zeit los, wir eröffneten das Feuer mit Kanonendonner und einem Granatwerfer.
>
> Einzelheiten folgen später.

Aber gleichzeitig mit dieser Meldung erreichten uns alarmierende Nachrichten von zig Toten, von gefallenen Kubanern, von Verletzten. Dadurch kam ich zu der Überzeugung, dass keineswegs alles so gut lief. Vorher hatte ich eine kurze Nachricht erhalten, in der mir mitgeteilt wurde:

> Am 29. steigt die Sache in Front de Force. Unmöglich, den Mann umzustimmen. Weitere Nachrichten nach Ende der Operation.

Die Genossen Mbili und Moja führten lange Gespräche mit Kommandant Mundandi, um ihn davon zu überzeugen, den Angriff nicht in der von ihm geplanten Weise durchzuführen. Doch sie scheiterten an seiner starren Haltung. Er berief sich auf Kabilas Befehle. Dieser gab jedoch später an, keine derartigen Befehle gegeben zu haben.

Die Region Front de Force bis Front Bendera ist von einem

Wasserkraftwerk abhängig, das an den Ufern des Flusses Kimbi steht. Das Wasser kommt fast ausschließlich von den von den Ruandern beherrschten Bergen. Die Stromleitungen führen durch die Ebene (der Berg fällt steil zum Flussbett des Kongo ab). Die Ortschaft zerfällt in zwei Teile: einen alten, der bereits vor dem Bau des Wasserkraftwerkes bestand, und einen neueren in der Nähe der Turbinen, in dem ein Viertel für Militär mit mehr als achtzig Häusern liegt. Der Kimbi ist eine der natürlichen Verteidigungsgräben des Ortes und wird zweckdienlich durch Schützengräben verstärkt, die vor dem Angriff nur sehr oberflächlich ausgekundschaftet worden waren. Die Ortschaft verfügt über einen Landeplatz für kleinere Flugzeuge. Die Berechnungen gingen dahin, dass dort ein feindliches Bataillon von 500 bis 700 Mann und, vier Kilometer weiter, an der Einmündung zur Straße nach Albertville, Spezialtruppen stationiert waren. Dort sollten sich auch eine Kadettenanstalt und eine Militärakademie befinden.

Das einzige Zugeständnis, das Mundandi abgerungen werden konnte, war, dass bei den wichtigsten Kampfhandlungen kubanische Gruppenführer eingesetzt wurden. Aus dem beigefügten Skizzenplan kann man die ungefähre Stoßrichtung des Angriffs ersehen, der ausschließlich von der Nordflanke aus erfolgen sollte, unterstützt von Hinterhalten auf beiden Seiten der Straße von Lulimba nach Albertville. Der Plan war folgender:

Eine kleine Einheit unter Ishirini sollte den sogenannten *charriot* angreifen, die »Wassereinnahme«, die die Turbinen des Kraftwerkes mit Wasser versorgt. Unten würde eine weitere Einheit unter Leutnant Azi den Kimbi überqueren und die befestigten Stellungen direkt am Berg angreifen. Im Zentrum war geplant, dass Leutnant Azima mit einer ruandischen Einheit den Flughafen einnehmen und sich dann mit Azis Einheit zusammenschließen würde. Leutnant Mafu schließlich sollte mit einer weiteren Einheit den Nachschubweg aus Lulimba abschneiden. Die stärkste Stellung, mit einer 75-Millimeter-Kanone und anderen schweren Waffen, war die von Leutnant Inne, der mit seiner Einheit auf der Zufahrt von Albertville im Hinterhalt lag. Der Kommandostand befand sich auf der anderen Seite des Flusses an den Ausläufern der Berge, und dort hielten sich Moja und Mundandi auf.

Zunächst hatte Mundandi zwei Kommandostände vorgesehen, doch er konnte davon überzeugt werden, dass es besser war, sie zusammenzulegen.

Dieser Plan war mit ein paar Schwierigkeiten verbunden: Inne musste in ein unbekanntes, nicht gründlich erkundetes Gebiet marschieren. Mafu kannte sein Gebiet einigermaßen, und Azi ebenfalls. Azima hatte mit dem Fernglas vom Berg hinuntergespäht; aber für das, was wir zu erwarten hatten, benötigten wir einen erstklassigen Hinterhalt, den wir jedoch blind einrichten mussten. Mundandi wurde bestürmt, die wesentlichen Kräfte auf Katenga zu konzentrieren, und schließlich konnte er dazu bewegt werden, Hauptmann Salumu einen Angriffsbefehl überbringen zu lassen; doch wie sich später herausstellen sollte, wurde dieser Befehl für den 30. gegeben, während Mundandi am 29. angriff.

Die Dinge in Front de Force liefen nicht annähernd so gut, wie es die ersten Berichte hatten erhoffen lassen.

Ishirini sollte zusammen mit zwei weiteren Kubanern und sieben Ruandern mit Raketenwerfern und Gewehren den *charriot* beschießen, um ein Nest von Maschinengewehren zu übertönen und die Anlage zu beschädigen. Für ein paar Minuten gingen die Lichter aus, aber das war auch alles. Die ruandischen Soldaten hielten sich rund zwei Kilometer abseits vom Geschehen auf, und die Kubaner führten die Aktion alleine durch. Um eine Vorstellung von dem herrschenden Chaos zu vermitteln, zitiere ich den vollständigen Bericht des Genossen Leutnant Azi, der den Befehl hatte, vom Kimbi aus anzugreifen.

> In Ausführung meines Auftrags richtete ich den Granatwerfer, die Kanone, das Flugabwehrgeschütz und die Maschinengewehre direkt auf die feindliche Stellung aus, in einer Entfernung von 300m bzw. 500m (den Granatwerfer). Mit neunundvierzig Ruandern und fünf Kubanern überquerten wir den Fluss, 150 oder 200 Meter von den feindlichen Granatwerfern entfernt. Als wir uns 100 Meter von der feindlichen Stellung befanden, löste sich aus dem Gewehr eines ruandischen Soldaten ein Schuss, woraufhin sich die Truppe auflöste und fünf Ruander verloren gingen, sodass noch vierundvierzig übrig

blieben. Ich teilte die Männer auf drei Gruppen auf, zwei Kubaner in meiner Gruppe und je einen Kubaner in den anderen beiden. Um drei Uhr des 29. hatten wir unsere Stellungen eingenommen, 25 Meter oder etwas weiter vom Feind entfernt. Vereinzelt waren Schüsse aus den feindlichen Maschinengewehren zu hören. Um fünf Uhr begann wie verabredet der Beschuss (Kanone, Granatwerfer, Flugabwehrgeschütz und Maschinengewehre), und daraufhin eröffneten wir unser Feuer auf die feindliche Infanterie. Alle Waffen trafen ihr Ziel, das Feuer wurde bis sechs Uhr ununterbrochen fortgesetzt. Bis dahin hatte ich drei Verwundete in meiner Einheit. Um sieben Uhr hörte ich auf unserer linken Flanke keine Schüsse mehr. Ich bewegte mich ein wenig in ihre Richtung und stellte fest, dass viele Ruander fehlten. Drei Kubaner tauschten ihre FAL-Gewehre gegen Maschinenpistolen ein. Wir waren zu viert: Anchali, Angalia und ich sowie ein ruandischer Hauptmann. Um acht Uhr fünfundvierzig hatte ich zwei tote Ruander; ich bewegte mich nach links und suchte Tano, um ihn mit einer Nachricht zu Moja zu schicken. Die mittlere und die linke Gruppe hatten sich, einschließlich der ruandischen Offiziere, eigenmächtig zurückgezogen. Wir blieben vierzehn Ruander, mir fehlte ein Kubaner, Tano, der der mittleren Gruppe zugeteilt war. Ich schickte Angalia mit der ersten Nachricht zu Moja. Um zehn Uhr blieben mir vier Ruander, darunter ein Offizier. Ich hielt bis zwölf Uhr die Stellung, dann zog ich mich 25 Meter zurück. Inzwischen hatte es zwei weitere Tote und drei Verwundete gegeben. Ich schickte eine weitere Nachricht an Moja. Bis zwölf Uhr dreißig hielt ich die Stellung, dann zog ich mich über den Fluss zu der Kanone und dem Granatwerfer zurück. Vor dem Rückzug suchte ich die Stellung von Tano und Sita auf, keiner von beiden war zu sehen. Später kam Sita. In der Granatwerferstellung erhielt ich von Moja den Befehl, die Maschinengewehre und die Kanone zurückzuziehen und einen Posten im Hinterhalt aufzustellen, falls die feindlichen Soldaten den Fluss überqueren sollten. Diese Stellung wurde gehalten, bis um sechs Uhr des 30. Juni der Befehl zum totalen Rückzug kam. In dem Hinterhalt

> befanden sich keine Ruander, nur Kubaner: Anzali, Anchali, Agiri, Abdallah, Almari und Azi. Den Ruandern wurde vom Kommandostand der Befehl gegeben, ihre Stellungen einzunehmen, doch sie marschierten über den Berg zum Basislager. Die ruandischen Soldaten ließen Waffen und Munition sowie ihre Toten zurück. Genosse Azima stand unter meinem Befehl und hatte den Auftrag, zusammen mit Alakre, Arobo und vierzig Ruandern den anderen Teil (rechtes Flussufer, etwa 500 Meter von unseren Stellungen entfernt) zu besetzen. Doch in der Nacht, in der das geschehen sollte, hörten die Ruander ein Geräusch, behaupteten, es sei ein *tembo* (Elefant), und ließen ihn mit zwei Kubanern alleine, sodass er um sieben Uhr des 29. zum Kommandostand zurückkehren musste.

Das war in etwa der Grundton der Operation. Sie begann recht schwungvoll, auch wenn man bereits vor dem Einsatz einige Männer in mehreren Stellungen verloren hatte, und endete schließlich in einem totalen, ungeordneten Rückzug.

Genosse Tano, der eine Woche später wieder auftauchte, war verwundet und von seinen Kampfgefährten zurückgelassen worden; er hatte sich bis zum Berg geschleppt, wo ihn einige Ruander auf ihrer Patrouille fanden. Seine Verwundungen heilten, und er schloss sich wieder dem Kampf an.

Zur Vervollständigung des Bildes hier ein weiterer Bericht vom selben Tag:

> Wir müssen Sie darüber informieren, dass die ruandischen Genossen an der gesamten Front den ungeordneten Rückzug angetreten und Waffen, Munition, Verwundete und Tote zurückgelassen haben, die von unseren Genossen unter den Augen des Genossen Kommandanten Mundandi eingesammelt wurden.
>
> Der Auftrag des Genossen Inne – der wichtigste Auftrag – lautete, die Straße von Albertville nach Front de Force zu besetzen, um der feindlichen Verstärkung den Weg zu versperren. Den Nachrichten zufolge, die uns bisher erreichten, ist er nicht an den angegebenen Punkt gelangt, da er sich, wie

der Arzt sagte, verirrt hat. Genosse Inne traf irrtümlich die Entscheidung, die Militärakademie anzugreifen, wo nach den Informationen, die wir von unseren ruandischen Genossen bekommen hatten, sich lediglich unsere sowie einige ruandische Genossen aufhielten, von denen zwei verwundet und die übrigen getötet wurden. Zu Beginn des Angriffs bat Inne die Kubaner, die Kanone in Stellung zu bringen, da sich die ruandischen Genossen sofort wieder ins Lager zurückzogen und die Munition sowie weiteres Gerät zurückließen, das von unseren Genossen eingesammelt wurde.

Als wir vom Tod des Genossen Inne erfuhren, schickten wir den Genossen Mbili mit zwanzig Mann Verstärkung an den Ort des tragischen Unfalls, damit er sich ein Bild von der Lage machen konnte. Im Versteck des Genossen Mafu trafen sie auch auf die Genossen Kasambala, Sultán, Ajili und andere, die zu Innes Gruppe gehörten. Genosse Mbili informierte mich umgehend über die Situation und forderte weitere Männer zur Verstärkung an, um die Straße von Albertville nach Front de Force zu kontrollieren; das war am 29. um achtzehn Uhr.

Ich besprach das Problem mit dem Kommandanten Mundandi, und er ließ mich wissen, dass die ruandischen Genossen sich weigerten, in den Kampf zu ziehen, und wir keine weiteren Männer mehr zur Verfügung hatten. Denn die überlebenden ruandischen Genossen aus Innes Gruppe waren zur Basis zurückgekehrt, während die zwanzig Ruander, die der Genosse Mbili mitgenommen hatte, sich ebenfalls weigerten zu kämpfen; Mafu hatte mit seinen Leuten dieselben Probleme. Wir kamen überein, den Genossen Mbili anzuweisen, vier oder fünf unserer Genossen nach Leichen suchen zu lassen und sich mit den übrigen zurückzuziehen. Der Rückzug sollte in der Nacht vom 30. 6. 65 stattfinden. Doch um vier Uhr nachmittags des 30. befanden sich in Azis Stellung nur noch er selbst sowie die übrigen kubanischen Genossen. Über deren Lage wurde der Genosse Kommandant Mundandi informiert, woraufhin dieser entschied, dass wir uns auf einen nahe gelegenen Berg zurückziehen sollten.

Die weiteren Probleme, die sich im Verlauf dieser Operation dem Genossen Mbili stellten, wird dieser Ihnen persönlich in allen Einzelheiten schildern.

Unser Befehlsstand, auf dem sich auch Kommandant Mundandi aufhielt, befand sich 800 Meter von der Front entfernt, und es waren anwesend: Moja, Mbili, Paulu, Saba und Anga.

Wir behielten alle auf dem Befehlsstand, da wir annahmen, dass die Hinterhalte Verstärkung erhalten würden.

Im Frontlager mussten Bahaza und Ananane zurückbleiben, da sie krank waren und nicht mitkämpfen konnten.

Moja

Genosse Inne hatte nichts als Schwierigkeiten. Er hatte zuvor mit Mafu gesprochen, denn er wollte aus dem Hinterhalt heraus operieren und sich dann zurückziehen, um die feindlichen Stellungen zu attackieren. Er hatte seinen Plan dem Oberbefehl unterbreitet, war aber nicht auf Zustimmung gestoßen. Zu Beginn der Kampfhandlungen waren die Möglichkeiten, zu dem angegebenen Punkt zu gelangen, gering, da der tödlich erschrockene Führer keinen Schritt mehr weitergehen wollte und niemand sonst den Weg kannte. Inne beschloss, die Stellung, die zu Beginn der Operation vor ihm lag, nämlich die Militärakademie, anzugreifen; er wurde von einem Feuerwerk aus schweren Waffen empfangen. Nach Augenzeugenberichten erreichte das Feuer Innes Stellung, und er überließ das Maschinengewehr Kawawa, der dann durch einen Granatwerfer tödlich getroffen wurde. Zwei weitere Genossen wurden leicht verletzt und zogen sich zurück. Ein Kundschafter fand kurz darauf die Leiche von Thelathini. Anzurume war verschwunden und wurde für tot erklärt. Die Kampfhandlung wurde etwa zweihundert Meter von den feindlichen Stellungen gestoppt, offenbar in einem Gebiet, das durch den Feind kontrolliert wurde. Außer den vier kubanischen Genossen starben mindestens vierzehn Ruander, unter ihnen der Bruder von Kommandant Mundandi. Exakte Zahlen gab es nicht, da die Ruander keinen Überblick über die genaue Anzahl ihrer Leute hatten.

Einen großen Teil der Schuld an dieser misslungenen Aktion gebe ich dem kubanischen Kommando. Genosse Inne, der den

Feind unterschätzt hatte und in einer äußerst verwegenen Aktion seine, wie er glaubte, moralische Pflicht, wenn auch nicht seinen Auftrag, erfüllen wollte, startete einen Frontalangriff, wodurch er die Straße von Albertville freigab, über die der Feind Verstärkung erhielt. Bei diesem Angriff ließen er und weitere Genossen ihr Leben.

Vor Beginn der Kampfhandlungen waren alle Genossen angewiesen worden, ihre Papiere und Ausweise zurückzulassen, mit deren Hilfe sie im Falle unvorhergesehener Ereignisse hätten identifiziert werden können. Sie kamen dem Befehl nach, nur die Männer aus Innes Gruppe hatten in ihren Rucksäcken einige Papiere bei sich (sie hatten ihre Habseligkeiten zurücklassen müssen, weil es vorgesehen war, dass sie später aus dem Hinterhalt den Kampf fortsetzen sollten). Die Rucksäcke behielten sie während der Schlacht auf, und bei einem der Toten fand der Feind ein Tagebuch, aus dem hervorging, dass Kubaner an dem Angriff beteiligt waren. Was der Feind jedoch nicht wusste, war, dass es vier Tote gegeben hatte, denn in den Zeitungen war immer nur von zweien die Rede.

Die Menge an Waffen und Munition, die bei dem übereilten Rückzug zurückgelassen wurde, war sehr groß, aber da vorher keine Bestandsaufnahme gemacht worden war, kann auch hier die genaue Zahl nicht genannt werden. Die Verwundeten – und natürlich die Toten – wurden ihrem Schicksal überlassen.

Und was passierte währenddessen in Katenga?

Es griffen 160 Männer an, mit Waffen, die denen der Ruander unterlegen waren. Die normale Bewaffnung bestand aus Maschinenpistolen und Raketenwerfern mit kurzer Reichweite. Das Überraschungsmoment war dahin, da der Angriff aus Gründen, die Mundandi nie erklärte, für den 30. Juni angeordnet wurde – also einen Tag später, nachdem die feindlichen Flugzeuge das gesamte Gebiet überflogen und die Verteidiger der Stellungen dadurch gewarnt waren.

Von den hundertsechzig Männern waren sechzig desertiert, bevor der Kampf überhaupt begonnen hatte, und die Mehrheit der übrigen gab keinen einzigen Schuss ab. Zur festgesetzten Zeit eröffneten die Kongolesen das Feuer, doch sie schossen fast alle in die Luft. Die meisten Soldaten schlossen nämlich die Augen und drückten so lange auf den Abzug ihrer automatischen Waffen, bis das Magazin leer war. Der Feind antwortete mit gezieltem Feuer aus Granatwerfern und tötete mehrere Kongolesen, was sogleich einen ungeordneten Rückzug auslöste.

Die Verluste beliefen sich auf vier Tote und vierzehn Verwundete, letztere auf dem Rückzug, da dieser in panischer Angst und völliger Auflösung erfolgte. Zunächst wurde die Katastrophe dem angeblich ungeeigneten Medizinmann zugeschrieben, der den Männern eine schlechte *dawa* verabreicht habe. Dieser versuchte sich zu verteidigen, indem er die Frauen und die Angst der Soldaten verantwortlich machte. Doch dort hielten sich gar keine Frauen auf, und nicht alle Männer (bis auf einige, aufrichtigere) waren bereit, ihre Schwächen einzugestehen. Der Medizinmann geriet in Schwierigkeiten und wurde abgelöst. Der Befehlshaber jener Abteilung, Caliyte, machte sich auf die Suche nach einem neuen, geeigneteren *muganga* und durchstreifte zu diesem Zweck die gesamte Region.

Das Resultat des Doppelangriffs war eine tief greifende Demoralisierung unter den Kongolesen und Ruandern, doch auch unter den Kubanern breitete sich große Niedergeschlagenheit aus: Jeder unserer Genossen hatte die traurige Erfahrung gemacht, mit ansehen zu müssen, wie sich die Truppen gleich zu Beginn der Kampfhandlungen auflösten, wie die teuren Waffen einfach weggeworfen wurden, um schneller fliehen zu können. Auch hatten sie die fehlende Kameradschaft beobachten müssen, mit der die Verwundeten ihrem Schicksal überlassen wurden, das Entsetzen, das sich der Soldaten bemächtigte, und die sofortige Auflösung, ohne dass weitere Befehle abgewartet worden wären. Auf der Straße von Albertville gingen häufig die Offiziere mit schlechtem Beispiel voran, darunter auch die politischen Vertreter (ein wunder Punkt der Befreiungsarmee, auf den ich später noch zurückkommen werde). Die schweren Waffen wurden normalerweise von den Kubanern bedient und konnten fast alle gerettet werden; die Maschinengewehre vom Typ FM und DP, an denen die Ruander standen, gingen größtenteils verloren, ebenso wie Gewehre und Munition.

In den Tagen nach dem Angriff desertierten viele Soldaten, oder sie baten um ihre Entlassung. Mundandi schrieb mir einen langen

Brief, in dem er wie üblich ausführlich heroische Taten schilderte und den Verlust seines Bruders beklagte. (Er wies darauf hin, dass dieser gefallen sei, nachdem er einen Lastwagen mit feindlichen Soldaten in die Luft gejagt habe – eine völlig freie Erfindung, denn dort gab es keinen einzigen Lastwagen.) Er beklagte den Verlust mehrerer der besten Kader seiner Gruppe und protestierte dagegen, dass der Generalstab sich in Kigoma aufhielt, während die Männer im Kongo kämpften und ihr Leben riskierten. Nebenbei erwähnte er, dass zwei Drittel der feindlichen Truppen vernichtet worden seien, eine Zahl, die aus keiner sicheren Quelle stammen konnte und natürlich falsch war. In diesen Behauptungen zeigte sich sein dünkelhaftes Wesen; zugleich fand er für die eigenen Schwächen stets eine Ausrede.

Mit anderen Worten, Mundandi legte eine von Kleinmut zeugende Beichte ab. Ich musste ihm mit zahlreichen Ratschlägen und einer Situationsanalyse antworten und ihm Mut zusprechen. Seine Briefe waren nichts als die Vorboten der Auflösung, die später die gesamte Befreiungsarmee und auch die kubanischen Truppen erfassen sollte.

Am 30. Juni, als die Schlacht um Front de Force bereits begonnen hatte, was wir wegen der Entfernung jedoch nicht wissen konnten, zog ich in meinem Tagebuch die Bilanz des Monats:

> Es ist die schlechteste Bilanz bis zum jetzigen Zeitpunkt. Als alles auf einen neuen Anfang hinzudeuten scheint, stirbt Mitudidi, und der Nebel wird noch dichter. Der Exodus nach Kigoma setzt sich fort, Kabila hat seine Ankunft mehrmals angekündigt, seine Ankündigungen bisher aber nicht wahr gemacht; es herrscht totale Desorganisation.
>
> Positiv ist der Marsch der Männer an die Front zu bewerten, negativ jedoch die Ankündigung eines Angriffs, der verrückt oder vollkommen zwecklos ist und die Armee von Tschombé auf den Plan rufen kann.
>
> Mehrere Fragen müssen beantwortet werden: Wie wird sich Kabila uns und insbesondere mir gegenüber verhalten? Wird er der richtige Mann in der jetzigen Situation sein? Wird er die Lage richtig einschätzen können und einsehen, welches

> Chaos hier herrscht? Bevor wir uns nicht treffen, kann man nichts dazu sagen; aber zumindest in Bezug auf die erste Frage gibt es ernsthafte Anzeichen dafür, dass ihm meine Anwesenheit hier ganz und gar nicht gefällt. Bleibt abzuwarten, ob aus Angst, Eifersucht oder verletztem Ehrgefühl wegen der Art und Weise meines Vorgehens.

Ich hatte einen Brief an Pablo Rivalta geschrieben, den kubanischen Botschafter in Tansania, und ihn unter anderem angewiesen, die tansanische Regierung über meine Anwesenheit zu informieren, sie wegen der Art und Weise meines Vorgehens um Verzeihung zu bitten und ihnen die Schwierigkeiten zu schildern, die aus der Tatsache entstanden waren, dass Kabila sich zur Zeit nicht im Lande aufhielt. Außerdem sollte er deutlich machen, dass es meine eigene Entscheidung und nicht die der kubanischen Regierung gewesen war. Der Überbringer des Briefes sollte vorher in Kigoma mit Kabila sprechen und seine Meinung einholen. Dieser sprach sich ausdrücklich dagegen aus, irgendetwas bekannt zu geben, und erklärte, er wolle nach seiner Ankunft im Kongo mit mir persönlich reden.

Die Sternschnuppe

Nicht weniger als vier verschiedene Botschaften, schriftliche und mündliche, erhielt ich von Kabila vor dessen Ankunft. Trotz der vielen Ankündigungen glaubte ich schon nicht mehr an sein Kommen und widmete meine Aufmerksamkeit einigen konkreten Problemen, die mich im Augenblick mehr beschäftigten.

Mundandi schrieb in regelmäßigen Abständen einen kritischen Brief nach dem anderen, in denen er die Verantwortung für das Desaster auf die Kongolesen abwälzte: Wegen deren mangelnder Kampfbereitschaft blieben ihm keine Leute mehr, um die Revolution in Ruanda durchzuführen; alle seine Kader fielen; er habe vorgehabt, nach Albertville und dann weiter nach Ruanda vorzudringen, doch nun fehle es ihm an Soldaten etc.

Im Abschnitt von Front de Force hatte man kleinere Aktionen gestartet und Aufklärungspatrouillen losgeschickt, die die feindlichen Stellungen auskundschaften und nach Verwundeten suchen sollten, die möglicherweise von ihren Kameraden zurückgelassen worden waren – denn niemand wusste genau, wie viele Männer verschwunden waren. Doch alles war vergebens: Die Ruander weigerten sich, weiter als bis zu den ersten Ausläufern der Berge zu marschieren. Auf unsere Beschwerde hin erklärte Mundandi, es handele sich um ein politisches Problem, seine Männer seien durch die geringe Kooperation der Kongolesen entmutigt und verweigerten sich aus diesem Grund.

Es war schwierig, seine Behauptungen zu bewerten, denn eine seiner Bestrebungen war es, sich von den kongolesischen Truppen fern zu halten. Er hatte die Operation veranlasst, und das Scheitern war ihm zuzuschreiben, eventuell auch uns Kubanern. Aber er musste nicht auch noch die Kongolesen mit hineinziehen.

Immer noch kamen Verwundete aus Katenga und Front de Force. Sie wurden nach und nach von den Bauern zur Basis gebracht, denn die Soldaten waren nicht gewillt, einen Mann auf einer behelfsmäßigen Krankenbahre mühevoll über die Gebirgspfade zu transportieren.

Wieder einmal versuchte ich, mit den Verantwortlichen zu sprechen. Zur Zeit war das Major Kasali. Er empfing mich nicht, weil er »Kopfschmerzen« hatte, schickte aber den Genossen Kiwe, einen alten Bekannten, der mit mir reden und meine Vorschläge nach Kigoma überbringen sollte.

Es war nicht viel, was ich zu sagen hatte:

a) Was hatte Major Kasali mit den vierzig Männern vor, die soeben eingetroffen waren? Wohin wollte er sie schicken?

b) Ich gab meinem Unwillen über die Art und Weise Ausdruck, in der Bendera über alles, was mit dem Angriff zusammenhing, unterrichtet wurde.

Bei dieser Gelegenheit gab ich auch einen kurzen Brief an Kabila mit, in dem ich ihm darlegte, wie notwendig meine Anwesenheit an der Front war.

Tatsächlich wurden in unserer Truppe Auflösungserscheinungen deutlich. Bereits auf dem Rückzug von Front de Force hatten mehrere Genossen geäußert, dass sie mit solchen Leuten nicht weiterkämpfen wollten und sich zurückziehen würden. Es kursierten Gerüchte, die besagten, dass einige ernsthaft daran dachten, den Kongo zu verlassen. Die Aufrechterhaltung der Moral war eine meiner Hauptsorgen. In besagtem kurzen Brief bat ich dringend um Antwort, doch sie blieb aus. Durch den politischen Kommissar Alfred schickte ich einen weiteren Brief, in dem ich die Gründe für die Niederlage von Front de Force analysierte:

Die Angriffe waren nicht koordiniert worden; die Gruppe von Front de Force attackierte am 29., die von Katenga am 30. Doch nicht nur Mundandi hatte versagt, an der anderen Front war genauso wenig getan worden. (Es war nötig, auf diesen Aspekt hinzuweisen, denn die Ruander befanden sich in einer äußerst merkwürdigen Situation: einerseits wurde ihnen, mehr als den Kongolesen, Vertrauen und Achtung entgegengebracht, andererseits jedoch gab man ihnen die alleinige Schuld an der Niederlage. Beide Parteien hatten ihre Fähigkeit zur Selbstkritik zu Hause gelassen und ergingen sich in unglaublichen Beleidigungen. Schade, dass diese Energien nicht für den Kampf gegen den Feind genutzt wurden. Mundandi erzählte mir, dass Calixte sogar einmal auf ihn geschossen habe, ein extremer Vorfall, von dem ich nicht weiß, ob er sich so zugetragen hat. Es zeigt aber, wie unfähig der eine wie der andere war.)

Ich machte den Vorschlag, ein zentrales Kommando für die gesamte Front zu bilden, um die Aktionen besser koordinieren zu können, und riet dazu, dass ein Kubaner diesem Kommando angehören solle. Wie wir festgestellt hatten, war es aufgrund des Dauerstreites nicht einmal möglich, eine Munitionskiste von einer Abteilung zur anderen zu transportieren. Schließlich wies ich noch einmal auf die Notwendigkeit meiner Anwesenheit an der Front hin.

Ich stieg zur Hochbasis hinauf, um unseren Genossen eine Erklärung für die Niederlage zu geben und den soeben Eingetroffenen eine feierliche Begrüßungsrede zu halten.

Meine Analyse der begangenen Fehler:

Erstens: Wir hatten den Feind unterschätzt. In der Annahme, er sei aus dem gleichen Holz geschnitzt wie der revolutionäre Soldat, der sich ihm entgegenstellte, hatten wir ihn mit Siegermentalität offen angegriffen, um ihn einfach hinwegzufegen; dabei hatten wir nicht bedacht, dass es sich um Leute mit militärischer Ausbildung handelte, die bestens gerüstet und offenbar auf der Hut waren.

Zweitens: Die fehlende Disziplin. Ich wies nachdrücklich auf die Notwendigkeit hin, eine strenge Disziplin zu wahren. So schmerzlich es auch war, ich musste Innes zwar heroisches, aber schädliches Vorgehen kritisieren, das nicht nur drei weiteren kubanischen Genossen, sondern auch mehr als zehn Ruandern den Tod gebracht hatte.

Drittens: Die sinkende Kampfmoral. Sie musste unbedingt hochgehalten werden. Auf diesen Punkte legte ich ganz besonderen Wert.

Ich übte öffentliche Kritik an dem Genossen Azima wegen seiner defätistischen Äußerungen und sprach offen aus, was uns erwartete: nicht nur Hunger, Kugeln und alle möglichen Widrigkeiten, sondern auch der Tod durch die Hand der eigenen Genossen, die keinen blassen Schimmer hatten, wie man eine Waffe handhabte. Der Kampf würde sehr schwer werden und lange dauern. Ich sprach diese Warnungen aus, weil ich in diesem Augenblick bereit war, die Zweifel und sogar den Rückzug der soeben Eingetroffenen in Kauf zu nehmen, falls sie das wollten; später würde das nicht mehr möglich sein. Der Ton meiner Rede war hart, und die Warnung eindeutig. Keiner der Neuen zeigte Anzeichen von Schwäche. Zu meiner Überraschung jedoch wollten drei von denen, die bei dem Angriff auf Front de Force dabei gewesen und mit verschiedenen Nachrichten zurückgekommen waren, nicht mehr weiterkämpfen. Noch dazu gehörte einer von ihnen unserer Partei an. Die Namen der drei: Abdallah, Anzali und Anga.

Ich machte ihnen wegen ihres Verhaltens Vorwürfe und kündigte an, dass ich die höchsten Strafen für sie fordern würde. Da ich mich in meiner Rede an die neuen Soldaten gewandt hatte, bestand für mich den alten gegenüber keinerlei Verpflichtung, doch ich sicherte ihnen zu, sie zu einem Zeitpunkt gehen zu lassen, den ich nicht näher bezeichnete.

Um meine Überraschung und meinen Schmerz noch zu vergrößern, trug auch der Genosse Sitaini sich mit dem Gedanken, nach Kuba zurückzukehren. Er hatte mich seit dem Befreiungskrieg begleitet und war sechs Jahre lang mein Mitarbeiter gewesen. Zu meinem großen Kummer flüchtete er sich in schäbige Argumente, behauptete, nicht gewusst zu haben, was ich allen gesagt hatte, dass nämlich dieser Einsatz hier bestenfalls drei, schlimmstenfalls fünf Jahre dauern würde. Das hatte ich gebetsmühlenartig wiederholt, und Sitaini wusste es besser als sonst irgendjemand, denn er war ständig mit mir zusammen gewesen. Ich verweigerte ihm die Entlassung, wobei ich ihm zu erklären versuchte, dass es dem Ansehen aller schaden würde. Aufgrund seiner besonderen Beziehung zu mir habe er die Pflicht weiterzumachen. Er sagte, dass er keine andere Wahl habe, als meine Entscheidung zu akzeptieren, wenn auch gegen seinen Willen; und von da an war er nur noch eine wandelnde Leiche. Er wurde krank, zog sich einen doppelten Leistenbruch zu, und sein Zustand verschlechterte sich derart, dass es notwendig und gerechtfertigt war, ihn nach Hause zu schicken.

In jenen Tagen sank mein Mut beträchtlich, doch als mir am 7. Juli mitgeteilt wurde, dass Kabila eingetroffen war, stieg ich mit einer gewissen Freude ins Tal hinunter. Endlich befand sich der Führer der Befreiungsbewegung am Ort der Kriegshandlungen!

Er empfing mich herzlich, aber reserviert. Ich sprach über meine Anwesenheit hier wie über eine allseits akzeptierte Tatsache und beschränkte mich auf die Darlegung der wiederholt vorgebrachten Gründe, die mich veranlasst hatten, ohne Vorankündigung auf kongolesischem Staatsgebiet zu erscheinen. Ich schlug ihm vor, die tansanische Regierung davon in Kenntnis zu setzen, doch er antwortete ausweichend und verschob es auf einen späteren Zeitpunkt. Auch zwei seiner engsten Mitarbeiter waren anwesend: Genosse Masengo, inzwischen Chef des Generalstabs, sowie Nbagira, Minister für auswärtige Beziehungen (zur Zeit gab es zwei Minister für auswärtige Beziehungen, denn Gbenyé hielt an Kanza fest). Kabila zeigte sich aufgeschlossen und fragte mich nach meinen Plänen. Natürlich wiederholte ich meinen immer gleichen Wunsch: Ich wollte an die Front. Mein wichtigster Auftrag bestehe darin, Kader zu bilden, und das könne man während eines Krieges nur an der Front tun, nicht in der Etappe. Kabila äußerte seine Vorbehalte: Ein Mann wie ich, der für die Weltrevolution so wichtig sei, müsse auf seine Sicherheit bedacht sein. Ich führte an, dass ich nicht daran dachte, an vorderster Front zu kämpfen, sondern daran, bei den Soldaten zu sein, dass ich aber genügend Erfahrung hätte, um auf mich aufzupassen. Ich sei nicht auf Kriegslorbeer aus, sondern wolle eine konkrete Aufgabe erfüllen – was für ihn von größter Bedeutung sei, da aus meiner Arbeit fähige und zuverlässige Kader hervorgehen würden.

Er gab keine Antwort, behielt jedoch seinen herzlichen Ton bei und kündigte einige gemeinsame Reisen an: Wir würden ins Landesinnere fahren, um allen Frontabschnitten einen Besuch abzustatten. Noch in derselben Nacht sollten wir nach Kabimba aufbrechen. Doch aus irgendeinem Grund konnte das Vorhaben nicht ausgeführt werden, auch am nächsten Tag nicht, und am darauf folgenden musste er sich mit den Bauern treffen, um ihnen die Ergebnisse der Kairoer Konferenz mitzuteilen und etwaige Zweifel auszuräumen. Einstweilen wurde Aly mit zehn Mann nach Kabimba geschickt, um dort irgendeine bedeutungslose Aktion zu starten. Leutnant Kiswa ging nach Uvira, um die Gegend auszukundschaften.

Die Versammlung mit den Bauern fand statt. Sie war interessant. Kabila stellte unter Beweis, dass er die Mentalität seiner Leute genau kannte. Lebhaft und unterhaltsam sprach er auf Suaheli in allen Einzelheiten über die Konferenz in Kairo und die dort getroffenen Vereinbarungen. Er ließ auch die Bauern zu Wort kommen, gab auf ihre Fragen schnelle Antworten, die die Leute zufrieden stellten. Das Ganze endete mit einem Fest, und alle Anwesenden tanzten zu den Klängen einer Musik, deren Refrain »Kabila, eh, Kabila, ja« lautete.

In den folgenden Tagen war er sehr aktiv, anscheinend wollte er die verlorene Zeit wieder aufholen. Er hatte vor, die Verteidigung der Basis zu organisieren und das Gesicht der durch die fehlende Disziplin so gebeutelten Region zu verändern. Das schien allen Männern wieder neuen Mut zu geben. In aller Eile wurden sechzig Männer zusammengetrommelt und ihnen drei kubanische Ausbilder zugeteilt, und dann wurde damit begonnen, Schützengräben auszuheben und Schießunterricht zu erteilen. Währenddessen arbeiteten wir einen Verteidigungsplan für den Uferstreifen aus, auf dem wir uns befanden.

Am 11. Juli, fünf Tage nach seiner Ankunft im Kongo, ließ Kabila mich kommen, um mir mitzuteilen, dass er noch in derselben Nacht nach Kigoma fahren müsse. Er sagte mir, dass Soumialot sich dort aufhalte, und unterzog den Präsidenten des Obersten Revolutionsrates einer strengen Kritik, warf ihm fehlerhafte Organisation, Demagogie und Schwäche vor. Genau in dem Moment, erklärte Kabila, als die Regierung von Tansania auf sein Betreiben hin eine Gruppe von Gbenyés Agenten, die Zwietracht gesät hätten, verhaftet habe, sei Soumialot gekommen und habe ihre Freilassung erwirkt. Er müsse mit Soumialot endlich einmal über eine Arbeitsteilung sprechen, man habe ihn, Soumialot, zum Präsidenten des Obersten Revolutionsrates gewählt, damit er durchs Land reise, die Sache der Revolution erkläre und sich nicht weiter einmische – seine organisatorischen Fähigkeiten seien nämlich gleich null. Man müsse die Aufgabenbereiche abstecken. Kabila analysierte Soumialots Einfluss in der Region, aus der er stammte, und kündigte eine letzte Aussprache zwischen ihnen an, denn Soumialots Aktion könne sich auf die Zukunft der Revolution unheilvoll auswirken. Nun, die Reise werde einen Tag dauern, und übermorgen sei er wieder zurück.

Im Laufe des Gesprächs entwischte ihm jedoch die Bemerkung, dass Soumialot bereits nach Daressalam zurückgekehrt sei. Ich fragte ihn mit einer gewissen Ironie, wie er es anstellen wolle, den See zu überqueren, in Daressalam mit Soumialot zu reden und am darauf folgenden Tag wieder zurück zu sein. Kabila antwortete, das mit Soumialots Rückkehr sei noch nicht sicher; wenn es stimme, müsse er nach Daressalam fahren, doch er werde unverzüglich wieder zurückkommen.

Als Kabilas erneute Abreise bekannt wurde, breitete sich unter den Kongolesen und Kubanern wieder Mutlosigkeit aus. Kumi, der Arzt, zog einen Zettel hervor, auf dem er vorausgesagt hatte, dass Kabila sich sieben Tage im Kongo aufhalten würde; er hatte sich nur um zwei Tage verschätzt. Changa, unser tapferer »Seeadmiral«, spuckte Gift und Galle und sagte: »Und warum hat dieser Mann so viel Whisky mitgebracht, wenn er nur fünf Tage bleiben wollte?«

Die Äußerungen der Kongolesen möchte ich hier nicht wiedergeben; doch das, was sie unseren Genossen zuriefen, hörte sich ähnlich an.

Kabila verlor an Glaubwürdigkeit, und er konnte sie nur wiedererlangen, wenn er so schnell wie möglich auf die Basis zurückkehrte. Wir führten ein letztes Gespräch, bei dem ich dieses Problem mit allem Zartgefühl, dessen ich fähig war, zur Sprache brachte. Wir redeten auch über einige andere Themen, und er machte mir ganz nebenbei, so wie es seine Art war, klar, welche Position ich einnehmen müsste, sollte es zu einem Bruch kommen. Ich gab ihm zu verstehen, dass ich nicht in den Kongo gekommen sei, um mich in die inneren Angelegenheiten einzumischen, was schädlich wäre. Vielmehr sei ich von meiner Regierung hierher geschickt worden, wir würden versuchen, ihm und dem Kongo unter allen Umständen zur Seite zu stehen, und er sei der Erste, dem ich offen und ehrlich sagen würde, wenn ich an seiner politischen Haltung Zweifel hätte. Aber, so fuhr ich fort, der Krieg werde auf dem Schlachtfeld gewonnen, und nicht bei geheimen Zusammenkünften in der Etappe.

Wir sprachen über weitere Pläne. Kabila vertraute mir an, dass er Vorbereitungen treffe, um die Basis nach Süden, nach Kabimba, zu verlegen, und dass er Maßnahmen einleiten müsse, damit Waffen nicht in dem Gebiet seiner politischen Feinde verteilt würden. Ich erklärte, dass unserer Auffassung nach Katanga aufgrund seines Reichtums eine Schlüsselstellung im Kongo einnehme und hier die härtesten Schlachten geschlagen werden müssten. Darin waren wir uns einig, aber wir Kubaner glaubten nicht, dass das Problem des Kongos auf Stammes- oder Regionalebene gelöst werden konnte. Es handelte sich um ein nationales Problem, und als solches mussten wir es behandeln. Andererseits, fuhr ich fort, sei die Loyalität einzelner Stämme nicht so wichtig wie die der revolutionären Kader, und deshalb müsse man diese Kader bilden und in ihrer Entwicklung fördern, und noch einmal: Es sei nötig, dass ich an die Front ginge … (die übliche Litanei).

Wir verabschiedeten uns, und Kabila brach auf. Am nächsten Tag fiel der Rhythmus, der sich aufgrund seiner Anwesenheit und seiner Energie entwickelt hatte, wieder in sich zusammen. Die Soldaten, die mit dem Ausheben von Schützengräben beauftragt waren, sagten, sie nähmen an diesem Tag die Arbeit nicht auf, weil ihr Chef nicht da sei; andere, die mit dem Bau des Lazaretts begonnen hatten, verließen die Baustelle. Alles kehrte wieder zu der verschlafenen Routine zurück, wie in einem Provinzdorf, fernab vom Kriegsgeschehen und auch von dem Leben, das unser Regimentsstab führte.

Winde aus dem Westen, Brisen aus dem Osten

Es war mir klar, dass wir etwas gegen den Auflösungsprozess unternehmen mussten, der paradoxerweise von der einzigen wirklichen Aktion, die die revolutionäre Bewegung seit unserer Ankunft im Kongo gestartet hatte, eingeleitet worden war. Nachdem die ersten Kubaner erwogen hatten, sich aus den Kämpfen zurückzuziehen, überschlugen sich die Ereignisse. Zwei weitere Genossen, Achiri und Hanzinie – einer von ihnen Parteimitglied –, setzten sich ab, und kurz darauf baten zwei der gerade erst eingetroffenen Ärzte um ihre Entlassung; beide gehörten der Partei an. Mein Ton ihnen gegenüber war weniger heftig, aber viel beleidigender als gegenüber den einfachen Soldaten, die in einer ziemlich jämmerlichen Weise auf die Vorfälle reagiert hatten.

In Kuba war offensichtlich keine gute Auswahl getroffen worden, doch die Situation, in der sich die kubanische Revolution gegenwärtig befand, erschwerte eine solche Auswahl. Man darf sich dabei nicht nur auf die Tatsache stützen, dass jemand in der Vergangenheit eine Waffe in der Hand gehabt hat. Das ist zwar eine wichtige Voraussetzung, doch man muss auch bedenken, dass das bequeme Leben in den darauf folgenden Jahren die Menschen verändert haben kann. Und dann gab es noch die riesige Zahl derer, die erst durch die Revolution zu Revolutionären geworden waren. Ich weiß bis heute nicht, wie man unter Leuten, die noch keine Feuertaufe zu bestehen hatten, eine Auswahl treffen soll. Und ich glaube, dass man stets in Betracht ziehen muss, dass sich niemand endgültig als fähig erweist, bevor er nicht die letzte

Prüfung in Kampfhandlungen bestanden hat. Tatsache war, dass bei dem ersten ernsthaften Rückschlag, der, das sei zu ihrer Entlastung gesagt, mit einem deutlichen Auflösungsprozess in den Streitkräften einherging, mehrere Genossen den Mut verloren. Sie beschlossen, sich aus einem Kampf zurückzuziehen, in den sie – freiwillig – eingetreten waren, um, falls nötig, ihr Leben zu lassen, umgeben mit dem Nimbus der Tapferkeit, der Opferbereitschaft, des Enthusiasmus, mit einem Wort: mit dem Nimbus der Unbesiegbarkeit.

Was bedeutet der Satz »Bis in den Tod, falls nötig!«? Die Antwort darauf birgt die Lösung der schwierigen Probleme bei der Schaffung des zukünftigen Menschen in sich.

Bei den Ruandern passierten unglaubliche Dinge: Mundandis Stellvertreter wurde angeblich hingerichtet; in Wirklichkeit wurde er brutal ermordet. Tausende von Gerüchten ranken sich um diesen Vorfall. Die ungünstigsten Vermutungen – und die müssen nicht unbedingt stimmen – besagen, dass Weibergeschichten dabei eine Rolle gespielt hätten. Ergebnis: Kommandant Mitchel sowie ein Soldat und ein Bauer wurden ins Jenseits befördert. Die offizielle Anklage gegen den Kommandanten lautete, er habe seinen Leuten eine schlechte *dawa* verabreicht, trage mithin die Schuld am Tode von zwanzig Männern. Aus dieser Information geht nicht klar hervor, ob die *dawa* ihren Tod direkt hervorgerufen hat, ob sie sie nicht ausreichend geschützt hat oder ob Mitchel, während er außerhalb des Lagers nach den Kräutern für die *dawa* suchte, die Situation ausnutzte und Verrat übte.

Dieser Vorfall stand mit anderen Ereignissen in Zusammenhang, die nie endgültig geklärt wurden: Die Erschießung fand nach einer schweren Niederlage statt, für die Mundandi verantwortlich war; erschossen wurde jedoch der Stellvertreter. Das alles passierte zu einer Zeit, als eine Art Aufstand gegen Kabila und das Oberkommando der Befreiungsarmee im Gange war: Die Ruander weigerten sich entschieden, an irgendeiner Kampfhandlung teilzunehmen, einige von ihnen desertierten, und andere, die im Lager blieben, gaben deutlich zu verstehen, dass sie nur in den Kampf ziehen würden, wenn die Kongolesen ebenfalls dazu bereit wären. Sollte Kabila sie im Lager besuchen, kündigten sie an, dann würde er Essen ohne Salz und Tee ohne Zucker vorgesetzt bekommen, so wie sie selbst, damit er verstehe, was es heiße, Opfer zu bringen. (Natürlich war das keine ernsthafte Drohung, denn Kabila dachte nicht im Traum daran, sie im Lager zu besuchen.)

Ein kongolesischer Kommissar, der sich während der Vorfälle an der Front aufhielt, versuchte zu vermitteln, doch er wurde kaltgestellt und gezwungen, das Lager zu verlassen. Bei dem Kommissar handelte es sich um Alfredo, von dem bereits die Rede war. Er stellte die Ruander vor folgende Alternative: Entweder Mundandi würde wegen Mordes standrechtlich erschossen, oder aber er würde sich aus dem Kampf zurückziehen.

Einige Ruander, die zu uns gestoßen und unter der Bedingung, dass sie sich der kubanischen Disziplin unterwerfen würden, aufgenommen worden waren, waren wieder zu ihren Leuten zurückgekehrt und wurden von ihnen mit misstrauischer Feindseligkeit behandelt, was ein Abkühlen der Beziehungen oder Schlimmeres befürchten ließ.

Ich sprach mit Masengo über diese Probleme, und ich machte dabei deutlich, was meiner Meinung nach von grundlegender Bedeutung war: Wenn wir Erfolg haben wollten, war es unverzichtbar, dass wir stärker in die Befreiungsbewegung integriert und im Bewusstsein jedes einzelnen kongolesischen Soldaten zu einem der ihren wurden. Stattdessen waren wir auf den Kreis der Ruander beschränkt, die nicht nur Ausländer im Kongo waren, sondern auch eifrig darauf bedacht, diesen Status beizubehalten. Zusammen mit ihnen waren wir dazu verdammt, auf immer Fremde im Kongo zu bleiben. Als Reaktion auf meine Worte gestattete Masengo einigen unserer Männer, Calixte bei seiner Arbeit zu unterstützen, was rasch in die Tat umgesetzt wurde.

Moja erhielt Instruktionen, neue Aktionen mit den ihm zur Verfügung stehenden Freiwilligen zu organisieren, allerdings unter der Bedingung, dass seine Truppe strikt gemischt war, das heißt, dass sie zu gleichen Anteilen aus Kubanern und Ruandern bestand. Wir hatten mit Mbili über den Kampf aus dem Hinterhalt gesprochen. Mein Ziel war es, ihm die Kunst des Guerillakrieges zu vermitteln, und der erste Befehl lautete, ein einzelnes Fahrzeug anzugreifen.

Das sollte auf der Straße von Front de Force nach Albertville geschehen, in einem zuvor von Azi ausgekundschafteten Abschnitt, in dem auch die Möglichkeit bestand, eine gute Kolonne oder Störtrupps zurückzulassen, denn es gab dort Berghänge mit dichten Wäldern; allerdings würde man ein Versorgungssystem installieren müssen.

Aly kam von der Front vor Kabimba zurück und berichtete Folgendes: Auf einem Erkundungsmarsch waren sie auf vier Polizisten gestoßen, die den Auftrag hatten, die Berge in der Nähe abzubrennen, um dem Feind eine bessere Sicht zu verschaffen. Drei von ihnen hatten sie gefangen nehmen können, der vierte war getötet worden. Von den zwanzig Kongolesen, die zu Beginn der Aktion bei ihm gewesen waren, hatten sechzehn die Flucht ergriffen. Nur einer der Polizisten war bewaffnet, und zwar derjenige, der später getötet wurde. An diesem Frontabschnitt gaben Moral und Ausbildung der Truppen den Genossen von Front de Force oder den Leuten von Calixte keinerlei Anlass zum Neid.

Der Befehlshaber der Basis von Front de Force war zu der Zeit Hauptmann Zakarias, der zusammen mit Mbili die Aktion leiten sollte. Mundandi begab sich, begleitet von einem starken Aufgebot an Soldaten, zur Basis am See. Er sah Furcht erregend aus, doch in Wirklichkeit hatte er Angst und wollte sicher nach Kigoma gebracht werden, um mit Kabila zu sprechen. Wenig später erkrankte er (an einer wirklichen Krankheit!) und nahm, zusammen mit einigen seiner Getreuen, den berühmten Monat Urlaub.

Er besuchte mich, behandelte mich wie ein rohes Ei, beinahe demütig. Zuerst sprachen wir über allgemeine Probleme bei der Attacke, dann schnitten wir das brisante Thema an: den Mord an Kommandant Mitchel.

Er berichtete mir zum Tod der Genossen Folgendes: Kommandant Mitchel hatte befreundeten Nachbarn das Geheimnis des bevorstehenden Angriffs anvertraut. Einer von ihnen war ein Spion und gab die Information an die feindliche Armee weiter. Als die anderen von der Aktion erfuhren, mussten Mitchel und die Nachbarn erschossen werden. Er war nicht damit einverstanden, konnte sich aber in der einberufenen Versammlung nicht durchsetzen, und so wurde angesichts der Drohung der Soldaten, sich nicht an dem Kampf zu beteiligen, dem Votum der Mehrheit entsprochen.

Gemeinsam analysierten wir die verschiedenen Aspekte des Vorfalls: Zunächst war die Ursache für die Niederlage nicht in dem Verrat zu suchen, selbst wenn er tatsächlich stattgefunden hatte, sondern in der Art und Weise, wie der Angriff geleitet worden war, in der fehlerhaften Planung und Durchführung der Aktion. Dabei verschwieg ich natürlich nicht unsere Schuld, die aus Innes Verhalten resultierte. Anhand verschiedener Beispiele aus unserem Befreiungskampf in Kuba versuchte ich Mundandi zu erklären, wie negativ es sich auswirkt, wenn Entscheidungen wie diese von Versammlungen einfacher Soldaten abhängen. Schließlich übt man revolutionäre Demokratie nicht in der Heeresleitung, zu keiner Zeit und nirgendwo auf der Welt, und wo das versucht wurde, endete es mit einem Desaster. Zuletzt stellte ich klar, dass die Tatsache, dass ein Kommandant der kongolesischen Befreiungsarmee hingerichtet werden konnte, ohne den Generalstab an der Entscheidung zu beteiligen, geschweige denn, dem Angeklagten einen Prozess zu machen, ein Zeichen absoluter Disziplinlosigkeit und völligen Autoritätsverlusts der zentralen Befehlsgewalt war. Wir alle mussten dafür sorgen, dass sich solch ein Vorfall nicht wiederholte.

Als ich mit Masengo über Mundandis dürftige Argumentation sprach, sagte er, dass Mundandi ihm etwas anderes erzählt habe und er sich mir gegenüber dazu nicht äußern wolle, da die Tragödie in Wirklichkeit durch einen Fall von Aberglauben ausgelöst worden sei.

Mundandi wurde vor eine Versammlung mehrerer Befehlshaber zitiert, um zu besprechen, wie man die Aktionen der verschiedenen Gruppen koordinieren könnte. Außer Mundandi waren anwesend: Calixtes Stellvertreter Hauptmann Salumu, Genosse Lambert, Operationsleiter in dem Gebiet um Fizi, sowie eine Reihe enger Mitarbeiter.

Masengo, gefangen im Netz seiner fehlenden Autorität, fand keinen Ausweg aus dem Dilemma. Das Beste wäre es gewesen, einen Schlussstrich zu ziehen und zu sagen: »Hier befehle ich!« Doch das tat er nicht. Es wurde beschlossen, Maßnahmen zu ergreifen, um die Unabhängigkeit der einzelnen Fronten bei ihren Aktionen zu bewahren und in Zukunft derartige Vorfälle zu verhindern. Dadurch war das Problem aber nicht gelöst, und außerdem lief dieser Beschluss meiner Empfehlung zuwider, eine einheitliche Front unter einem starken Kommando zu bilden.

Die Maßnahmen wurden mit demonstrativer Entschlossenheit ergriffen – und dann nur halbherzig in die Praxis umgesetzt. Masengo hatte eine Liste der Waffen, die an die verschiedenen Frontabschnitte geliefert worden waren, aber keine der Zahlen stimmte mit den Angaben der entsprechenden Befehlshaber überein. Niemand bezweifelte, dass die Waffen tatsächlich ausgegeben worden waren, doch man schenkte den abweichenden Versicherungen Glauben, sodass immer mehr Abenteurer im Sumpf der Kriegsausrüstung an den Fronten wühlten. Es wurde eine Kommission gebildet, die dafür sorgen sollte, dass die Waffen den überall im Lande umherstreunenden Deserteuren abgenommen wurden; diese setzten sich nämlich samt Waffen von der Front ab und lebten davon, dass sie mit Hilfe ihrer »überzeugenden Argumente«, ihrer Waffen, Nahrung oder Geld von der Bevölkerung erpressten. Es hieß sogar, dass man die Väter der Deserteure einsperren wollte, falls man dieser selbst nicht habhaft werden konnte. Letzten Endes jedoch wurden weder Deserteure gefasst noch Waffen beschlagnahmt, und soviel ich weiß, wurde auch kein einziger Vater eingesperrt.

Ich wiederholte meinen Vorschlag, in den nächsten Tagen an die Front zu gehen, doch Masengo lehnte das unter dem oft gehörten Vorwand ab, meine persönliche Sicherheit sei nicht garantiert. Ich ging zum Angriff über, sagte, dass ich die von ihm vorgebrachten Gründe nicht für stichhaltig hielte, und fragte ihn frei heraus, ob er mir gegenüber Misstrauen hege. Ich verlangte von ihm mehr Offenheit. Wenn er irgendwelche Bedenken habe, so solle er sie äußern. Vor meiner Direktheit musste er die Waffen strecken und seine starre Haltung aufgeben. Wir vereinbarten, dass wir in fünf oder sechs Tagen, wenn der Bericht der von ihm entsandten Kundschafter einträfe, gemeinsam an die Front fahren würden.

Es gab tatsächlich Bedenken, und zwar aus dem einfachen Grund, weil sowohl Kabila als auch Masengo die verschiedenen Fronten schon seit ewigen Zeiten nicht mehr besucht hatten, was die schärfste Kritik der Soldaten ausgelöst hatte. Die Tatsache, dass der Chef der kubanischen Truppe an die Front ging, um das Leben dort zu teilen, die Verantwortlichen des Kampfes aber nicht dazu bereit waren, konnte ihnen neue Probleme bereiten. Ich war mir dessen bewusst. Aber abgesehen von meinem eigenen Interesse daran, die Situation an der Front direkt in Augenschein zu nehmen, hielt ich es für wünschenswert, dass die kongolesischen Revolutionsführer sich gezwungen sahen, den Fronten einen Besuch abzustatten, sich mit den Problemen bei der Versorgung mit Lebensmitteln, Kleidung, Medizin und Munition vertraut zu machen und nach Lösungen zu suchen.

Als Vorbereitung auf den vereinbarten Frontbesuch und um das Gebiet genauer kennen zu lernen, fuhren wir mit Masengo nach Kasima, 27 Kilometer nördlich von Kibamba. Auch hier häuften sich die Fälle von Disziplinlosigkeit, von der in diesem Bericht immer wieder die Rede ist. Immerhin ergriff Masengo eine Reihe richtiger Maßnahmen, wie zum Beispiel die, einen Kommandanten, der sich tagelang in die nahe gelegenen Berge flüchtete (aus Angst vor den feindlichen Flugzeugen), gegen seinen Stellvertreter, einen Leutnant, auszutauschen. Unsere Leute, vier MG-Schützen, lagen mit Sumpffieber danieder, und wir brachten sie nach Kibamba, um sie behandeln zu lassen.

Wir hatten uns in den politischen Einflussbereich von General Moulane vorgewagt, und die Vorbehalte gegen Masengo drückten sich im Verhalten der Soldaten und der Bevölkerung aus. Zähneknirschend gehorchten sie den Anordnungen dessen, der so etwas wie eine zentrale Befehlsgewalt darstellte.

Wir folgten unserer Route und gelangten an einen Ort namens Karamba. Dort trafen wir auf eine der absurdesten »Sperren«, die eine Gruppe von Ruandern errichtet hatte. Sie agierte unabhängig von Mundandi, mit dem sie im politischen und ideologischen Streit lag. Ich habe nie ganz begriffen, worum es dabei genau ging. Die Sperre bestand aus einer rückstoßfreien 75-Millimeter-Kanone, die auf einem Bergkamm aufgestellt war. Eine unsinnige Stellung, denn dieser Punkt hatte keinerlei strategische Bedeutung, und von dort aus konnte man bestenfalls ein Schiff versenken, wenn es nah genug vorbeifuhr. Natürlich waren bereits einige Salven abgeschossen worden, ohne irgendein Ziel zu treffen, denn erstens wussten die

Schützen nicht mit der Kanone umzugehen, und zweitens fuhren die Schiffe in ausreichender Entfernung vorbei, um sich außerhalb der Reichweite zu bewegen. Eine weitere Verschwendung von Militärausrüstung! Ich riet zu sofortigem Abtransport nach Kibamba, wo es keine Kanone gab, allerdings auch keine daran ausgebildeten Männer. Doch wie so oft fand auch dieser Rat keine Beachtung. Nicht dass Masengo diese Probleme nicht erkannt hätte; er besaß einfach keine Autorität und hatte nicht die Kraft, seine Entscheidungen gegen die eingefahrenen Gewohnheiten durchzusetzen. Eine Waffe, die einer Gruppe zugeteilt worden war, galt als unantastbar, und der einzige, der sich ihrer bemächtigen konnte – was ihm relativ mühelos gelang –, war der Feind.

Masengo wollte den Verlauf der Ereignisse mit offensiven Aktionen verändern und schlug mir einen Angriff auf Uvira vor. Ich musste seiner Idee entgegenhalten, dass die Inspektionen in jenem Gebiet ergeben hatten, dass dort dieselben Bedingungen wie überall herrschten, dieselbe grundsätzliche Unkenntnis der Kriegsmethoden, dieselbe mangelnde Kampfbereitschaft der Soldaten. Die Instruktionen der Kundschafter lauteten, die feindlichen Linien zu durchbrechen und die Möglichkeiten für einen Hinterhalt jenseits von Uvira auszuloten, jener kleinen Ortschaft, die am äußersten Punkt des Tanganyika-Sees liegt und wo alle Wege von Bukavu und Bujumbura (Burundi) enden. Man musste folglich die feindlichen Linien durchbrechen und auf die andere Seite der Ortschaft gelangen, um die Verbindungswege zu zerstören. Aufgrund der riesigen Ausdehnung des Kongos ist solch ein Vorhaben zwar leicht zu verwirklichen, aber es gab nicht nur niemanden, der unsere Kundschafter hätte führen können, sondern eine derartige Kooperation wurde auch untersagt, mit dem Argument, dass gerade ein Angriff vorbereitet werde und eine solche Aktion den Feind alarmieren könnte.

Während der Zeit, auf die sich die beschriebenen Ereignisse beziehen, erreichten uns Nachrichten aus Daressalam. Einige gute waren darunter: Aus Kuba war ein Schiff mit Nahrung, Waffen und siebzehntausend Schuss für unsere FAL-Gewehre gekommen; alles sollte in Kürze weitergeleitet werden. Ich wurde darüber informiert, dass die gesamte Weltpresse vom Tod mehrerer

Kubaner im Kongo berichtet hatte. Unser Botschafter bewegte die Kongolesen dazu, ein offizielles Dementi bezüglich unserer Anwesenheit im Kongo abzugeben. Ich hielt das für unklug, da derartige Tatsachen auf Dauer nicht verheimlicht werden können. Die einzig richtige Taktik war die, sich in Schweigen zu hüllen. Das ließ ich auch Pablo Rivalta wissen.

Mit dem Brief an den Botschafter sowie weiteren Berichten machten sich zwei Genossen auf den Weg: Otto, der bereits seit einiger Zeit krank war, und Sitaini, dessen doppelter Leistenbruch inzwischen ein Fall für die Ärzte geworden war – was mir Gelegenheit gab, die unangenehme Situation zu beenden, die daraus entstanden war, dass er nur wider Willen hier ausharrte: Ich konnte ihn nach Hause schicken. Es tat mir sehr weh, war aber die beste Lösung des Problems. Die »Feiglinge«, die gezwungen waren, gegen ihren Willen hier zu bleiben, versuchten sich zu rechtfertigen, indem sie Negativpropaganda machten, die bei den anderen Genossen auf fruchtbaren Boden fiel.

Wenig später ging auch Ernest Ilunga fort, mein Suaheli-Lehrer, der für mich wie ein jüngerer Bruder geworden war. Er hatte mehrere epileptische Anfälle erlitten, und die Ärzte äußerten den Verdacht, dass es sich um einen Tumor im Nervenzentrum handeln könnte. Masengo stellte das mir gegenüber in Abrede. Er halte es für einen relativ harmlosen Fall, der Mann sei von bösen Geistern besessen; die Ärzte in Kigoma würden ihn behandeln. Dorthin also, und nicht nach Daressalam, fuhr Ilunga, um sich einer Behandlung zu unterziehen oder zumindest die Diagnose stellen zu lassen.

Gemäß seinen Instruktionen besuchte Moja den Frontabschnitt von Kommandant Calixte und schickte mir einen Bericht, den ich hier zitiere, weil er Licht in verschiedene, bisher angesprochene Aspekte bringt:

> Tatu,
>
> ich schreibe Ihnen von der Front Kozolelo-Makungo, an die eine Gruppe von zehn Mann geschickt wurde und wo ich gestern eingetroffen bin. Ich erfuhr, dass eine kongolesische Patrouille in der Ebene einen Zivilisten festgenommen hatte, bei dem ein Ausweis von Tschombé gefunden wurde.

Heute, am 19., bin ich mit Kommandant Calixte zusammengetroffen, der den Gefangenen persönlich vernommen hat. Der Mann wird in einem Bauernhaus weit weg von der Front festgehalten, und kein Kubaner hat ihn bisher zu Gesicht bekommen.

Laut Calixte sagte der Gefangene aus, dass er während des Angriffs auf Force im Gefängnis gesessen habe. Außer mehreren einfachen Soldaten seien vier Kommandanten in Force und zwei in Katenga getötet worden. Die Namen der toten Kommandanten wusste er nicht, nur deren Dienstgrad hatte er erkannt. Der Ausweis, den man bei ihm gefunden hat, ist nicht der eines Soldaten, sondern wird jedem, der nach Albertville fährt, ausgestellt. In Nyangi gibt es nach Aussage des Gefangenen fünfundzwanzig Wachposten, einen Granatwerfer und eine Kanone auf der Straße, die nach Makungo führt. Das Gefängnis befindet sich einen Kilometer hinter Force in Richtung Albertville. Dorthin wurden die Leichen der getöteten Revolutionäre gebracht. Schuhe und Uhren, falls sie so etwas hatten, nahm man ihnen ab, und sie wurden von Zivilisten begraben.

Kommandant Calixte hat zugestimmt, dass einige Männer dazu ausgebildet werden, Granatwerfer, Kanonen und Luftabwehrgeschütze zum Einsatz zu bringen. Allerdings verfügt er über keine der Waffen, weshalb wir auf die Rückkehr von Hauptmann Zakarias, Mundandis Stellvertreter, warten, um diese Männer nach Front de Force zu bringen.

[Hauptmann Zakarias weigerte sich, Kongolesen an seiner Front zuzulassen, mit dem Argument, dass sie in sein Lager kämen, um zu stehlen.]

Heute haben die Genossen an der Front von Makungo damit begonnen, die Leute von Kommandant Calixte auszubilden. Über Faume kann ich Ihnen noch nichts berichten.

[Kommandant Faume hatte sich von Calixte getrennt, angeblich wegen Unstimmigkeiten zwischen den beiden, und hielt sich, reichlich mit Waffen ausgerüstet, in der Ebene auf. Zur Zeit suchten wir aufs Geratewohl unter den kongolesischen Befehlshabern nach einem geeigneten Nachfolger.]

In ein paar Tagen lassen wir Ihnen weitere Informationen zukommen, natürlich in einem versiegelten Brief, den wir einem Kubaner mitgeben werden.

Moja

Und kurz darauf traf die beste Nachricht des Tages ein, die »leichte Brise«.

Der Kampf aus dem Hinterhalt war mit einigem Erfolg geführt worden. Fünfundzwanzig Ruander und fünfundzwanzig Kubaner unter dem Kommando von Hauptmann Zakarias bzw. Mbili – in Wirklichkeit jedoch nur unter dem Kommando des letzteren – waren an der Aktion, wenn man sie so nennen will, beteiligt gewesen.

Azi hatte ausgekundschaftet, dass die Lastwagen einzeln und ohne besondere Bewachung durch das Gebiet fuhren. Die fünfzig Männer griffen einen Lastwagen mit fünf Soldaten an. Sultán eröffnete das Feuer mit seiner Panzerfaust, und eine Weile konzentrierten sich die Waffen auf das Fahrzeug. Die ausschließlich schwarzen Söldner wurden durchsiebt. Nur einer der Getöteten trug eine Waffe bei sich, denn der Lastwagen transportierte lediglich Lebensmittel, Zigaretten und Getränke. Bedenkt man, dass dies als erste Vorbereitung auf Aktionen größerer Bedeutung anzusehen war, so konnte die Beute nicht besser ausfallen; allerdings trübten einige Zwischenfälle den Erfolg dieser Kampfhandlung.

Als das Feuer eröffnet wurde, rannten die Ruander nach hinten, fuhren aber mit dem Schießen fort. Das brachte unsere Männer in Gefahr, doch glücklicherweise wurde nur der Genosse Arobaini an der Hand verletzt; er verlor einen Finger, und die Kugel zerschmetterte seine Mittelhand.

Zwei Beispiele, die eine Vorstellung von der primitiven Mentalität im Kongo vermitteln: Als Hauptmann Zakarias hörte, dass die Verwundung von einer Maschinengewehrgarbe aus den eigenen Reihen stammte, entschied er, dass nach dem Talionsgesetz Gleiches mit Gleichem vergolten und dem Schuldigen ebenfalls ein Finger abgeschnitten werden müsse. Auf der Stelle zog er sein Messer und hätte dem armen Teufel tatsächlich einen Finger abgetrennt, wäre Mbili nicht dazwischengegangen und hätte ihn mit großer Überredungskunst dazu bewegt, den Mann zu schonen.

Beim zweiten Beispiel geht es um einen ruandischen Soldaten, der gleich bei den ersten Schüssen davonrennen wollte (die Schüsse waren von den eigenen Leuten abgegeben worden, denn ein Kampf fand ja nicht statt); einer unserer Männer – in seiner Funktion als »Aufseher«, denn jeder Kubaner war für einen Ruander verantwortlich – packte ihn am Arm und versuchte ihn zurückzuhalten. Der entsetzte Junge wollte sich von dem Kubaner befreien und biss ihn mit aller Kraft in die Hand.

Das alles sind Puzzlesteine, die darauf hinweisen, welch einen weiten Weg wir noch zurücklegen mussten, um aus diesem wilden Haufen eine Armee zu formen. Leider ist die Tragikomödie, diese Aktion aus dem Hinterhalt, damit noch nicht zu Ende. Nach den ersten Schrecksekunden stellten die strahlenden Sieger fest, dass sich die wertvollste Beute ganz oben auf dem Lastwagen befand: Kisten mit Bier- und Whiskyflaschen. Mbili ordnete an, die Lebensmittel zu verladen, die Getränke jedoch zu vernichten. Das aber stellte sich als undurchführbar heraus: Nach wenigen Stunden waren alle ruandischen Kämpfer betrunken. Unsere Männer, denen nicht erlaubt war zu trinken, schauten kopfschüttelnd zu oder versuchten die Ruander von dem Besäufnis abzuhalten. Später dann versammelten sich die Ruander und beschlossen, nicht mehr in der Ebene zu bleiben, um wie vorgesehen an weiteren Aktionen teilzunehmen, sondern zur Basis zurückzukehren. Ihrer Meinung nach hatten sie genug geleistet. Mbili stimmte zu, um weiteren Problemen aus dem Weg zu gehen. Auf dem Rückweg stießen sie auf einen Bauern, und Hauptmann Zakarias, der völlig betrunken war, streckte ihn mit ein paar Schüssen nieder. Es habe sich um einen Spion gehandelt, behauptete er.

Das Merkwürdigste an dem Vorfall war Folgendes: Als ich Masengo erklärte, wie gefährlich es sei, solch ein Verhalten gegenüber der Bevölkerung an den Tag zu legen, rechtfertigte der in gewisser Weise die Tat von Hauptmann Zakarias. Der Volksstamm in jenem Gebiet stehe der Revolutionsbewegung feindlich gegenüber, sagte er. Mit anderen Worten, das einzelne Stammesmitglied hat keine eigene Identität, sondern geht in seinem Stamm auf. Es ist so gut wie unmöglich, sich daraus zu lösen. Wenn ein Stamm befreundet ist, dann sind es alle seine Mitglieder; ist er verfeindet, dann sind es alle. Es liegt auf der Hand, dass solche Verhaltensmuster für uns gefährlich waren. Nicht nur dass Teile der Bevölkerung die revolutionäre Bewegung nicht unterstützten, einige Stammesangehörige arbeiteten sogar als Informanten für die feindlichen Truppen, und zum Schluss wandten sich auch die mit uns befreundeten Stämme gegen uns.

Wir hatten unseren ersten Sieg errungen, und etwas von dem schlechten Nachgeschmack war verschwunden. Doch die Probleme, die sich in den beobachteten Vorfällen andeuteten, spitzten sich derart zu, dass ich mich veranlasst sah, meine Zeitvorstellungen zu revidieren. Fünf Jahre waren ein sehr optimistischer Zeitrahmen, um die kongolesische Revolution zu einem siegreichen Ende zu führen; alles hing davon ab, wie schnell wir aus diesem bewaffneten Haufen eine schlagkräftige Befreiungsarmee machen konnten. Etwas in der Militärführung musste sich ändern, doch diese Möglichkeit erschien mir immer unwahrscheinlicher.

Fesseln sprengen

Wie üblich analysierte ich in meinem Kriegstagebuch den vergangenen Monat (Juli):

> … Leichte Verbesserungen gegenüber dem letzten Monat. Kabila kam, blieb fünf Tage bei uns und fuhr wieder fort, was den Gerüchten um seine Person neue Nahrung gab. Mit meiner Anwesenheit ist er nicht einverstanden, aber für den Augenblick scheint er sie akzeptiert zu haben. Bisher weist nichts darauf hin, dass er der richtige Mann in der jetzigen Situation ist. Er lässt die Tage verstreichen, ohne sich um etwas anderes zu kümmern als um politische Auseinandersetzungen. Außerdem deutet vieles darauf hin, dass er dem Alkohol und den Frauen sehr zugetan ist.
>
> Auf militärischem Gebiet gibt es nach dem Desaster von Front de Force und dem Beinahe-Desaster von Katenga kleine Siege zu verzeichnen, zwei kleinere Aktionen in Kabimba, der Hinterhalt von Front de Force sowie der in Katenga, bei dem eine Brücke zerstört wurde. Auch wird so langsam mit der Ausbildung begonnen, und demnächst soll an anderen Frontabschnitten nach qualifizierteren Männern gesucht werden. Nach wie vor werden die Waffen ohne Sinn und Verstand nach dem Gießkannenprinzip ausgegeben. Meiner Meinung nach können Fortschritte erzielt werden, wenn auch nur sehr langsam; und es besteht die Aussicht, dass Kabila mir erlaubt, aktiv zu werden. Doch für den Augenblick bin ich quasi interniert.

Uns hatten Nachrichten von einem Hinterhalt in Katenga erreicht. Die Männer warteten vier Tage und zogen sich dann zurück, da die feindlichen Soldaten sich nicht blicken ließen. Zuvor verbrannten und zerstörten sie eine Brücke. Auf diese Aktion bezog sich die Monatsanalyse.

Schlimm, dass auch in diesem Gebiet dieselbe Disziplinlosigkeit und derselbe mangelnde Kampfgeist zu beobachten waren. Azi kam mit vierzehn Kubanern aus Front de Force zu uns in die Basis, um sich mit den notwendigen Lebensmitteln für eine weitere, diesmal etwas ehrgeizigere Aktion zu versorgen. Die Lebensmittelversorgung war nämlich einer der neuralgischen Punkte bei den kämpfenden Truppen. In dem Gebiet, auf dem sich ihre Feldlager befanden, konnten sie zwar an Fleisch und – als Grundnahrungsmittel – Yucca herankommen; die großen Anbaugebiete dieser Knollenfrucht befanden sich jedoch in der Ebene, dort, wo die Bauern lebten und arbeiteten. Nur wenn sie von marodierenden feindlichen Soldaten bedroht wurden, verließen sie ihre Äcker und flüchteten in die unwirtlichen Berge. Auf der Suche nach der Yuccawurzel musste man lange, gefahrvolle Streifzüge unternehmen, zu denen sich die Kubaner gezwungen sahen, da die Ruander sich rundheraus weigerten, mit dem Argument, die oberste Heeresleitung sei dazu verpflichtet, sie mit Lebensmitteln zu versorgen. Es gab Tage, an denen es nicht genug zu essen gab, und dann weigerten sie sich, an der Ausbildung an schweren Waffen teilzunehmen oder sonst irgendeine Arbeit zu verrichten, wie zum Beispiel die Luftabwehr vorzubereiten oder Schützengräben auszuheben. Der übliche Satz, ein weiteres Stereotyp, das wir während unseres Aufenthaltes im Kongo zu hören bekamen, lautete: *hapana chakula, hapana travaille,* was so viel hieß wie »kein Essen, keine Arbeit«.

Drei weitere Genossen, Sita, Saba und Baati, baten darum, nach Kuba zurückkehren zu dürfen. Ich war außerordentlich streng mit ihnen, weigerte mich strikt, ihre Entlassung in Betracht zu ziehen, und befahl ihnen, auf der Basis zu bleiben und sich um die Versorgung zu kümmern.

Am 6. August kam die Nachricht von Gbenyés Absetzung durch Soumialot. Zwei Tage später besuchte mich Masengo, um mir mitzuteilen, dass er von Kabila nach Kigoma bestellt worden sei. Er werde am Tag darauf wieder zurück sein. Wir sprachen über die Probleme außerhalb der Befreiungsbewegung, und ich sagte ihm, dass ich die Nachricht von Gbenyés Absetzung durch den Revolutionsrat erhalten hätte. Er antwortete, seiner Meinung nach sei Soumialot nicht befugt, solch eine Maßnahme zu verfügen. Sie würden mit Kabila über all diese Dinge reden, und nach seiner Rückkehr werde er mich über das Vorgefallene genauer informieren.

Masengo fuhr weg, und am nächsten Tag löste sich die Gruppe auf, die am See ausgebildet wurde. Es handelte sich um dieselbe Gruppe, deren Moral einen Tag nach Kabilas Abreise so rapide gesunken war. Die Arbeiten wurden abgebrochen, und die Schützengräben blieben halb fertig zurück. Ihren Kampfgeist und den Grad ihrer Organisation hatten wir beobachten können, als einmal ein feindliches Schiff aufgetaucht war und Alarm gegeben wurde. Die vorgesehene zweite Verteidigungslinie kam überhaupt nicht zu Stande, weil die Leute verschwunden waren, und auch in der ersten fehlten mehrere Gruppenführer. Mit Mühe und Not konnte mit Freiwilligen eine einzige Verteidigungslinie in den halb fertigen und bereits wieder halb zugeschütteten Schützengräben gebildet werden. Jetzt, da Masengo fort war, löste sich die Gruppe ganz einfach im Chaos von Kibamba auf und verschwand.

Wieder brachen Streitigkeiten aus, denn niemand erkannte die Autorität der stellvertretenden Gruppenführer an. Man ging aufeinander los, manchmal sogar mit Feuerwaffen oder Messern. Einmal kam es zu einem peinlichen Zwischenfall, als einer der Verantwortlichen bei den Kubanern Zuflucht suchte. Ein Soldat hatte Reis von ihm verlangt, und als der Vorgesetzte ihm diesen verweigerte, wurde er von dem Soldaten mit dem Gewehr bedroht, sodass er in den »Tempel« der Kubaner, die glücklicherweise nicht angegriffen wurden, flüchten musste. Ich glaube, der Soldat erhielt am Ende doch seinen Reis; jedenfalls gab es kein disziplinarisches Nachspiel. So stand es also um Moral und Disziplin. Sobald die Verantwortlichen den Regimentsstab verließen, brach alles zusammen.

Um ein Übergreifen auf die kubanische Truppe zu verhindern, zog ich die fähigen Leute aus der Basis ab und ließ nur diejenigen zurück, die bereits ihre Rückkehr nach Kuba planten; außerdem die MG-Schützen vom See, die Kranken und einige Ausbilder. Ich setzte mir eine Frist von einigen Tagen, und wenn dann noch nichts geschah, wollte ich direkt an die Front marschieren, ohne weiter um Genehmigungen zu betteln.

Aufgrund verschiedener Gespräche und Bemerkungen einiger Genossen fing ich an, bestimmten Sätzen zu misstrauen: In den Kurzberichten, in denen Kampfhandlungen oder Erkundungsmärsche angekündigt wurden, hieß es neuerdings immer wieder: »Die Kongolesen weigern sich mitzugehen«, »die Kongolesen weigern sich zu kämpfen«, »die Kongolesen ...« etc. Ich analysierte diesen Umstand sowie die Spannungen zwischen denen, die den Kampf aufgeben, und denen, die bleiben wollten, und verfasste daraufhin für die Truppen, die an der Front standen, die »Botschaft an die Kriegsteilnehmer«. Wegen der sich überschlagenden Ereignisse in den darauf folgenden Monaten und weil ich aufgrund meiner unsicheren Situation gezwungen war, immer wieder meinen Aufenthaltsort zu wechseln, blieb dies die einzige Botschaft, die an den Fronten gelesen wurde. Ich weiß nicht, ob sie irgendwelchen Einfluss hatte. Ich möchte hier daraus zitieren:

Botschaft an die Kriegsteilnehmer

Genossen,

für einige von uns geht in einigen Tagen der vierte Monat nach der Ankunft in diesem Land zu Ende. Daher ist es angebracht, eine kurze Analyse unserer Situation vorzunehmen.

Wir können nicht behaupten, dass die Situation gut wäre. Die Revolutionsführer verbringen den größten Teil ihrer Zeit außer Landes, was sich nur bei politischen Führern, die eine komplexe Aufgabe haben, nachvollziehen lässt, nicht aber bei mittleren Kadern. Dennoch gehen auch diese Kader häufig auf Reisen und halten sich wochenlang im Ausland auf, wodurch sie ein äußerst schlechtes Beispiel geben. Die organisatorische Arbeit ist gleich null, was eben darauf zurückzuführen ist, dass die mittleren Kader sich darum nicht kümmern. Übrigens besitzen sie keinerlei Fähigkeit zur Organisation, und niemand hat Vertrauen zu ihnen.

Die örtlichen Befehlshaber erpressen die mittleren Kader, die ähnliche Aufgaben haben wie der Regimentsstab und über Waffen und Munition verfügen, ohne irgendjemandem Rechenschaft schuldig zu sein. Wenn kein höherer Organisationsgrad erreicht wird, werden immer mehr Waffen an Leute ohne Ausbildung und Kampfgeist vergeben. Folglich muss man Disziplinlosigkeit und fehlende Opferbereitschaft als die Hauptmerkmale aller Guerillatruppen nennen. Natürlich kann man mit solchen Truppen keinen Krieg gewinnen.

Bleibt zu fragen, ob unsere Anwesenheit irgendwelche positiven Auswirkungen gehabt hat. Ich glaube, ja. Viele unserer Schwierigkeiten, darunter meine Quasi-Gefangenschaft in diesem Land, rühren von den spürbaren Unterschieden zwischen den einzelnen Truppenteilen sowie der Angst der verschiedenen Führer vor möglichen Konfrontationen her. Unsere Mission besteht darin, den Krieg gewinnen zu helfen. Wir müssen die negativen Reaktionen aufnehmen und sie in etwas Positives umwandeln. Dafür ist es wichtig, dass wir unsere politische Arbeit verstärken. Unser Beispiel soll die Unterschiede verdeutlichen, aber ohne dass wir uns bei den Kadern verhasst machen, die in uns das Umkehrbild aller ihrer Fehler sehen könnten.

Deswegen ist es vor allem nötig, eine echte revolutionäre Gemeinschaft unter den Genossen auf der Basis aufzubauen; denn aus ihnen werden die mittleren Kader von morgen hervorgehen. Wir verfügen in der Regel über mehr Kleidung und mehr Nahrung als die Soldaten hier. Also müssen wir alles mit ihnen teilen, vornehmlich mit jenen Genossen, die einen revolutionären Geist beweisen. Gleichzeitig müssen wir unsere Erfahrungen an die Soldaten hier weitergeben und bestrebt sein, andere zu unterweisen, aber nicht besserwisserisch, von oben herabblickend auf die Unwissenden, sondern indem wir eine menschliche Wärme entfalten, die die Unterweisung stets begleiten muss. Revolutionäre Bescheidenheit, eine unserer wichtigsten Waffen, muss die politische Arbeit leiten, begleitet von einer Opferbereitschaft, die nicht nur für die kongolesischen Genossen, sondern auch für die Schwächeren unter uns als Beispiel dienen soll. Wir dürfen niemals darauf schauen, ob unsere Lage gefährlicher ist als die der anderen oder ob mehr von uns gefordert wird. Einem echten Revolutionär muss mehr abverlangt werden können, denn er hat mehr zu geben. Und schließlich dürfen wir nicht vergessen, dass wir nur einen kleinen Teil von dem wissen, was wir wissen sollten. Wir müssen die Situation im Kongo besser kennen lernen, um uns enger mit den kongolesischen Genossen verbünden zu können. Doch wir müssen auch unsere Allgemeinbildung vervollkommnen und uns in der Kriegskunst weiterbilden, denn darin sind wir nicht allwissend, und wir dürfen nicht meinen, dass dies das Einzige ist, das uns abverlangt wird.

Am Ende dieser Botschaft möchte ich Euch auf zweierlei hinweisen:

1. Das Verhalten unter Genossen

Es ist allgemein bekannt, dass einige Genossen ihr revolutionäres Ehrenwort nicht gehalten und das in sie gesetzte Vertrauen enttäuscht haben. Sie haben beschlossen, den Kampf aufzugeben. Solch ein Verhalten ist durch nichts zu rechtfertigen, und daher werde ich die härtesten Strafen für diese Genossen fordern. Doch wir dürfen eins nicht vergessen: Sie sind keine Verräter, wir dürfen sie nicht mit offener Missachtung strafen. Versteht mich recht, ihr Verhalten ist das Verwerflichste, was ein Revolutionär tun kann; aber es müssen Revolutionäre sein, damit man solch ein Verhalten als verwerflich brandmarken kann. Wären sie es nicht, dann handelte es sich lediglich um ganz normale Desertion. Inzwischen sind diese Genossen isoliert, und sie haben sich zusammengeschlossen, um ihr Verhalten zu verteidigen und zu rechtfertigen, ein Verhalten, das weder zu verteidigen noch zu rechtfertigen ist. Sie werden noch mehrere Monate hier bleiben müssen. Wenn aus der Schande, die sie zweifellos empfinden, auch wenn sie es zu verbergen suchen, durch die revolutionäre Gemeinschaft Nutzen gezogen wird, kann der eine oder andere gerettet werden. Und wenn er hier bleibt, um unser Schicksal zu teilen, so ist dieses Schicksal, egal was passiert, tausendmal dem eines moralischen Deserteurs vorzuziehen. Ohne sein Fehlverhalten zu vergessen, sollten wir ihm mit ein wenig Wärme gegenübertreten und ihn nicht dazu treiben, sich selbst zu rechtfertigen, um sich gegen eisige Kälte zu verteidigen.

2. Das Verhalten gegenüber den kongolesischen Genossen

Aus einigen Berichten und vor allem den Äußerungen von Genossen ist zu schließen, dass das Verhalten der kongolesischen Genossen im Kampf allgemein missbilligt wird. Das führt zu Problemen. Erstens bleibt diese Missbilligung von den Kongolesen nicht unbemerkt; hört einmal der Unterhaltung zweier Personen zu, deren Sprache Ihr nicht versteht, und Ihr werdet feststellen, wie schnell ihr gewahr werdet, dass und in welcher Weise sie über Euch reden. Eine verächtliche Bemerkung kann vierzig positive Aktionen zunichte machen. Zweitens kann der Kongolese zu einem schlechten Beispiel werden. Es sind Anzeichen dafür vorhanden, dass das Verhalten der Kongolesen übernommen und sogar übertrieben wird, was eine willkommene Rechtfertigung sein kann, um bestimmte Arbeiten nicht auszuführen. Unsere wichtigste Aufgabe ist es, Männer für den Krieg heranzubilden. Wenn keine wirkliche Annäherung stattfindet, wird unsere Arbeit erfolglos bleiben. Sie darf sich nicht nur auf das Töten von Menschen konzentrieren, sondern auch und vor allem auf das Verhalten angesichts der Widrigkeiten eines langen Krieges. Das Ziel kann nur erreicht werden, wenn der Lehrer als Beispiel für seine Schüler dient. Vergesst das nicht, Genossen, so wie Ihr auch nicht vergessen dürft, dass, wenn ein Veteran aus unserem Befreiungskrieg behauptet, er habe nie die Beine in die Hand genommen, Ihr ihm ins Gesicht sagen könnt, dass er lügt. Wir alle durchleiden finstere Phasen, in denen die Schatten uns erschrecken. Solch eine Phase muss überwunden werden, denn natürlich sind die Bedingungen hier schwieriger, was das politische Bewusstsein (das damals bei uns viel weiter entwickelt war) angeht.

Diese Botschaft soll unter den Parteimitgliedern diskutiert werden; jede Anregung ist mir willkommen. Danach soll sie den anderen Genossen vorgelesen und anschließend sogleich verbrannt werden. An den Orten, an denen sich die Genossen aufhalten, die sich zur Rückkehr nach Kuba entschlossen haben, soll die Botschaft nicht verlesen werden.

Mit revolutionärem Gruß an alle

Tatu

12. August 1965

Nachdem die Frist, die ich mir gesetzt hatte, verstrichen war, ohne dass Masengo oder Kabila eingetroffen wären, stieg ich am 16. August zur Hochbasis hinauf und begab mich am 18. im Morgengrauen nach Front de Force. Nach einem Gewaltmarsch quer über die Hochebene, der mir endlos vorkam, traf ich in der Nacht dort ein. Ich fühlte mich ein wenig wie ein Verbrecher auf der Flucht; aber ich war entschlossen, in absehbarer Zeit nicht mehr zur Hochbasis zurückzukehren.

Säen auf gut Glück

Kaum war ich in Front de Force angekommen und hatte mich von den Strapazen erholt, da trugen mir die Genossen auch schon ihre Beschwerden über das Verhalten der Ruander vor, insbesondere über das von Hauptmann Zakarias, der dazu übergegangen war, die Untergebenen körperlich zu züchtigen, auf eine Weise, die den stärksten Mann hätte umbringen können. Dennoch waren wir herzlich empfangen worden. Die Stelle, die für das Lager ausgewählt worden war, befand sich am Rande einer Schlucht, auf hügeligem Gebiet mit natürlichen Weiden, die während dieser Trockenperiode nicht genutzt werden konnten. Tagsüber herrschten angenehme Temperaturen, aber nachts wurde es ziemlich kalt, sodass man gezwungen war, bei offenem Feuer zu schlafen. Um mich gegen die strenge Kälte zu schützen, legte ich mich direkt neben das Feuer auf eine Rinderhaut. Ich schlief gut, wurde aber sogleich von dem Ungeziefer dieser Gegend befallen, dem *birulo*, einer Laus, die sich vor allem in der Kleidung einnistet und in kühlen Gegenden bei fehlender Hygiene bestens gedeiht.

Von unserem Lager aus konnte man unterhalb die Ortschaft Bendera mit ihren elektrischen Anlagen erkennen. Als ich den Ort nun mit eigenen Augen vor mir sah, wurde mir sofort klar, wie verheerend der Frontalangriff gewesen sein musste; für uns – für unsere Truppen – war der Ort eine uneinnehmbare Bastion.

Aufgrund der letzten Berichte konnten wir uns ein Gesamtbild von den verschiedenen Frontabschnitten machen, die die östliche Flanke des Befreiungskrieges im Kongo bildeten. Obwohl bei weitem mehr Waffen ausgegeben worden waren, beliefen sich die zur Zeit verfügbaren auf folgende Kontingente:

In Uvira ungefähr dreihundertfünfzig Gewehre, eine Kanone, ein paar Luftabwehrgeschütze, ein Granatwerfer.

In dem riesigen Gebiet von Fizi, einschließlich Baraka, belief sich die Anzahl der bewaffneten Männer auf ein- bis zweitausend, die zum großen Teil auf die Bevölkerung verteilt waren; einige Luftabwehrgeschütze, eine Kanone, ein paar Granatwerfer.

In Lulimba musste Lambert nach unseren Berechnungen über einhundert Gewehre, drei Luftabwehrgeschütze, eine Kanone und zwei Granatwerfer verfügen. Weiter oben an der Straße nach Kabambare stand eine weitere kleine Einheit von Lambert von rund fünfundvierzig Männern mit leichten Waffen und Panzerfäusten.

Dann, entlang der Straße, die bis hinauf nach Kabambare führt, verschiedene Gruppen mit nur spärlicher Bewaffnung, ausschließlich Gewehren; und so ging es bis nach Kasengo weiter. Auch in dieser Zone besaß der Generalstab keinerlei Autorität. Einer unserer Leute war Ohrenzeuge eines Gesprächs mit einem Gesandten von der anderen Seite des Sees gewesen: Der Mann aus der Ebene sagte, dass diejenigen, die in die Berge geflüchtet seien, die anderen, die hier geblieben seien, ohne alle Waffen zurückgelassen hätten.

Zwischen Lulimba und Front de Force gab es einige abgesonderte Truppenteile, über die wir keine genaue Kenntnis hatten; in Kalonda-Kibuye zum Beispiel, mit etwa sechzig Gewehren, in Mukundi mit etwa einhundert Gewehren, dazu die Gruppe des besagten Faume – inzwischen zur Legende geworden, da er nicht aufzufinden war – mit einhundertfünfzig Gewehren. Außerdem die beiden Abteilungen in den Bergen: Calixte, einhundertfünfzig Gewehre; Mundandi war auf rund dreihundert Gewehre, drei Maschinengewehre, zwei Kanonen und zwei Granatwerfer gekommen, doch diese Zahlen hatten sich aufgrund der Fahnenflüchtigen, die normalerweise samt Waffen und Ausrüstung desertierten, vermindert.

Im Süden, in Kabimba, ungefähr einhundertfünfzig Gewehre, zwei Luftabwehrgeschütze, eine Kanone und zwei Granatwerfer. Dazu am Flussufer ein Überschuss an Gewehren, mehreren Luftabwehrgeschützen, ein paar Granatwerfern und der Kanone, von deren ursprünglichem Standort ich bereits berichtet habe.

Von Mbilis Guerillaaktion erreichten uns erfreuliche Nachrichten. Diesmal war die Beute reichlicher ausgefallen; aber die Aktion musste abgebrochen werden. Die Bauern, die auf der Straße unterwegs waren, hatten Wind von der Anwesenheit einer fremden Einheit bekommen und waren die paar Kilometer nach Front de Force gelaufen, um den Feind zu warnen. Als klar wurde, dass die Bauern den Hinterhalt verraten hatten, versetzte Mbili alle Soldaten in Alarmbereitschaft und verstärkte die Wachposten in Richtung Front de Force, während er Vorbereitungen traf, die Stellung in der darauf folgenden Nacht zu wechseln. Aber um zehn Uhr morgens kam, eskortiert von zwei kleinen Panzerfahrzeugen, ein Jeep aus Albertville. Wieder eröffnete Sultán mit seiner Panzerfaust das Feuer. Der erste Panzer wurde beschädigt. Genosse Afende zerstörte den Jeep mit seiner Panzerfaust, die er aus kaum zehn Metern Entfernung abschoss, was zur Folge hatte, dass Alakre und Afende selbst von Geschoss-Splittern verletzt wurden. Das zweite Panzerfahrzeug wurde von den Genossen aus der zweiten Reihe mit Handgranaten zerstört. (Es handelte sich um offene Panzer mit aufgesetztem Maschinengewehr, dessen Schütze in einer Art Turm saß; dazu ein Gehilfe und der Fahrer). Insgesamt wurden sieben Tote gezählt, rotblonde Männer, die laut Mbili Nordamerikaner sein konnten, aber, wie sich später herausstellte, Belgier waren. Als unsere Männer sich daranmachen wollten, die Beute an sich zu nehmen, traf, offenbar von den Bauern alarmiert, die feindliche Truppe aus Front de Force ein, und es begann an einem der äußersten Punkte des Hinterhalts ein Feuergefecht. Unsere Leute mussten unverzüglich den Rückzug antreten und Dokumente und Waffen zurücklassen. Einige Männer kamen zunächst abhanden, tauchten dann aber wieder auf; nur ein Ruander kehrte nicht auf die Basis zurück. Die imperialistischen Presseagenturen, die die Zahl der getöteten Söldner korrekt mit sieben angaben, sprachen von einem toten Feind, sodass anzunehmen ist, dass der Ruander von einer verirrten Kugel getroffen worden war.

Die Dokumente wären für uns von großem Nutzen gewesen, denn wie zwei Gefangene später aussagten, hatten die getöteten

Belgier den Geheimauftrag, Pläne für Front de Force zu erstellen, wahrscheinlich, um das Gebiet zu erkunden oder den Generalangriff vorzubereiten. Der Jeep führte einen kleinen Anhänger mit sich, dessen Inhalt nicht identifiziert werden konnte. Vielleicht enthielt er einen Transformator für elektrische Geräte. Alles deutete darauf hin, dass es große Fische gewesen waren, die dort ihr Leben gelassen hatten. Ihre Dokumente wären für uns von unschätzbarem Wert gewesen.

Wie bei früheren Gelegenheiten hatten die Ruander vor, unverzüglich zurückzukehren. Mbili erfuhr davon und verkündete, er werde mit seinen Leuten (den Kubanern) bleiben, und nach langen Beratungen kamen die Ruander schließlich überein, ebenfalls zu bleiben. Vom Lager aus hatten wir Lebensmittel geschickt, und den Männern gelang es, einen Elefanten zu erlegen, sodass die Truppe keinen Hunger leiden musste.

Nach den üblichen Beratungen wurde beschlossen, den Hinterhalt an einen anderen Ort zu verlegen. Doch alles, was uns in die Hände fiel, waren zwei Händler auf Fahrrädern, die Lebensmittel und zwei große Karaffen mit *pombe* bei sich hatten. (Um Szenen wie bei der vorangegangenen Aktion zu vermeiden, ließ Mbili den Likör auf der Stelle wegschütten.) Wieder entdeckten die Bauern den Hinterhalt, und die Männer zogen sich nach Front de Force zurück, woraufhin der dortige Hinterhalt im Einvernehmen mit den Ruandern aufgegeben wurde und alle zur Basis zurückkehrten. Zuvor jedoch versuchten sie, die Stromversorgung mit Panzerfäusten lahm zu legen, doch der Versuch schlug fehl.

Ich ging den Männern entgegen, die guten Mutes und bester Stimmung die Anhöhe heraufkamen. Die Ruander hatten sich vorbildlich verhalten; zwar hatte es auch diesmal keinen Kampf gegeben, da die Belgier von der Attacke völlig überrascht worden waren, doch als die feindliche Truppe angerückt war, waren die Ruander nicht davongelaufen und hatten sich an dem Feuergefecht beteiligt. Sie brachten die gefangenen Händler mit; da die beiden miteinander verwandt waren, schlug ich vor, den einen als Geisel hier zu behalten und den anderen mitzunehmen, um in Albertville Kontakte herzustellen. Hauptmann Zakarias war jedoch dagegen, er wandte ein, dass sie Spione sein könnten. Schließlich wurden sie beide zur Basis am See gebracht; sie versuchten zu entkommen, und dabei wurde zumindest einer von ihnen von seinen Wächtern auf bestialische Weise umgebracht.

Ich schickte eine weitere Nachricht an Masengo und legte erneut die Notwendigkeit dar, eine konsequente und geschickte Politik gegenüber der Bevölkerung zu verfolgen, um Probleme wie bei der letzten Aktion zu vermeiden. Ich regte an, mit der politischen Arbeit bei den Gefangenen zu beginnen; außerdem schlug ich vor, einen Versorgungsplan für die Front aufzustellen und die Bauern daran zu beteiligen, wobei sie einen Teil der von ihnen transportierten Güter als Lohn erhalten sollten. Die Lebensmittel wurden am See ausgegeben und von dort weitergeleitet, da diese Strecke noch zu befahren war. Darüber hinaus wiederholte ich meine Forderung nach einem zentralen Oberkommando für die verschiedenen Frontabschnitte. Die Verzettelung unabhängiger Truppeneinheiten war nicht länger hinzunehmen, umso weniger, da eine wachsende Tendenz zu Anarchie und Rivalitäten zu beobachten war, die zu Gewaltaktionen zwischen den einzelnen Einheiten führte.

Wir waren davon überzeugt, dass von den Ruandern trotz ihrer Fortschritte in der letzten Zeit nicht mehr viel zu erwarten sein würde. Deshalb wollten wir uns bei unserer politischen Arbeit auf die Kongolesen konzentrieren, die ja schließlich den Kongo befreien sollten. Wir vereinbarten, Mafu mit zwölf Mann bei ihnen zurückzulassen, um bestimmten Empfindlichkeiten Rechnung zu tragen, und den Rest der Truppe, dem ich mich anschloss, zu Calixte an die Front zu schicken. Vor unserer Abreise wurde Tom zur Inspektion an den See beordert. Danach sollte er sich nach Kabimba begeben, um genauen Bericht über die Situation zu erstatten; denn dort waren Bedenken bezüglich der Art und Weise laut geworden, wie der Genosse Aly die Kongolesen behandelte.

Bevor Tom abreiste, wurde eine Parteisitzung abgehalten, auf der wir noch einmal alle aktuellen Probleme analysierten. Es wurde beschlossen, einige Parteimitglieder auszuwählen, die den politischen Vertreter bei seiner Arbeit unterstützen sollten. Die Wahl fiel einstimmig auf Ishirini und Singida für die Gruppe, die mit uns fortging, und auf Alasiri für diejenigen, die bei Mafu blieben. Bei allen dreien handelte es sich um hervorragende Genossen. Auf der Sitzung wurde des ungeachtet der Genosse Singida kritisiert, weil er sich mehrmals abfällig über die Kongolesen geäußert hatte. Und auf einer Versammlung des Regimentsstabes kritisierte ich Azi und Azima wegen ihrer unkorrekten Haltung gegenüber den Ruandern.

Vor der Abreise an Calixtes Front baten die Ruander mich um ein Gespräch, an dem Hauptmann Zakarias, der Parteisekretär, der Jugendvertreter sowie einige andere teilnahmen.

Wir sprachen über allgemeine Fragen des Befreiungskampfes, wie er geführt werden und wie die Ausbildung der Leute aussehen muss; mit anderen Worten, über praktische Fragen. Zuletzt bat mich der Parteisekretär, die Arbeit der Ruander bis zu diesem Zeitpunkt einer Kritik zu unterziehen. Ich erwähnte zwei Schwachpunkte:

Erstens: die fatalistische Einstellung zur Versorgung mit Nahrungsmitteln. Die Ruander glaubten einen Anspruch darauf zu haben, dass sie von den Bauern mit Rindern versorgt würden, und fanden sich gerade mal dazu bereit, Soldaten zu den Bauern zu schicken, um die Rinder abzuholen. (Sie hatten damit begonnen, Affen zu verspeisen, die für unseren Geschmack essbar bis köstlich waren, je nach dem Grad unseres Hungers; außer an den letzten Tagen waren die Ruander nicht einmal bereit gewesen, in die Ebene hinunterzusteigen, um Yuccawurzeln zu holen.) Ich legte ihnen dar, wie notwendig es sei, dass ein Heer sich, gemeinsam mit der Bevölkerung, selbst versorgte. Die Soldaten konnten nicht als Parasiten leben; im Gegenteil, sie mussten den Bauern mit gutem Beispiel vorangehen.

Zweitens: der extreme Argwohn gegenüber den Kongolesen. Ich legte ihnen nahe, sich mit ihnen zusammenzusetzen und ihnen zu erklären, dass der Erfolg des Befreiungskampfes in Ruanda vom Erfolg des Kampfes im Kongo abhing, da letzterer eine schärfere Konfrontation mit den Imperialisten darstellte.

Sie nahmen meine Kritik im ersten Punkt an und nannten einige Beispiele dafür, dass man begonnen hatte, das Fehlverhalten zu korrigieren; den zweiten Punkt sprachen sie jedoch nicht an, was wohl bedeutete, dass sie entweder meine Kritik nicht akzeptierten oder aber nicht gewillt waren, ihr Verhalten zu ändern.

Ich empfing Abgesandte von der Basis von Daressalam, die Briefe und verschiedene Nachrichten brachten. Ein Brief von Pablo bezog sich auf wichtige Punkte. Er war auf den 19. August 1965 datiert.

Tatu,

diese Reise wurde Deinen Anordnungen gemäß geplant. [Das bezieht sich auf meine Instruktion, mir alle vierzehn Tage Nachrichten aus Daressalam zukommen zu lassen, was nie geschah.] Der Plan wurde aufgrund eines Kabels aus Havanna geändert, in dem ein Gesandter angekündigt wurde. Dieser Gesandte ist inzwischen eingetroffen, er bereitet die Überfahrt vor und wird in nächster Zeit bei Dir sein.

Zwei Probleme: Eine Gruppe von Männern macht sich zu Euch auf, um dort eine Ausbildungsbasis einzurichten, auf der später Genossen aus Moçambique und von anderen Befreiungsbewegungen ausgebildet werden sollen. Ursprünglich war diese Gruppe von der tansanischen Regierung angefordert worden, um Moçambiquer auszubilden und eine Operation vorzubereiten, von der Osmany Dir sicher erzählt hat. Dann wurden die Pläne umständehalber geändert, und die Gruppe sollte nach Tabera gehen und sich auf der dortigen Basis der Ausbildung von Kongolesen widmen. Aber nun ist, im Einvernehmen mit Soumialot, vereinbart worden, dass die Basis ins Landesinnere verlegt werden soll, mit dem genannten Ziel.

Das zweite Problem hängt mit dem Besuch verschiedener kongolesischer Gruppen zusammen, die auf die eine oder andere Weise Deine Bekanntschaft gemacht haben. Mit dem Argument, Kabila weigere sich, in den Kongo zu kommen, versuchen sie, auf eigene Rechnung zu handeln. Darin ist lediglich der Wunsch zu sehen, etwas Macht zu erlangen und sich unter den Schutz Deiner Person sowie den unserer Männer zu begeben, um ihre eigene Einheit aufzustellen. Ich erklärte ihnen die Gefährlichkeit ihrer Pläne, die dazu beitragen könnten, die Bewegung zu spalten; sie müssten unbedingt jede Aktivität zuvor mit Kabila und mit Dir abstimmen, da unsere Abmachungen es so vorsehen.

Kabila war bei uns und hat die Situation erklärt. Er sagte, dass er die betreffenden Genossen ausgeschlossen und mit der tansanischen Regierung vereinbart habe, dass die Männer zurückgeschickt würden, wenn sie dort auftauchten und sich als Befreiungskämpfer ausgäben. Darüber hinaus habe er die Botschaften über die Situation aufgeklärt.

Er verließ uns mit dem Versprechen, bald in den Kongo zu fahren.

Grüße,

Pablo

Ich antwortete Pablo: Ich hätte kein Vertrauen zu Kabila, betrachtete aber all die anderen dort als noch schlimmer, da sie nicht einmal genug Intelligenz besäßen. Man müsse sich unbedingt an Kabila halten. Ich würde dafür garantieren, dass hier anständig gearbeitet werde, um die Einheit unter seinem Kommando zu konsolidieren. Pablo müsse jeden diesbezüglichen Zweifel zerstreuen. Ich machte meine Vorbehalte der Absicht gegenüber deutlich, Ausbilder hierher zu schicken, um eine Basis aufzubauen. Den Kämpfern der anderen Befreiungsbewegungen würde nämlich ein trauriges Bild der Disziplinlosigkeit, der Desorganisation und der völligen Demoralisierung geboten, was für jeden, der sich hier im Befreiungskampf ausbilden lassen wolle, ein Schock sein würde. Ich hoffte, fügte ich hinzu, dass diese politisch gefährliche Initiative nicht von ihm ausgegangen sei.

Wir brachen zu Calixtes Lager auf. Wie vereinbart, ließen wir Mafu mit einigen Männern zurück. Sie sollten auf Hauptmann Zakarias warten, der zu Versorgungszwecken unterwegs war. Er hatte versprochen, mit zehn Mann an der Seite der Kongolesen an einer Aktion teilzunehmen, und wir hofften, dass er sein Wort hielt.

Calixtes Lager befand sich in einer Entfernung von ungefähr zweieinhalb Stunden Fußmarsch am Fuß der Bergkette entlang. Der Standort, der sich hervorragend zur Verteidigung eignete, hätte nicht besser gewählt sein können. Die kahlen Berghänge stiegen steil an, sodass es ein Leichtes war, den Zugang mit einfachem Gewehrfeuer zu versperren.

Das Lager selbst bestand aus kleinen Strohhütten mit Bambusliegen für vier bis zehn Mann. Man wies uns einige unbewohnte Hütten zu. Das Lager war bequemer als das in Bendera, und es war nicht so kalt; aber Läuse gab es hier nicht weniger.

Calixte war von Lambert nach Lulimba gerufen worden und stand im Begriff abzureisen. Er empfing mich mit offensichtlicher Freude und sagte, er sei sehr froh, dass wir gekommen seien. Aber dass wir mit den Ruandern zusammen gewesen waren, gefiel ihm nicht. Ich erklärte ihm, wir hätten den Befehl gehabt, die ruandische Gruppe auszubilden, wollten aber mit ihm zusammenarbeiten. Die Unterhaltung war herzlich, wenn auch keine direkte Verständigung möglich war. Calixte sprach kein Wort Französisch, und mein Suaheli war immer noch recht dürftig, sodass wir auf Übersetzer, die Nuancen nicht mitbekamen, angewiesen waren. Es machte Mühe, komplizierte Sachverhalte darzulegen.

Vom Lager aus überblickte man die gesamte Ebene, die Ortschaften Makungo, Nyangi, Katenga und sogar Front de Force. Ich sprach mit Caliyte über die Notwendigkeit, uns den feindlichen Wachposten zu nähern, um sie und die Truppe unter Beschuss nehmen zu können. Ich schlug ihm vor, sogleich damit zu beginnen. Er war einverstanden, und ich schickte eine Gruppe unter Azis Führung los. Als vorläufigen Standort wählten wir eine kleine Ortschaft etwa vier Kilometer von Makungo entfernt. Wir bereiteten uns unverzüglich auf den Abstieg vor, und auch Calixtes Stellvertreter, der derzeitige Lagerkommandant, mobilisierte seine Männer, die ganz und gar nicht begeistert waren, als sie hörten, dass sie sich dem Feind nähern sollten.

Vor dem Abmarsch gaben die Bauern uns zu Ehren ein Fest. Einige Männer verkleideten sich als Waldgeister und veranstalteten rituelle Tänze. Danach beteten sie alle gemeinsam eine Gottheit an, das heißt einen einfachen Stein auf einem Berggipfel, der von Schilfrohr umsäumt war und ständig mit dem Blut eines Opfertieres besprengt wurde. Später dann wurde das Tier, ein Lamm, von allen Anwesenden verspeist. Das Ritual scheint kompliziert, ist aber im Wesentlichen ganz einfach: der Gottheit, in diesem Fall einem Stein, wird ein Tier zum Opfer dargebracht, das dann verspeist wird, wobei alle die Gelegenheit nutzen, reichlich zu essen und zu trinken.

Die Bauern waren überaus freundlich zu uns, und ich fühlte mich veranlasst, zu meinem früheren Beruf als Arzt zurückzukehren, was unter diesen extremen Bedingungen hieß, Penizillinspritzen gegen die traditionelle Krankheit, die Gonorrhöe, sowie Tabletten gegen Sumpffieber zu verabreichen.

Ein weiteres Mal übernahmen wir die mühevolle Aufgabe, die Grundbegriffe der Kriegskunst Leuten zu vermitteln, deren Entschlossenheit zum Kampf nicht ersichtlich war; im Gegenteil, wir hatten ernsthafte Zweifel, ob diese Entschlossenheit überhaupt vorhanden war. Unsere Arbeit war die von Bauern, die auf gut Glück aussäen müssen und die Samenkörner verzweifelt hier und da fallen lassen, darauf hoffend, dass einige keimen, bevor die schlechte Jahreszeit beginnt.

Der Versuch, »einfach weiterzumachen«

Mit dem neuen Schub auszubildender Guerilleros versuchten wir nun im Gebiet um Makungo, kleine Aktionen aus dem Hinterhalt durchzuführen, wie wir sie auf der Straße von Albertville nach Front de Force begonnen hatten. Hauptmann Zakarias war mit zehn weiteren Ruandern eingetroffen, was zur Heterogenität der Truppe beitrug. Wir begannen die Phase der »Annäherung«, die zum Aufbau einer Einheitsfront führen sollte.

Die feindlichen Truppen standen in Front de Force, drei oder vier Stunden Fußmarsch von unserem Lager entfernt; in Nyangi, in unmittelbarer Nähe; in Katenga, zwei Stunden Fußmarsch entfernt; und schließlich in Lulimba, in einer Entfernung von fünfzig Kilometern. Unsere Absicht war es, sie zwischen Katenga und Lulimba anzugreifen und gefangen zu nehmen, falls sie von Nyangi aus weiter vordringen sollten. Nyangi ist ein kleines Dorf an einer abgelegenen Straße, ganz in der Nähe der Sierra, wo auch Makungo liegt und wo sich unser Regimentsstab befand. Katenga liegt an einer Straße, die zur Zeit in Betrieb war, mit modernen, stabilen Brücken, die sicher über die Flussläufe führen.

Mit der Aufgabe, die feindlichen Truppen gefangen zu nehmen, die möglicherweise von Nyangi aus vorrücken würden, wurde eine aus sechs Kubanern und zehn Kongolesen bestehende Gruppe unter Azis Führung betraut. Für die Attacke auf die Straße standen vierzig Kongolesen, zehn Ruander und dreißig Kubaner bereit, mehr als genug also, um jeden Feind, der vorzurücken wagte, zu vernichten.

In den letzten Tagen war eine Gruppe von zehn Kubanern angekommen, die anfangs dafür vorgesehen waren, auf einer internationalen Basis nicht nur Kongolesen, sondern auch Afrikaner anderer Befreiungsbewegungen auszubilden. Unter den gegebenen Umständen jedoch, die es unmöglich erscheinen ließen, eine Gruppe von Auszubildenden auf lange Sicht zusammenzustellen, beschlossen wir, die Ausbilder in den Kampf einzubeziehen und an der bevorstehenden Aktion zu beteiligen. Die Genossen bedeuteten jedoch keine wesentliche Verstärkung, denn sie waren lediglich auf eine mehr oder weniger orthodoxe Ausbildung im Kriegshandwerk vorbereitet, besaßen aber, bis auf wenige Ausnahmen, keinerlei praktische Erfahrung im Guerillakrieg.

Ich begleitete die Soldaten persönlich. Wir überquerten den Kimbi, einen in der Regenzeit reißenden Fluss, den man aber zu der Zeit gefahrlos durchwaten konnte; das Wasser reichte uns nur bis zur Hüfte. Auf der anderen Seite wählten wir das Gebiet aus, in dem wir uns niederlassen wollten.

Unsere Taktik war simpel. Das Zentrum des Hinterhalts war der stärkste Punkt, und dort musste die Hauptlast des Kampfes getragen werden. Doch auf beiden Seiten standen überdies genügend Männer bereit, um den Teil des Konvois, der nicht direkt angegriffen wurde, zu stoppen (selbst wenn er ziemlich groß sein sollte) und die Flucht der Gefangenen zu verhindern. Ideal wäre es allerdings, wenn der überraschte Feind überhaupt keine Möglichkeit haben würde, sich zu verteidigen. Das Feuer sollte wie üblich mit Panzerfäusten eröffnet werden. Fünf oder sechs Kilometer weiter in Richtung Katenga stand eine kleine Gruppe, die den Befehl hatte, eine Holzbrücke zu zerstören, nachdem die feindlichen Lastwagen diese überquert hatten und in den Hinterhalt geraten waren. So würde eine Flucht oder das Nachrücken von Verstärkungstruppen unmöglich gemacht. Als zusätzliche Maßnahme wurde, da Panzerabwehrminen wegen der fehlenden Zünder (die nie geliefert wurden!) nicht verwendet werden konnten, im Zentrum des Hinterhalts eine Mine an einer kleinen, zwei oder drei Meter breiten Holzbrücke angebracht. Wir hatten eine Apparatur mit einem Granatzünder entwickelt, der mittels einer Schnur nach fünf oder sechs Sekunden explodierte. Die Funktion dieser selbst gebastelten Bombe war unsicher, denn ob die Explosion im richtigen Moment erfolgte, hing von der Fahrtgeschwindigkeit der Lastwagen und von der Geschicklichkeit dessen ab, der die Schnur in Brand setzte. Deshalb sollte das nur im äußersten Fall angewandt werden, nämlich dann, wenn alle anderen Maßnahmen fehlschlugen.

Ich richtete den Befehlsstand etwa fünfhundert Meter vom Hinterhalt entfernt an einem Flussarm ein. Bei derartigen Aktionen muss man nämlich darauf achten, dass Wasser vorhanden ist und die Möglichkeit besteht, das Essen einzunehmen; denn manchmal muss man tagelang warten, bis die feindlichen Fahrzeuge vorbeikommen. Das Wasser war abgestanden und schmutzig, sodass es trotz der Anwendung von Desinfektionsmitteln viele Fälle von Diarrhöe gab. An Nahrung, auch wenn sie nicht sehr abwechslungsreich war, herrschte kein Mangel, denn das Zentrum des Hinterhalts befand sich mitten in einem verlassenen Yuccafeld, das wie ein Hügel aussah: mehrere Jahre alte Yuccawurzeln mit riesigen Knollen, hart, aber bei entsprechendem Hunger durchaus essbar. Die Situation wurde durch Regenfälle erschwert. Größere Probleme gab es an den ersten beiden Tagen jedoch nicht. Die Männer warteten angespannt und gelangweilt zugleich, ein Zustand, bei dem die Stunden sich endlos hinziehen und jeder Laut, der die Stille durchbricht, sich in das Geräusch eines Motors verwandelt und alle augenblicklich in Alarmbereitschaft versetzt. Sogar ich, der ich einige hundert Meter von der vordersten Linie entfernt war, erlag Sinnestäuschungen und glaubte ständig irgendetwas zu hören.

Bis zum Sonntag, dem fünften Tag des Wartens, hatten wir die Soldaten unter Kontrolle; danach jedoch zeigten die Kongolesen erste Symptome der Ungeduld und erfanden Informationen, denen zufolge die feindlichen Lastwagen alle vierzehn Tage hier vorbeikämen. Und da gerade ein Tag, bevor wir den Hinterhalt eingerichtet hatten, ein Konvoi die Straße passiert hätte, sei es besser, die Aktion abzubrechen und später wiederzukommen. Noch wurden diese Äußerungen ohne größeren Nachdruck vorgebracht, obwohl das erzwungene Nichtstun, das faulige Wasser, die nur gelegentlich mit kleinsten Mengen Büchsenfleisch angereicherte Yucca oder der *bukali* kaum dazu angetan waren, die Moral der Truppe aufrechtzuerhalten. Am fünften Tag aber ereignete sich etwas überaus Komisches, das unsere Schwächen einmal mehr aufdeckte:

Ich lag friedlich in meiner Hängematte auf dem Befehlsstand, als ich auf der Straße eiliges Getrappel vernahm, fast wie von einer Elefantenherde. Es waren die sechs oder sieben Kongolesen, die für die Versorgung verantwortlich waren. Entsetzt riefen sie mir zu: *»Askari Tshombé! Askari Tshombé!«* (Soldaten von Tschombé.) Sie hatten sie in unmittelbarer Nähe erblickt, vielleicht zwanzig oder dreißig Meter von der Stellung entfernt. Mir blieb kaum Zeit, meine Kampfausrüstung anzulegen; Hängematte und Rucksack überließ ich ihrem Schicksal. Einer der Kubaner, die mich begleiteten, sah ebenfalls die *askari Tshombé.* Die Situation war umso gefährlicher, da mit den Kongolesen nicht mehr zu rechnen war und ich lediglich vier Kubaner bei mir hatte, von denen einer, Singida, krank war. Ihn schickte ich sogleich zu Moja mit der Bitte um Verstärkung. Die Kongolesen rannten gleich mit ihm fort; unter diesen Umständen hätten sie ohnehin nur gestört. Ich ging die paar Meter zum Fluss, um aus dem Blickfeld des Feindes zu verschwinden. Kurz darauf kam die Nachricht, die Kongolesen hätten sich geirrt und keine feindlichen Soldaten, sondern Bauern aus der Gegend gesehen, die, als sie uns entdeckten, ebenfalls flüchteten und von einem der Unsrigen aus sicherer Entfernung beobachtet wurden.

Wir sprachen gerade über diesen Vorfall, da stellte sich ein Gesandter, der herausfinden sollte, was geschehen war, unbemerkt hinter uns, um unserer Unterhaltung zu lauschen. Der hinterhältig belauschte Hinterhalt! Dann eilte der Mann zurück und berichtete Moja, dass der Feind unseren Befehlsstand bereits eingenommen habe. Die Verwirrung war vollkommen. Moja, der das direkte Kommando über die Aktion hatte, löste den Hinterhalt auf und verschanzte sich ganz in der Nähe. Er ordnete an, mich zu suchen; angeblich sollte ich nämlich in Richtung Kimbi geflüchtet sein.

Zwei Stunden später berieten wir noch immer die Lage. Einige Kongolesen nutzten die Gelegenheit und setzten sich ins Lager ab. Sie sind nie wieder aufgetaucht. Derartige Eigenmächtigkeiten, Ergebnisse der allgemeinen Verwirrung, erlebten wir immer wieder. Zu den kindischen Reaktionen der Kongolesen, die wie ungezogene Kinder einfach davonliefen, gesellten sich Fehler einiger unserer Genossen, die keine Erfahrung im direkten Guerillakrieg hatten.

Wir beschlossen, den Hinterhalt um ein paar hundert Meter zu verlegen, da die Bauern uns nun ja entdeckt hatten und wir nicht wussten, zu welcher Seite sie gehörten. Ich sah mich gezwungen, ins Lager zurückzukehren, denn ich erhielt die Nachricht, dass Genosse Aragonés auf dem Weg dorthin sei.

Der Hinterhalt wurde insgesamt elf Tage, vom 1. bis zum 11. September aufrechterhalten, und Moja musste wiederholt klarstellen, dass er mit den Kubanern allein dort bleiben würde, wenn die Kongolesen wieder einmal mit dem Gedanken spielten fortzugehen; angesichts seiner entschlossenen Haltung harrten sie jedoch ebenfalls auf ihrem Posten aus.

Endlich näherten sich zwei Lastwagen. Der erste wurde zerstört, sieben oder acht feindliche Soldaten wurden getötet und ebenso viele Gewehre erobert. Sie hatten lediglich ihre eigenen Waffen bei sich, dazu einen riesigen Vorrat an Marihuana und ein paar unwichtige Dokumente, darunter allerdings die Gehaltsliste von Lulimba. Der zweite Lastwagen wurde nicht zerstört, da unsere Leute an den Panzerfäusten versagten, und die feindlichen Soldaten, zahlreicher als die Besatzung des ersten Fahrzeugs, verschanzten sich und zwangen unsere linke Flanke zur Flucht. Die Mehrzahl unserer Leute bestand aus Kongolesen, aber es gab auch Kubaner, die den Rückzug antraten, als sie die anderen davonlaufen sahen. Anstatt beide Lastwagen zu zerstören, wurden wir diesmal selbst angegriffen und zum Rückzug gezwungen. Wie immer in derartigen Situationen kam es zur völligen Auflösung. Die Kongolesen überquerten eilig den Kimbi und liefen ohne Pause bis zum Regimentsstab. Zurück blieben fast nur die Kubaner, obwohl diesmal auch die inzwischen kampferprobten Ruander ausharrten. Einer von ihnen hatte sogar mit seiner Panzerfaust einen Lastwagen beschossen, und ein anderer, der zu unserer Truppe gehörte, zeigte stolz die Stiefel, die er einem getöteten Soldaten abgenommen hatte, da seine eigenen kaputt waren. Auch an der Bergung der feindlichen Waffen hatten sich die Ruander beteiligt.

Bei dieser Aktion zeigte sich, wie viel noch fehlte, um eine Armee zu formieren, die solche kleinen Kämpfe – Wenn auch nicht mehr – bestehen konnte, und wie viel einigen Kubanern noch fehlte, die nur ungenügend auf Bedingungen vorbereitet waren, die sie bei ihrer Armee in Kuba nicht gewöhnt waren, Bedingungen des Guerillakriegs nämlich, auf die sie voller Panik, unkoordiniert und passiv reagierten.

Auf der anderen Seite zeigte die Art und Weise, wie sich die feindlichen Soldaten verteidigt hatten, dass sie gut ausgebildet waren. Es handelte sich ausschließlich um Schwarze, doch es war offensichtlich, dass wir es mit einem Feind zu tun hatten, den wir nicht unterschätzen durften. Dagegen sahen die Kongolesen die Wurzel allen Übels in den weißen Söldnern, denn die Schwarzen, so behaupteten sie, hätten Angst vor ihnen.

Vor Beginn des Kampfes hatte Calixtes Stellvertreter mich wissen lassen, dass seine Truppe nicht bereit sei, an der Seite der Ruander zu kämpfen, die seiner Ansicht nach die Flucht ergreifen und dabei weiterschießen würden und so imstande seien, die eigenen Leute zu töten. Daran zweifelten wir nicht, hatten wir das doch am eigenen Leibe erlebt. Aber noch viel weniger Vertrauen hatten wir zu den Kongolesen, und das aus gutem Grund: Keiner von ihnen hatte auch nur einen Schuss abgegeben, dafür waren sie auf der Stelle weggelaufen, als das erste Gewehrfeuer zu hören war. Das beunruhigte uns zwar nicht sehr, denn genauso hatten sich früher die Ruander verhalten, und nun, beim dritten Anlauf, hatten sie ihre Kampfbereitschaft demonstriert. Dagegen schienen jedoch alle Versuche, beide Gruppen unter einen Hut zu bringen, zum Scheitern verurteilt. Wir hatten die vorherige Krise gemeistert und Calixtes Leute dazu überreden können, zusammen mit Mundandis Truppe zu kämpfen. Doch nun entwickelte sich ein neuer Streit um die erbeuteten Waffen. Ich schlug vor, sie den Kongolesen zu überlassen, sozusagen als freundschaftliche Geste. Doch die Ruander waren der Auffassung, dass die Kongolesen keinen Finger gerührt hätten und die Waffen folglich ihnen selbst zustünden. Man wollte das Problem mit Gewalt lösen, was wir aber durch ein Gespräch mit Hauptmann Zakarias verhindern konnten. Schließlich wurden die Waffen zähneknirschend und ohne jede herzliche Geste den Kongolosen übergeben. Die Ruander wollten danach hier nicht mehr weiterkämpfen und kehrten an ihre Front zurück. Das alles geschah einen Tag, nachdem ich Masengo meine Meinung über Zakarias und über die Einheitsfront dargelegt hatte.

Die Aktion war insofern zufrieden stellend verlaufen, als wir keine Verwundeten zu beklagen hatten. Lediglich Genosse Anzali erlitt Verbrennungen, als er später zusammen mit Mbili zum Schauplatz der Kämpfe zurückkehrte und den vom Feind zurückgelassenen Lastwagen mit Benzin übergoss und anzündete.

Azi hatte ebenfalls einen Angriff auf die feindliche Stellung von Nyangi unternommen, doch die Aktion hatte, außer vielleicht einigen Verletzten, keine große Wirkung gehabt.

Noch hatte ich den Eindruck, dass sich die Dinge entwickeln könnten. Ich gab Anweisungen für weitere Hinterhalte und bereitete meine Abreise nach Lulimba vor, um Lambert von der Notwendigkeit der Aktionen zu überzeugen. Wie gesagt, wir hatten in dem ersten Lastwagen eine Gehaltliste gefunden, aus der hervorging, dass in Lulimba dreiundfünfzig Mann stationiert waren. Wir glaubten, dass dies eine günstige Gelegenheit war, Lulimba mit Lamberts vorzüglicher Truppe anzugreifen und den Weg nach Kasengo freizumachen. Wenn die Hinterhalte zwischen Katenga und Lulimba erfolgreich sein würden, hätten wir ein paar Tage Ruhe, um Lulimba mit Hilfe aller in dem riesigen Gebiet verfügbaren Männer einzukesseln.

Gemäß unseren Prinzipien starteten wir so etwas wie eine soziale Aktion. Hindi, der Arzt der Basis, hält Sprechstunden für die Bauern aus der Gegend ab und besuchte darüber hinaus abwechselnd die Ortschaften in den Bergen. Ich gab Hülsenfruchtsamen, die vom See geliefert worden waren, an die Bauern aus, die sie aussäen und kultivieren sollten. Später dann sollte die Ernte zwischen ihnen und uns aufgeteilt werden. Die Atmosphäre wurde besser, kommunikativer. Wie alle Bauern überall auf der Welt waren auch diese hier für jedes menschliche Interesse dankbar und zur Zusammenarbeit bereit. Es war schmerzlich festzustellen, dass diese vertrauensvollen und arbeitswilligen Männer, sobald sie in die Befreiungsarmee eintraten, sich in die undisziplinierten und faulsten Soldaten ohne jeden Kampfgeist verwandelten, mit denen wir es zu tun hatten. Die militärischen Einheiten, die eigentlich wichtige Faktoren bei der Entwicklung des revolutionären Bewusstseins darstellen sollten, waren stattdessen regelrechte Müllhalden, auf denen die Fäulnis gedieh – Resultat der Desorganisation und der fehlenden Führung, die wir im Laufe dieser Aufzeichnungen schon so häufig beklagen mussten.

Die Krankheit verschlimmert sich

Ende August machte ich meine übliche Analyse, die optimistischste von allen, die ich während der sieben Monate Aufenthalt im Kongo geschrieben habe.

> Die Zeit meiner »Internierung« ist beendet, was einen Schritt nach vorn bedeutet. Im Großen und Ganzen ist dieser Monat positiv zu beurteilen: Zu der Aktion von Front de Force kam eine qualitative Verbesserung der Leute. Die Anwesenheit von Hauptmann Zakarias und seinen zehn Männern ist ein deutliches Indiz dafür, ebenso wie die Zusammenarbeit der gesamten Front in der Ebene. Bleibt zu hoffen, dass die Aktion Erfolg haben wird und wir die Situation hier stabilisieren können. Meine nächsten Schritte werden sein, Lambert in Lulimba zu besuchen und nach Kabambare zu fahren, um sie von der Notwendigkeit zu überzeugen, Lulimba einzunehmen und in dieser Form weiterzumachen. Für all das ist es nötig, dass diese und die darauf folgenden Aktionen erfolgreich verlaufen werden.
>
> Wie Kabila sich verhalten wird, weiß ich nicht; aber ich werde versuchen, Masengo zu einem Besuch an den Fronten zu bewegen. Dadurch würde sich die Haltung der Leute hier ihm gegenüber verändern. Dann müssen wir die Bauern im gesamten Gebiet organisieren und ein zentrales Kommando für die Front schaffen. Wenn alles gut geht, können wir in zwei Monaten Force einkesseln und die notwendigen Sabota-

geakte an der Stromversorgung verüben, damit dieser Punkt seine strategische Bedeutung verliert. Alles erscheint in helleren Farben; heute zumindest.

Wenige Tage später beherrschten jedoch wieder dunklere Töne die Situation. Aly war heftig mit den Befehlshabern seiner Region aneinander geraten. Inzwischen hatte er sich ohne Absprache zur Basis an den See begeben und war nicht gewillt, wieder an die Front zurückzukehren. In dem seit kurzem verlassenen Gebiet von Front de Force brach der Hinterhalt völlig zusammen. Wir hatten Leute nach Kigoma gesandt, um dort ein paar Sauerstoff- und Acetylenflaschen abzuholen. Damit wollten wir die Stromversorgung lahm legen. Doch die geschwächten Genossen hatten tausend Probleme mit dem Transport der schweren Flaschen, und außerdem wollten sie nichts ohne die Zustimmung des kubanischen Regimentsstabs unternehmen. Das Auskundschaften eines Standorts, von dem aus man den Wasserkollektor der hydroelektrischen Anlage beschießen konnte, verlief ergebnislos. Und nach der ersten Euphorie waren die Soldaten hier das aktive Leben leid und wollten zum süßen Nichtstun auf der Basis zurückkehren.

Noch düsterer sah die Lage aus, was das Verhältnis zwischen Masengo und Kabila auf der einen sowie den Befehlshabern von Fizi auf der anderen Seite betraf, und auch zwischen der Befreiungsbewegung und der tansanischen Regierung gab es zunehmend Probleme. Kabila und Masengo trafen in Kibamba ein, doch sogleich erreichte uns die Nachricht, dass die tansanischen Behörden sich weigerten, die von uns erbetene Menge von Waffen auszugeben, darunter die dringend benötigten Zünder für die Panzerminen. Tansania verlangte, auf der Stelle mit Kabila zu sprechen. Die Richtigkeit der Nachricht stand für uns außer Zweifel, denn es war Changa, unser »Admiral«, der dorthin geschickt worden war, um die Waffen zu holen. Ihm wurde persönlich mitgeteilt, dass nichts ausgegeben werde, ehe Kabila nicht selbst mit der Regierung gesprochen habe. Zum ersten Mal hatte Kabila einen ernsthaften Versuch unternommen, den See zu überqueren (jedenfalls konnte das Gegenteil nicht bewiesen werden), und nun war er zur Rückkehr gezwungen, um mit der tansanischen Regierung irgendein Problem zu besprechen.

Auf der Basis am See waren mehrere Mitglieder der rivalisierenden Gruppe von Fizi bei dem Versuch gefangen genommen worden, Negativpropaganda zu betreiben. Masengo verfügte über kein geeignetes Gefängnis, und so ordnete er an, sie nach Uvira zu bringen. Er beschloss, den Transport persönlich zu überwachen und die Gelegenheit zu nutzen, das zu durchquerende Gebiet zu inspizieren. Für den Transport benutzte man eine Fähre. Alys Bericht darüber ergibt ein deutliches Bild von dem Verlauf der Ereignisse:

8-9-65

Vom Genossen Aly
an den Genossen Tatu
Betrifft: Fahrt des Genossen Tom nach Kasima
Fahrt der Genossen Masengo und Aly nach Uvira

Wir fuhren am 16. um einundzwanzig Uhr ab, mit der Absicht, den Genossen Tom nach Kasima zu bringen und danach die Fahrt nach Uvira fortzusetzen, um die konterrevolutionären Gefangenen dorthin zu transportieren, Waffen abzuliefern und das Gebiet zu inspizieren; letzteres sollte Masengos Aufgabe sein.

Um null Uhr dreißig trafen wir in Kasima ein. Genosse Masengo befahl, den Chef der Gruppe an Bord zu holen, doch stattdessen kam ein einfacher Soldat. Ihm wurde mitgeteilt, dass sich Präsident Masengo an Bord befand. Dem Soldaten wurde angeboten, auf dem Rückweg Zigaretten und andere Dinge mitzubringen.

Beim Verlassen der Fähre verlangte der Soldat Seife, sonst werde das Boot an der Weiterfahrt gehindert. Genosse Tom ging an Land und forderte die Truppe auf, nicht zu schießen. Als Tom sich auf etwa einhundert Meter entfernt hatte, handelte die Gruppe dieser Anordnung zuwider.

Nachdem jeder ein paar Schüsse abgegeben hatte, ergriffen alle die Flucht, und kurz darauf konnte einer von ihnen festgenommen werden.

Genosse Masengo rief die Soldaten und Befehlshaber am Strand zusammen und gab den Befehl, den Rest der Gruppe ebenfalls gefangen zu nehmen. Auf dem Rückweg wollte er dann alle mitnehmen.

Wir setzten die Fahrt nach Uvira fort. Als wir jedoch um neun Uhr Mubembe erreichten, gab Genosse Masengo den Befehl, anzuhalten und erst in der darauf folgenden Nacht weiterzufahren.

Die Ortschaft Mubembe bereitete uns einen äußerst kühlen Empfang. Masengo sprach mit dem Ortsvorsteher und einem Studentengenossen aus China und befahl ihnen, die Bevölkerung zusammenzurufen und eine Versammlung abzuhalten, um sie über die politische Situation zu informieren.

Gegen zwölf Uhr dreißig begann die Versammlung, die bis sechzehn Uhr dauerte. Ein Genosse Ernesto kam zu uns und sagte, wir sollten darüber Stillschweigen bewahren – aber die Gefangenen müssten freigelassen werden, sonst werde Blut fließen.

Um siebzehn Uhr dreißig beschloss Genosse Masengo aufzubrechen, wir sammelten uns und gingen zum Strand. Dort gab Genosse Masengo den Befehl, die Fähre zu besteigen. Er selbst blieb noch eine Weile zurück, und in diesem Moment kam der Genosse Ernesto und fragte, ob wir verrückt seien – sie würden das Boot zusammenschießen. Daraufhin gingen sie in Stellung. Sie beschimpften uns und befahlen, die Gefangenen freizulassen, die sie dann mitnahmen, ohne dass Gegenwehr geleistet wurde. Doch dann gab einer der Matrosen einen Schuss aus seinem Gewehr ab und stürzte den Rebellen hinterher; Masengo und einige andere folgten ihm. Es gelang ihnen, elf Soldaten festzunehmen, darunter allerdings keinen der Gefangenen, die eine groß angelegte Kampagne für die aufständische Gruppe geführt und, wie es scheint, damit viele Soldaten erreicht hatten.

Die daraus entstandene Situation sowie entsprechende Nachrichten, die besagten, dass die Lage in Uvira noch prekärer war, machten es unmöglich, die Reise dorthin fortzusetzen.

Es ist bekannt, dass die Soldaten, die die Gefangenen befreit hatten, zu den Gruppen von Fizi und Baraka gehörten, zusammen mit anderen Männern, an deren Namen ich mich nicht erinnere, da ich mir von ihnen keine Notizen machen wollte.

Ich möchte Sie darauf hinweisen, dass Masengo nicht ein einziges Mal zu uns gekommen ist, um uns über die Gefahr, die dort auf uns wartete, in Kenntnis zu setzen. Dabei wusste er Bescheid, denn er hatte gehört, was geredet wurde, im Gegensatz zu uns – denn wir beherrschten die Sprache nur unvollkommen und hatten an der Versammlung, in der davon die Rede war, im Gegensatz zu ihm nicht teilgenommen.

Wie wir von Ernesto erfuhren, besteht diese Situation nicht erst seit heute.

Angesichts dieser Ereignisse möchte ich wissen, was zu tun ist, wie wir uns verhalten sollen, da den Worten Taten folgen, gefährliche Taten.

Was Sie betrifft, so sollten Sie vorsichtig sein, sehr vorsichtig; denn die aufständischen Soldaten haben inzwischen viel Macht, und wir wissen nicht, wer sie sind.

Auf dem Rückweg hielten wir in Kasima, um den politischen Vertreter mitzunehmen. Die Gefangenen konnten wir nicht mitnehmen, da sie nicht gefasst werden konnten.

Wieder zurück, wurde das Feuer auf uns eröffnet, obwohl wir ihnen die vereinbarten Zeichen gaben.

In Erwartung einer schnellen Antwort verabschiede ich mich von Ihnen,

mit revolutionärem Gruß

Aly

Erklärend muss gesagt werden, dass Alys Misstrauen gegenüber Masengo unbegründet war, denn dieser war selbst auf die Fähre gegangen und hatte sich derselben Gefahr ausgesetzt.

Fast gleichzeitig schickte Masengo mir einen Brief, aus dem hervorging, wie unsicher sich die führenden Genossen der kongolesischen Revolution fühlten. Der Brief war in Kibamba abgestempelt und auf den 6. September datiert.

An den Genossen Dr. Tatu

Makungo

Genosse Doktor,

nach einigen Tagen der Abwesenheit schicke ich Ihnen einen Gruß. In militärischen Fragen habe ich Ihre Ratschläge befolgt, das heißt, Genosse Oberstleutnant Lambert wird die Aktivitäten an den Frontabschnitten Lulimba-Makungo und Kalonda-Kibuye koordinieren.

Genosse Kabila und ich sind bereit, Ihnen einen Besuch abzustatten. Leider gestattet es die gegenwärtige Situation nicht, dies zu tun. Fünf Tage nach unserer Ankunft in Kibamba erhielt der Genosse Kabila eine dringende Botschaft vom Präsidenten Tansanias, Nyerere. Die politische Lage im Innern des Landes ist nicht besonders schwierig, und wir hoffen, dass wir die von unverantwortlichen Subjekten heraufbeschworenen Probleme mit vereinten Kräften meistern können. Heute haben wir damit begonnen, einige Mitglieder der konterrevolutionären Bande [gemeint sind die drei Gefangenen, von denen Aly spricht] unter Arrest zu stellen. Von Seiten der Bevölkerung gab es keinerlei Protest; das bedeutet, dass die Bevölkerung ihre Fehler einsieht. Der Kopf der Bande ist der Verräter Gbenyé, der, nachdem er viele Millionen erhalten hat, seine Agenten überall hinschickt, mit dem Ziel, die Revolution zu begraben und danach mit den Leuten von Leopoldville zu verhandeln.

Die Imperialisten haben Gbenyé versprochen, eine Regierung unter seiner Führung zu dulden, wenn er es schafft, die Revolution zu begraben und im Schoße seiner zukünftigen Regierung alle imperialistischen Agenten zu versammeln, um den Neokolonialismus im Kongo aufrechtzuerhalten.

Gbenyé hat in der Versammlung aller Staatschefs von Ostafrika (Tansania, Uganda, Kenia) erklärt, dass wir selbst unsere Probleme mit Leopoldville lösen müssen, und hat versprochen, nach der Aussöhnung mit Leopoldville eine Föderation mit den Staaten Ostafrikas zu bilden. Deswegen wurde Genosse Kabila nach Daressalam beordert, möglicherweise mit der Absicht, Druck auf uns auszuüben. Sie haben es sogar abgelehnt, dass Genosse Kabila von einem der Unsrigen nach Daressalam begleitet wird.

Trotz allem werden wir uns mit dieser »Aussöhnung« niemals einverstanden erklären. Wir bitten Sie, über Ihre Botschaft dagegen zu intervenieren.

Außerdem möchte ich Ihnen mitteilen, dass ich heute zusammen mit dem kubanischen Hauptmann Aly nach Uvira aufgebrochen bin und nach meiner Rückkehr nach Kibamba fahren werde. Ich hoffe, nach meiner Rückkehr Ihre Antwort bezüglich dieser Angelegenheiten vorzufinden, insbesondere Ihre guten Ratschläge, was die oben geschilderten Probleme betrifft.

Wir nehmen an, dass die wichtigsten afrikanischen Führer die vollständige Befreiung des Kongos nicht wollen, weil sie fürchten, dass ganz Afrika Gefahr läuft, ins kongolesische Fahrwasser zu geraten, wenn der Kongo frei sein wird, mit wirklichen Revolutionären an der Spitze.

Die Lage ist jedenfalls noch nicht ernst, und wir sind so gut wie sicher, dass wir diese Phase gemeinsam durchstehen können.

Ich hoffe, dass Sie uns auf der Grundlage dessen, was ich Ihnen hier mitgeteilt habe, einige Anweisungen geben können, mit deren Hilfe wir derartige Probleme lösen werden.

In dem Brief werden verschiedene interessante Dinge angesprochen: Gbenyés Aktion und seine Verbindung zu den Imperialisten, die noch nicht so zweifelsfrei erwiesen war, wie Masengo es darstellt; Gbenyés Versprechen an die ostafrikanischen Führer, das wir ebenfalls noch nicht bestätigen konnten, sowie der Druck, der wohl tatsächlich von Daressalam auf Kabila ausgeübt wurde. Besonders hervorzuheben ist die Annäherung an die Kubaner, die bereits früher hätte erfolgen sollen, zu einem für uns ruhigeren Zeitpunkt, denn gerade stand uns eine Offensive der feindlichen Armee bevor. Ich antwortete Masengo wie folgt:

Lieber Genosse,

ich habe soeben mit Ihrem Boten, dem Genossen Charles

Bemba, gesprochen. Er wird Ihnen die Situation hier beschreiben können, aber ich will dennoch für Sie Bilanz ziehen.

Meines Erachtens haben wir bis heute bewiesen, dass es möglich ist, hier in der Ebene unsere Stellungen zu verteidigen. Nach den Aktionen an Mundandis Front haben wir einen Guerillakampf geführt, bei dem sieben oder acht feindliche Soldaten getötet und sechs Waffen erobert wurden. [Es handelte sich um sieben Waffen, doch ein Gewehr wurde von einem Ruander unterschlagen; als das entdeckt wurde und wir ihn aufforderten, die Waffe zurückzugeben, kam es zu einem Streit.] Wir haben an zwei Straßen Hinterhalte eingerichtet, an der von Nyani nach Lulimba und der von Force nach Lulimba.

Ich meine, wir müssen in diesem Gebiet weiter so verfahren und versuchen, die Tschombisten aus der Gegend um Lulimba zu vertreiben, um die Verbindung zum See herzustellen. Ich bin mir bewusst, welche Probleme es in Baraka und Fizi gibt, aber es wäre sehr wichtig für uns, über einen direkten Nachschubweg zu verfügen.

Zu den Problemen, die Sie in Ihrem Brief schildern: Zunächst einmal können Sie sicher sein, dass wir Sie, was die Probleme mit der tansanischen Regierung angeht, nach besten Kräften unterstützen werden. Ich würde gerne mit Ihnen persönlich sprechen, verstehe jedoch, dass Sie Schwierigkeiten haben, sich vom Generalstab zu entfernen. In einigen Tagen werde ich Zeit haben, zu Ihnen zu kommen. Danach würde ich gerne andere Gebiete dieses Frontabschnitts besuchen und bitte Sie deshalb, mich nicht am See festzuhalten. Meine Aufgabe besteht in der Arbeit, die ich zur Zeit mache.

Ich teile Ihren Optimismus auf lange Sicht, doch müssen wir der politischen und militärischen Organisation mehr Aufmerksamkeit widmen. Wir haben Fortschritte gemacht, aber nicht in ausreichendem Maße. Wir können mehr erreichen, wenn wir mehr kämpfen. Der Kampf ist die hohe Schule des Soldaten. Außerdem stellt die feindliche Armee unsere wichtigste Quelle für die Versorgung mit Waffen dar; wenn sie uns den See nicht überlässt, bleibt uns nur das Schlachtfeld. Ich begrüße Ihre Entscheidung, den Genossen Lambert zum Koordinator zu bestimmen, auch wenn es für ihn sehr schwierig wird. Seine eigentliche Aufgabe sollte es meiner Meinung nach sein, das Kommando über die gesamte Front zu übernehmen. Ich möchte Ihre Aufmerksamkeit auch auf die Tatsache lenken, dass die Genossen aus Ruanda hervorragend an unserer Seite und auch schon an der der Kongolesen gekämpft haben. Hauptmann Zakarias ist ein tapferer Mann, trotz einiger Fehler, die man mit der Zeit korrigieren kann.

Der Punkt, über den man immer wieder sprechen muss, ist die Politik gegenüber den Bauern. Ohne die Unterstützung durch die Bevölkerung wird kein wirklicher Erfolg möglich sein. Ich hoffe, bald mit Ihnen persönlich und ausführlicher reden zu können.

Mit revolutionären Grüßen

Tatu

Noch einige Zeit lang behielt ich einen optimistischen Ton bei. Mehr schlecht als recht hatten wir dem Feind einige kleine Niederlagen beigebracht, und wir setzten darauf, ihm weiterhin Zermürbungsschlachten liefern und ihn so zwingen zu können, bestimmte Stellungen aufzugeben.

In diesen Tagen trafen die so oft angekündigten Gesandten aus Kuba ein. Es handelte sich um Aragonés, Fernández Mell und Margolles, und sie sollten an der Front bleiben. Als ich erfuhr, wer die Genossen waren, hatte ich Angst, dass sie mir eine Botschaft überbringen würden, die mich zur Rückkehr nach Kuba oder zur Beendigung des Kampfes aufforderte. Denn ich konnte mir nicht vorstellen, dass ein Parteisekretär seine Arbeit liegen ließ, um einfach nur so in den Kongo zu kommen, zumal in der gegenwärtigen Situation, in der noch nichts entschieden war und es eher Negatives zu berichten gab. Aragonés hatte auf der Reise bestanden, dasselbe galt für Margolles, und Fidel gab seine Einwilligung. Fernández Mell, ein alter Kampfgenosse, hatte Kuba dazu gedrängt, den Führungskader zu verstärken. Auch Karim war dabei, er sollte aufgrund eines größeren kulturellen und ideologischen Bewusstseins Toms Platz als politischer Kommissar einnehmen.

Die drei reisten inkognito ein, als Ärzte, denn sie konnten nicht sicher sein, ob sie als Weiße tatsächlich bleiben durften – tatsächlich erlaubte es uns unsere Position, in unserem Lager praktisch zu tun und zu lassen was wir wollten. Schwierig wurde es erst, wenn wir versuchten, im kongolesischen Lager Aktivitäten zu organisieren.

Genosse Aragonés bekam, wegen seiner Statur, den Suaheli-Namen *Tembo* (Elefant), und Genosse Fernández Mell wurde aufgrund seines Charakters *Siki* (Essig) genannt. Die anderen erhielten irgendein anderes Suaheli-Wort als Namen. Tembo hatte die laufende Personalnummer 120.

Folgende Verluste hatten wir zu verzeichnen: vier Tote, zwei, die nach Kuba zurückgekehrt waren, sowie den Genossen Changa, der zwar auf der Liste stand, sich aber aufgrund seiner Funktion in Kigoma und im Seegebiet aufhielt. Damit verfügten wir über 113 Mann, und wenn man die vier Ärzte abzog, 107 Soldaten. Mit dieser Armee konnte man einiges anfangen, aber aufgrund von Umständen, die ich nicht vermeiden konnte oder nicht zu vermeiden verstand, war sie über ein großes Gebiet verstreut, und für eine Aktion standen nie mehr als dreißig oder vierzig Mann zur Verfügung. Bedenkt man, dass praktisch alle einmal (oder mehr als einmal) am Sumpffieber erkrankten, so muss man zu dem Ergebnis kommen, dass unsere Armee nicht imstande war, eine Schlacht entscheidend zu beeinflussen. Sie hätte aber den Kern eines Heeres mit veränderten Merkmalen darstellen können, wäre die Verfassung der Kongolesen eine andere gewesen.

Die Moral unserer Truppe hatte sich gebessert, was auch aus dem folgenden Ereignis zu ersehen war: Abdallah, Anzali und Baati, drei der Genossen, die sich entschlossen hatten, den Kampf aufzugeben, baten um Wiederaufnahme mit allen Pflichten.

Anscheinend bekam auch die kongolesische Befreiungsarmee Verstärkung durch Kontingente, die in China und Bulgarien ausgebildet worden waren. Das Erste, was diese Leute interessierte, waren vierzehn Tage Urlaub, um ihre Familien zu besuchen; später beantragten sie eine Verlängerung, da ihnen zwei Wochen zu wenig erschienen. Schließlich, so meinten sie, waren sie ausgebildete Kader, die den Gefahren des Kampfes auszusetzen unverantwortlich gewesen wäre. Sie waren gekommen, den Berg der in sechs

Monaten theoretischen Unterrichts erworbenen Kenntnisse über ihre Genossen auszuschütten, und hätten es als ein Verbrechen an der Revolution angesehen, sie in den Kampf zu schicken.

Diese Einstellung wurde von allen Gruppen geteilt, unabhängig davon, ob sie aus China, Bulgarien oder der Sowjetunion kamen. Das waren die Konsequenzen der Ausbildung von Studenten, die kleinbürgerlichen Kreisen des Kongos entstammten, mit der ganzen Last an Ressentiments und dem Bestreben, die Kolonialisten zu imitieren.

Es waren Studenten ausgewählt worden, die Französisch sprachen, oder Söhne von politischen Persönlichkeiten, die all das Negative der europäischen Kultur, aber nichts von dem revolutionären Geist des Proletariats mitbekommen hatten. Oberflächlich mit Marxismus poliert, erfüllt von ihrer Bedeutung als »Kader«, kehrten sie zurück, durchdrungen von einem gewaltigen Streben nach Macht, das sich in Disziplinlosigkeiten und sogar konspirativen Akten äußerte.

Von den einfachen Soldaten, die bereit waren, ihr Leben für eine Sache herzugeben, die sie nicht richtig verstanden, wussten die Revolutionsführer nichts, jene Führer, die sich fern der Kampfgebiete aufhielten und doch auf revolutionäre Kader zu ihrer Unterstützung angewiesen waren. Unser Bestreben war es, sie aufzuspüren; doch die Zeit spielte gegen uns.

Die Hand am Puls

Es war notwendig, die Aktionen entlang der Straße von Katenga nach Lulimba fortzusetzen, das heißt, dem Feind die Nachschubwege abzuschneiden, um die dort isolierten Truppen zahlenmäßig gering zu halten und dann einen Angriff zu führen. Wir verdoppelten die Zahl der Hinterhalte unter dem Kommando von Pombo und Nane und begannen damit, tagtäglich Stellungen zu zerstören, die der Feind in aller Eile immer wieder aufbaute, bis er schließlich eine stärkere Besatzung dort aufstellte, die unsere Aktionen in der Folgezeit vereitelte.

Ich schickte Azima mit einer kleinen Einheit vor, um den Weg nach Lulimba auszukundschaften; dann brach ich auf. Es war ein trüber, regnerischer Tag, sodass wir nur schlecht vorankamen und gezwungen waren, in den zahlreichen verlassenen Hütten Zuflucht zu suchen. Der Weg war lange nicht mehr benutzt worden, was sich nach den darauf folgenden Ereignissen, die die gesamte Region in Aufruhr versetzten, ändern sollte.

Am späten Vormittag war Kriegslärm zu hören, dazu der Fluglärm eines Großaufgebots der feindlichen Luftwaffe, die unsere Stellungen anflog. Das Ergebnis erfuhren wir mehrere Tage später von Moja: Die feindlichen Soldaten hatten unsere Verteidigungslinien durchbrochen und dabei einige Panzerfahrzeuge und wahrscheinlich auch mehrere Männer verloren. Von Lulimba aus rückten weitere Truppen zur Verstärkung vor, was darauf schließen ließ, dass dort nicht dreiundfünfzig Mann stationiert waren, wie aus der Gehaltsliste hervorging, sondern viel mehr. Wir glaubten, dass um Lulimba gekämpft wurde, doch in Wirklichkeit verstärkte der Feind die Schlüsselstellungen, um eine Offensive zu starten. Das wurde uns erst später klar, als wir die ausgedehnten Vorbereitungsarbeiten in Front de Force und Nyangi beobachteten; aber zunächst besaßen wir keinerlei Erkenntnisse, da wir keine Informanten im feindlichen Lager hatten.

Mittags trafen wir uns mit Azima, der von seinem Aufklärungsmarsch wieder zurück war. Er hatte die Ortschaft, die wir Lulimba nannten, erreicht, jedoch keine Wachsoldaten angetroffen. Der Weg dorthin verlief parallel zu den Stellungen der Rebellen bis zu dem Punkt, an dem er sich mit der Straße von Front de Force vereinte und dann direkt auf den Hügel zulief, um am niedrigsten und zugänglichsten Punkt hinaufzuführen.

Azima berichtete uns, wie er auf dieser anscheinend wichtigen Straße einen Kilometer bis zum Fluss Kimbi weitermarschiert war, ohne auf Spuren von Menschen zu stoßen. Außerdem hatten sie den Punkt ausgekundschaftet, der »die Mission« genannt wurde, eine alte protestantische Kirche. Als sie dieses Niemandsland durchquerten, wurden sie von den Beobachtungsposten auf den Bergkämmen entdeckt und auf eine Entfernung von sechs Kilometern beschossen, mit Kanonen, Granatwerfern sowie anderen Waffen, die er nicht zu benennen wusste. Die Kanonenschüsse waren ziemlich präzise, aber sechs Männer auf einem sechs Kilometer entfernten Weg mit einer Kanone zu treffen, ist eine schier unlösbare Aufgabe. Das Resultat war eine ungeheure Verschwendung an Munition, die auf verdächtige Personen in einer Zone abgeschossen wurde, in der es von Voraustrupps nur so wimmeln musste.

Angesichts dieser Vorgeschichte beschlossen wir, eine Pause einzulegen und zu schlafen. Eine so große Entfernung ist kaum an einem Tag zu bewältigen; zudem mussten wir jemanden vorausschicken, um den Regimentsstab in Lubonja darüber zu informieren, dass wir uns auf der Straße in der Ebene befanden. So geschah es, und am nächsten Tag nahmen wir Kontakt zu der Vorhut auf, die uns vom Bergkamm auf unsere Ankündigung hin entgegengeschickt worden war. Sie führten uns zu der Stellung in den Bergen vor Lulimba.

Unterwegs konnten wir die zahlreichen Dörfer in Augenschein nehmen, die am Fuße der Bergkette mitten im Wald lagen, an Stellen, an denen es Wasser gab, zwei, drei oder vier Kilometer von der Straße entfernt. Die Bauern lebten in primitiven Hütten und ernährten sich von der Ernte neuer oder alter Felder, die sich direkt an der Straße befanden und in Gefahr standen, von der Armee entdeckt zu werden. Außerdem lebten die Bauern von der Jagd. Wir unterhielten uns lange mit ihnen. Ich forderte von Makungo einen Arzt für die Kranken an, denn wir hatten keine Medikamente bei uns, und versprach den Bauern, dass nun alle vierzehn Tage ein Arzt auf seiner Tour hier vorbeikommen würde.

Die Stellung von Oberstleutnant Lambert, eine »Sperre«, bestand aus einer Ansammlung kleiner Hütten mit Stroh- oder Zinkdächern, alle am Wegesrand erbaut, ohne irgendwelche Vegetation um sie herum, die sie verborgen hätte, ohne Schützengräben oder sonstigen Schutz, außer ein paar Luftabwehrgeschützen. Die einzige Verteidigung bestand darin, dass die Soldaten zu einem nahe gelegenen Hohlweg rannten und sich versteckten, wenn die feindlichen Flugzeuge näher kamen. Allerdings hatte es, obwohl die Stellung weithin sichtbar war, bisher keine nennenswerten Luftangriffe gegeben. Nicht einmal die erste Verteidigungslinie war befestigt. (Die Schützengräben stellten ein ständiges Problem dar, denn wegen irgendeines Aberglaubens weigerten sich die Kongolesen, in Löcher zu kriechen, die sie selbst ausgehoben hatten.) Der Vorzug der Stellung bestand in den steil ansteigenden Bergen, von deren Kämmen aus man leicht die auf der Straße vorrückenden Truppen angreifen konnte. Wäre eine Truppe über die Flanken vorgerückt, hätte sie durch nichts aufgehalten werden können, und die Stellung wäre fast ohne Verluste eingenommen worden.

Es befanden sich nur wenige Männer, und unter ihnen kein Befehlshaber, in der Stellung. Wir wollten direkt nach Lubonja weitermarschieren, aber es wurde uns angekündigt, dass ein Kommandant heraufkommen würde. Er traf am nächsten Tag ein und teilte uns mit, dass Oberstleutnant Lambert sich in Fizi aufhielt, um nach seiner kranken Tochter zu sehen. Zuvor hatte er sich zur Basis am See begeben, und so war er seit eineinhalb Monaten nicht mehr im Lager aufgetaucht. Der Truppenchef hielt sich im Regimentsstab in Lubonja auf, und an der Sperre befand sich nur irgendein unterer Dienstgrad (was ziemlich egal war, da bei den Soldaten niemand Autorität besaß). Das Essen wurde von den Bauern gebracht, die fünfzehn Kilometer von Lubonja bis zum Lager zurücklegen mussten. Manchmal gingen die Soldaten auf die Jagd, Rotwild gab es genug in der Gegend.

Wenn das Essen (im wesentlichen Yucca) gebracht wurde, begann die Arbeit mit dem Mahlen, um den *bukali* auf ganz individuelle Weise herzustellen. Die Tradition des gemeinsamen Mahls war unbekannt, und so bereitete jeder für sich seine Ration aus dem, was er ergattern konnte. Dann verwandelte sich das Lager in eine riesige, mannigfaltige Küche, in der sich sogar die Wachposten an dem allgemeinen Chaos beteiligten.

Ich wurde aufgefordert, zu der Truppe zu sprechen, einer Einheit von weniger als einhundert Mann, nicht alle von ihnen bewaffnet. Ich schoss die übliche »Salve« ab: Bewaffnete Männer sind noch keine Soldaten, sondern eben nur bewaffnete Männer. Zu revolutionären Soldaten werden sie erst im Kampf. Aber dort oben fanden keine Kämpfe statt! Ich forderte sie auf, in die Ebene hinunterzusteigen, Kubaner und Kongolesen gleichermaßen, denn wir seien hierher gekommen, um den Krieg gemeinsam durchzustehen. Dieser werde lang und hart sein, wir dürften nicht auf einen baldigen Frieden hoffen, und es bestehe keine Aussicht auf einen Sieg ohne große Opfer. Ich erklärte ihnen auch, dass die *dawa* angesichts moderner Waffen nicht immer wirkungsvoll und der Tod ein ständiger Begleiter in den Stunden des Kampfes sei. Das alles sagte ich in meinem Schulfranzösisch, das von Charles Bemba ins Kibembe, die hiesige Regionalsprache, übersetzt wurde.

Der Kommandeur war bereit, mit seinen Leuten in die Ebene zu gehen, wollte den Angriff aber ohne höheren Befehl nicht wagen. Es hatte keinen Sinn, mit dieser kleinen und heterogenen Gruppe hinunterzugehen, wenn es keinen Befehl zum Angriff auf Lulimba gab. Ich beschloss, mich nach Fizi zu begeben, um Lambert von der Notwendigkeit eines solchen Angriffs zu überzeugen. Wir kamen zuerst nach Lubonja in der weiten Ebene von Fizi, fünfzehn Kilometer vom Vorposten entfernt. Die Bauern empfingen uns dort sehr freundlich und gaben uns zu essen. Man spürte eine gewisse Atmosphäre des Friedens und der Sicherheit, denn die feindlichen Soldaten hatten sich hier schon seit langem nicht mehr blicken lassen. Allen ging es relativ gut, das Essen war abwechslungsreicher (es gab unter anderem Kartoffeln und Zwiebeln) und die Situation stabil. Am nächsten Tag verließen wir diesen Punkt. Als wir ungefähr zehn Kilometer gegangen waren, kam uns ein Lastwagen entgegen, der Truppen nach Lubonja brachte und uns auf der Rückfahrt bis Fizi mitnahm. Auf der Ladefläche befand sich ein Mann, der alle Symptome einer Alkoholvergiftung zeigte und sich fürchterlich übergeben musste. Tags darauf erfuhr ich, dass er im Hospital gestorben war, besser gesagt, im Sammellager von Fizi, denn dort gab es weder Ärzte noch irgendwelches Pflegepersonal.

Während der vierzig Kilometer langen Fahrt konnten wir verschiedene Besonderheiten der Region beobachten. Zuerst fielen die vielen bewaffneten Männer auf, die in jedem kleinen Dorf herumlungerten, durch das wir fuhren. In jedem Kaff gab es einen Chef, der sich in seinem eigenen Haus oder in dem eines Freundes aufhielt und meist sauber, wohlgenährt und rundum zufrieden wirkte. Zweitens schienen die Soldaten zu ihrer Zufriedenheit große Freiheiten zu genießen. Ständig spazierten sie mit dem Gewehr über der Schulter umher. Nirgendwo eine Spur von Disziplin, Kampfbereitschaft oder Organisation. Und drittens war eine große Distanz zwischen Lamberts und Moulanes Leuten zu beobachten; sie waren wie Hund und Katze. In Charles erkannten sie sogleich Masengos Inspekteur und ließen ihn das mit einem kühlen Empfang spüren.

Fizi ist ein kleiner Ort, allerdings der größte, den ich im Kongo gesehen habe. Es gibt zwei streng voneinander getrennte Viertel: ein kleineres mit manchmal hochmodernen Steinhäusern, und ein größeres, das »afrikanische Viertel«, mit den üblichen Hütten, viel Elend, ohne Wasser und ohne jede Hygiene. Letzteres war dichter besiedelt, hier lebten viele Flüchtlinge, die aus anderen Regionen vertrieben worden waren. Das andere, kleinere Viertel gehörte der Oberschicht und der Truppe.

Fizi liegt auf dem Gipfel eines Berges, der sich direkt am Seeufer erhebt, 37 Kilometer von Baraka entfernt, auf einer Prärie mit spärlicher Vegetation. Die einzige Waffe, die zur Verteidigung diente, war ein Luftabwehrgeschütz, das von einem griechischen Söldner bedient wurde, der in einer Schlacht bei Lulimba gefangen genommen worden war. Mit dieser kläglichen Verteidigung waren sie sehr zufrieden. General Moulane empfing mich ziemlich distanziert, denn er kannte den Zweck meiner Reise, und angesichts der Spannungen zwischen Lambert und ihm hielt er es für angebracht, sein Missfallen zu zeigen. Ich befand mich in einer etwas merkwürdigen Situation: von General Moulane, dem höflichen, aber kühlen Gastgeber, auf Distanz gehalten und vom selbstbewussten, äußerst liebenswürdigen Oberstleutnant Lambert umworben, war ich das Schlachtfeld eines nicht erklärten Krieges. Das Resultat war, dass wir zweimal zum Essen eingeladen wurden, einmal vom General und einmal vom Oberstleutnant. Die beiden behandelten sich mit wechselseitigem Respekt, und Lambert nahm vor dem General vorschriftsmäßig Haltung an.

Wir hielten eine kleine Versammlung ab. Ich berichtete dem General von den Arbeiten, die wir an der gesamten Front geleistet hatten, und bekundete meine Absicht, mit dem Genossen Lambert zu sprechen, um »zu sehen, ob er etwas in dem Gebiet um Lulimba tun kann«, wobei ich nicht weiter ins Einzelne ging. Der General hörte mir schweigend zu, dann sagte er zu einem seiner Adjutanten, der kein Französisch sprach, etwas auf Suaheli, und dieser begann mit einer Aufzählung der großen Aktionen, die sie in Muenga durchgeführt hatten, einem soeben eroberten Ort zweihundert Kilometer weiter nördlich. Die Siegestrophäen waren eine Fahne und ein von einem belgischen Priester erbeutetes Gewehr. Angeblich hatten sie nicht vorrücken und weitere Dörfer einnehmen können, weil es sowohl an Waffen als auch an Munition mangelte. Sie hatten zwei Gefangene gemacht, aber, so wörtlich: »Sie wissen ja, die Disziplin ist nicht sehr gut, und die beiden wurden getötet, bevor wir hier ankamen.« Die Patrioten hatten drei Männer verloren. Nun wollten sie Muenga mit schweren Waffen verstärken, die sie, samt Munition, bereits am See angefordert hatten. Als Nächstes wollten sie eine Offensive gegen Bukavu starten, wo sie dreihundert Waffen vermuteten. Ich stellte keine weiteren Fragen, denn möglicherweise hätte ich damit Ironie und Skepsis durchblicken lassen. Und so ließ ich sie weiterreden, auch wenn es mir nicht sehr plausibel erschien, dass dreihundert Soldaten, die im furiosen Kampf eine Stellung nehmen, als einzige Trophäen eine Fahne und das Gewehr eines Dorfpfarrers mit nach Hause bringen.

Abends erklärten mir der »Kalfaktor« des Generals und ein Oberst aus Kasengo, welch riesiges Gebiet sie erobert hatten. Sie bezogen sich auf die Region von Uvira, die sie zu ihrem Gebiet zählten, obwohl deren Befehlshaber Oberst Bidalila nicht unter Moulanes direktem Kommando stand. Der Oberst aus Kasengo dagegen war ein treuer Gefolgsmann des Generals. Beide beklagten den Mangel an Waffen. Der Oberst aus Kasengo wartete bereits seit langem auf die Ausrüstung, die nie eintraf. Ich fragte ihn, warum er sich nicht nach Kibamba aufgemacht habe. Seine Antwort: Er könne warten, bis die angeforderten Waffen in Baraka einträfen, von dort werde er sie mit seinen Männern nach Kasengo transportieren, um dann die Offensive zu starten.

General Moulane und der Oberst gehörten zu den Veteranen, die an der Seite von Patricio Lumumba den Kampf begonnen hatten. Sie selbst wiesen nicht ausdrücklich darauf hin; es war der Kalfaktor, der mir erzählte, dass die beiden wirkliche Revolutionäre und von Anfang an dabei gewesen seien. Masengo und Kabila hingegen seien erst später hinzugekommen und suchten nur ihren Vorteil. Er griff die beiden Genossen direkt an und beschuldigte sie, die eigenen Aktionen zu hintertreiben. Kabila und Masengo stammten aus Nor-Katanga und würden Waffen und Ausrüstungen dorthin schicken, um das Gebiet hier, das treu zu Soumialot stehe, in völliger Armut zu halten; dasselbe geschehe auch mit Kasengo. Außerdem respektierten sie, wie der Kalfaktor behauptete, die Befehlshierarchie nicht. Obwohl ein General vor Ort sei, habe Oberstleutnant Lambert, der Brigadechef, völlig freie Hand und bespreche alle seine Angelegenheiten direkt mit Kabila und Masengo. Die Waffen und Munition, die sie Lambert zur Verfügung stellten, fehlten ihnen hier, was der Disziplin schade und den Vormarsch der Revolution beeinträchtige.

Sowohl Kasengo als auch Fizi baten mich, ihnen kubanische Kämpfer zuzuteilen. Ich erklärte ihnen, dass ich mein kleines Kontingent konzentrieren und nicht über die gesamte Front verstreuen wolle und dass ein oder zwei Kubaner nichts Wesentliches bewirken könnten. Ich forderte sie auf, sich zur Basis am See zu begeben, wo unsere Genossen sie an Maschinengewehren ausbilden könnten; auch stünden Ausbilder für die Handhabung von Kanonen und Granatwerfern bereit. Dann könnten sie ihre Waffen selbst bedienen und wären nicht, wie im Fall von Fizi, auf einen Söldner angewiesen. Diese Argumente vermochten sie nicht im mindesten zu überzeugen.

Der General lud mich nach Baraka und in sein Heimatdorf Mbolo ein. Aus Höflichkeit nahm ich die Einladung an – allerdings mussten wir am selben Tag wieder zurück sein, da es anschließend wieder in das Gebiet von Lulimba ging. Vor unserem Abmarsch machten wir einen Spaziergang durch Fizi, und bei der Gelegenheit konnte ich einen Verwundeten aus Kasengo untersuchen. Die Kugel war in seinen Schenkel eingedrungen, die zwei Wochen alte, unbehandelte Wunde hatte sich entzündet und stank fürchterlich. Ich riet, ihn unverzüglich zur Behandlung durch die dortigen Ärzte nach Kibamba bringen zu lassen. Am besten wäre es gewesen, wir hätten ihn gleich nach Baraka mitgenommen. Doch man hielt es für wichtiger, uns eine vielköpfige Mannschaft als Begleitschutz mitzugeben, und ließ den Verwundeten in Fizi. Ich hörte nichts mehr von ihm, aber ich vermute, dass es ihm sehr schlecht ergangen ist.

Das Wichtigste war die Vorbereitung der Show: General Moulane legte seine Kampfausrüstung an, bestehend aus einem Motorradhelm, der von einem Leopardenfell bedeckt war, was ihm ein ziemlich lächerliches Aussehen verlieh und Tumiani, meinen Adjutanten, dazu veranlasste, ihn »der Kosmonaut« zu taufen.

Wir kamen nur sehr langsam voran, denn alle paar Meter wurde eine Pause eingelegt. So gelangten wir schließlich nach Baraka, einer kleinen Ortschaft am See, wo wir wieder einmal die schon so häufig erwähnte Desorganisation erleben durften.

Baraka wies noch Spuren vergangenen Wohlstands auf. Sogar eine Baumwollfabrik gab es hier, doch der Krieg hatte alles zerstört, und auch die kleine Fabrik war bombardiert worden. Dreißig Kilometer weiter nördlich, direkt am See, lag Mbolo. Man gelangte über eine parallel zum Ufer verlaufende Straße dorthin, die in miserablem Zustand war. Etwa alle tausend Meter stießen wir auf das, was eine »Sperre« genannt wurde: An einem zwischen zwei Stöcken gespannten Hanfseil mussten die Durchreisenden ihre Papiere vorzeigen. In Mbolo wechselte die Mannschaft. Die Soldaten, die uns auf einem Lastwagen begleitet hatten, sollten drei Genossen ersetzen, die in Fizi Urlaub machten. Es wurde eine Militärparade abgehalten, deren Höhepunkt eine Rede von General Moulane darstellte. Hier erreichte die Lächerlichkeit chaplineske Ausmaße. Ich hatte das Gefühl, einer schlechten Komödie zuzusehen; ich langweilte mich zu Tode und hatte Hunger, während die Befehlshaber herumbrüllten und auf den Boden stampften und die armen Soldaten hin und her marschierten, verschwanden und wieder zum Vorschein kamen, so wie es das »Zeremoniell« vorschrieb. Der Kommandeur war ein ehemaliger Unteroffizier der belgischen Armee. Immer wenn eine Truppe solch einem Unteroffizier in die Hände fiel, musste sie die komplizierte Ordnung der Kasernendisziplin in ihren regionalen Spielarten lernen, ohne jemals darüber hinauszugelangen. Das führte dazu, dass eine Parade abgehalten wurde, sobald sich eine Fliege vom Fleck bewegte. Das Schlimme daran war, dass die Soldaten eifriger darum bemüht waren, diesen Affenzirkus zu veranstalten, als sich taktisch ausbilden zu lassen.

Schließlich ging jeder seiner Wege, und der General lud uns zu sich nach Hause ein, damit wir uns von den Strapazen des Tages erholten. Noch am selben Abend kehrten wir nach Fizi zurück und sprachen mit Lambert, um sogleich danach aufzubrechen. Außer der kühlen und feindseligen Haltung, die zu dem üblichen Verhalten der Kongolesen uns gegenüber im krassen Gegensatz stand, gab es so viele deutliche Anzeichen von Chaos und Verrottung, dass es ganz offensichtlich notwendig war, strenge Maßnahmen zu ergreifen und eine groß angelegte Säuberungsaktion durchzuführen. Das teilte ich Oberstleutnant Lambert auch mit, worauf dieser mit aller Treuherzigkeit antwortete, so sei General Moulane nun einmal; in seinem, Lamberts, Bezirk komme so etwas jedoch nicht vor, wie ich ja hätte sehen können.

Am nächsten Morgen brachen wir mit dem Jeep auf, doch nach wenigen Kilometern ging uns das Benzin aus. Man ließ uns einfach mitten auf dem Weg stehen, sodass wir den Weg zu Fuß fortsetzen mussten.

Am Nachmittag ruhten wir uns im Haus eines Freundes von Lambert aus, der seinen Lebensunterhalt mit dem Verkauf von *pombe* verdiente. Der Oberstleutnant verkündete, er wolle sehen, ob er etwas jagen könne. Nach einer Weile lag das Ergebnis der Jagd vor uns; wir aßen das Fleisch, wie immer mit gutem Appetit, und sehr viel später erst kam Lambert zurück. Offenbar hatte er reichlich *pombe* getrunken und war aufgekratzt, hatte sich jedoch vollkommen unter Kontrolle (er machte ein paar wirklich witzige Bemerkungen).

Wir setzten unseren Weg fort und stießen auf eine Gruppe von fünfzehn oder zwanzig von Lamberts Rekruten, die sich absetzen wollten, da man ihnen keine Waffen gegeben hatte. Der Oberstleutnant hielt ihnen eine Standpauke, er wurde furchtbar pathetisch und ließ sich von seinen eigenen Worten fortreißen. Die Zurechtgewiesenen schnappten sich daraufhin unser Gepäck und begleiteten uns nach Lubonja. Ich nahm an, dass man sie danach wieder an die Front schicken würde, doch tatsächlich ließ man sie laufen, nachdem sie ihre Aufgabe als Träger erfüllt hatten.

Wir sprachen mit Lambert über die Pläne für die nächste Zeit. Er schlug mir vor, mit dem Regimentsstab in Lubonja zu bleiben, doch ich wandte ein, dass dieser Punkt fünfundzwanzig Kilometer vom Feind entfernt lag. Bei einer Truppe von gut und gerne dreihundertfünfzig Mann dürfe der Regimentsstab nicht so weit vom Schuss sein. Der Tross könne hier bleiben, aber wir gehörten zu unseren Genossen an der Front. Er erklärte sich recht widerwillig einverstanden, und wir setzten den nächsten Tag für unseren Abmarsch fest. Lambert führte uns zu seinem Waffenlager, das sich an einem geschützten Ort rund fünf Kilometer von Lubonja entfernt befand. Für die gegenwärtige Situation im Kongo war das Lager wirklich beeindruckend: große Mengen an Munition und Waffen, von denen etliche bei früheren Aktionen, als der Feind noch schwächer war, erobert worden waren. Sechzig Granatwerfer mit entsprechend vielen Granaten, belgische Panzerfäuste nordamerikanischen Typs, einige ebenfalls mit Munition, fünfzig Maschinengewehre. Das Lager war weitaus besser bestückt als das in Fizi, was die dortigen Klagen in gewissem Sinne berechtigt erscheinen ließ.

Wir hatten geplant, direkt in die Ebene hinunterzusteigen, Lamberts Truppen, die von Kalonda-Kibuye und die von Calixte, zu treffen und lediglich einige Hinterhalte aufrechtzuerhalten, um dem Feind die Nachschubwege zu versperren und uns Lulimba flexibel zu nähern. Dabei wollten wir die Truppen von Kalonda-Kibuye in doppelter Funktion einsetzen, nämlich um die Straße zu attackieren und das Nachrücken der feindlichen Verstärkung zu verhindern. Als Reserve verfügten wir über die Männer der Sperre auf dem Weg von Lulimba nach Kabambare, die ebenfalls unter Lamberts Kommando standen.

Mit all diesen guten Absichten brachen wir also auf, doch wir hatten nach den entsprechenden Versammlungen und der Verabreichung der *dawa* Lubonja noch nicht verlassen, als zwei »Nachtfalter« sowie zwei B 26 am Himmel auftauchten und das Dorf systematisch bombardierten. Nach fünfundvierzig Minuten waren zwei Männer leicht verwundet, sechs Häuser zerstört und ein paar Fahrzeuge getroffen. Ein Kommandeur erklärte mir, dass dies die Macht der *dawa* beweise: nur zwei leicht verwundete Männer! Ich hielt es für klüger, mich auf keine Diskussion über die Effektivität der feindlichen Luftwaffe und die Wirkung der *dawa* in solch einer Situation einzulassen, und wir beließen es dabei.

Wir marschierten zur Sperre, und dort begannen die üblichen Zusammenkünfte und Versammlungen. Lambert erklärte mir, dass wir unmöglich in die Ebene hinuntergehen könnten, unter anderem deshalb, weil er nur über 67 Waffen verfüge und seine 350 Mann sich auf die umliegenden Dörfer verteilt hätten. Ihm stünden nicht genug Leute für einen ordentlichen Angriff zur Verfügung, doch werde er auf der Stelle losgehen, um die »Urlauber« zurückzuholen und die nötige Disziplin wiederherzustellen.

Ich konnte ihn dazu bewegen, einen Spähtrupp in die Ebene zu schicken, um die Situation dort zu erkunden und Vorbereitungen für die Aktion zu treffen. Am nächsten Morgen brach er mit der ersten Gruppe auf, wobei er mir mitteilte, dass er sie ein Stück weit begleiten und dann nach Kabambare weitermarschieren wolle, um weitere Leute zu sammeln. Wir würden uns dann unten treffen.

Als wir in das Dorf kamen, das wir für Lulimba hielten, sahen wir keinen Menschen. Wir marschierten zum Kimbi weiter, und einige Kilometer hinter dem Dorf trafen wir alle Männer des Hinterhalts. Es hatte sich bei dem Dorf gar nicht um Lulimba gehandelt; das wirkliche Lulimba lag vier Kilometer weiter am Ufer des Kimbi. Lambert hatte aus Kalonda-Kibuye vollmundige Nachrichten erhalten, in denen von der Zerstörung sämtlicher Stellungen des Feindes und dem Rückzug der Wachsoldaten in die Wälder die Rede war. Im Vertrauen auf diese Informationen ließ er seine Männer vorrücken, und als sie in Kalonda-Kibuye ankamen, stolperten sie sozusagen über die feindlichen Soldaten, die sich genauso sorglos verhielten wie unsere. Sie exerzierten in einem Lager nahe der Ortschaft. Es waren viele. Wir richteten einen Hinterhalt ein und schickten einige Männer los, um die Stärke der Einheit auszukundschaften. Ihre Schätzungen beliefen sich auf einhundertfünfzig bis dreihundert Mann.

Das Wichtigste war nun, so viele Kämpfer wie möglich zu konzentrieren, sie zu organisieren und einen kleineren Angriff zu führen, um die feindlichen Truppen an diesen Punkt zu locken. Doch zunächst mussten wir uns verstärken und darauf warten, dass Lambert mit seinen famosen dreihundertfünfzig Mann zu uns stieß. Wir zogen uns in die Mission zurück, die vier Kilometer von Lulimba entfernt lag, und warteten auf die Resultate der Unterredungen, die Lambert mit jedem einzelnen Befehlshaber der verschiedenen Stellungen führen wollte.

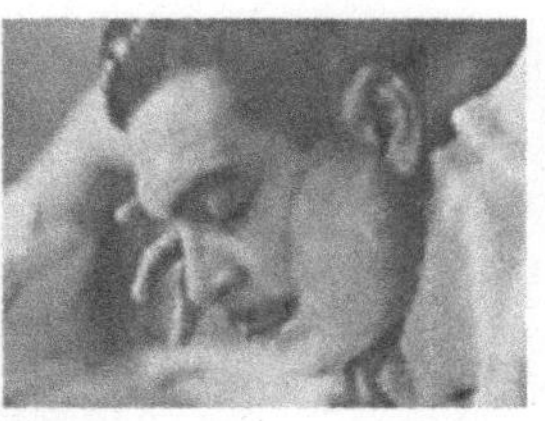

Che rasiert sich, um sein Aussehen zu verändern.

Links: Fidel Castro im Gespräch mit Che, der sein Aussehen verändert hat, und Victor Dreke (Moja), unmittelbar vor deren Abreise nach Afrika.
Unten links: Che in Kuba, so wie er in den Kongo einreiste.
Unten rechts: sitzend: Victor Dreke (Moja), *links*, und Che; *stehend:* José María Martínez Tamayo (Mbili im Kongo und Papi in Bolivien).

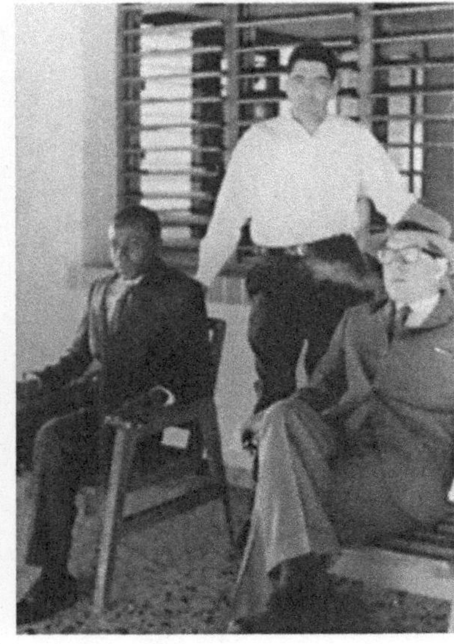

Che studiert die kubanische Presse.

Che erläutert das Operationsgebiet; zu seiner Linken Santiago Terry (Aly); zu seiner Rechten Ángel Felipe Hernández (Sitaini).

Im Basislager; Che mit einer Gruppe Eingeborener.
Kniend: Robert Chaveco (Kasambala).

Von links nach rechts, sitzend: Rogelío Oliva, Angehöriger der kubanischen Botschaft in Tansania; José María Tamayo (Mbili) und Che.
Hinter ihnen, stehend: Roberto Sánchez (Lawton in Kuba und Changa im Kongo).

Von links nach rechts: Ernesto, kongolesischer Dolmetscher; Rogelio Oliva, Angehöriger der kubanischen Botschaft in Tansania; der Kongolese Kiwe sowie zwei weitere Widerstandskämpfer.

Oben: In der Mitte, sitzend: Che und Ernesto, Dolmetscher und Ches Suaheli-Lehrer; dahinter, stehend: der kubanische Arzt Rafael Zerquera (Kumi).

Unten: Che mit einer Gruppe von Widerstandskämpfern.
In der ersten Reihe, zweiter von links Roberto Sánchez (Changa), neunter von links Osmany Cienfuegos, zehnter von links Victor Dreke (Moja) und neben ihm Harry Villegas (Pombo im Kongo und in Bolivien).

Links: Eingeborene im Operationsgebiet.
Mitte: zweiter von links: Godefrei Chamaleso (Tremendo Punto),
neben ihm Mario Armas (Rebocate),
Roberto Sánchez (Lawton in Kuba und Changa im Kongo), Osmany Cienfuegos und Ramón Armas (Azima).

Von links nach rechts:
Pablo B. Ortíz (Saba),
Eduardo Torres (Nane)
sowie weitere kubanische und kongolesische Widerstandskämpfer.

Oben: Eine Gruppe kongolesischer Widerstandskämpfer im Lager, zusammen mit dem kubanischen Soldaten Ángel Felipe Hernández (Sitaini) und dem kubanischen Arzt Rafeal Zerquera (Kumi). *Links unten:* Nach der Jagd. In der Mitte Ángel Felipe Hernández (Sitaini). *Rechts unten:* Che mit einem kongolesischen Kind auf dem Arm.

Oben: Unmittelbar nach der Ankunft im Basislager; von links nach rechts: Victor Dreke (Moja), der Arzt Rafael Zerquera (Kumi) und Che.
Mitte: Ein kongolesischer Junge zeigt seine Schussverletzungen vor.
Unten: Victor Dreke (in der Mitte).

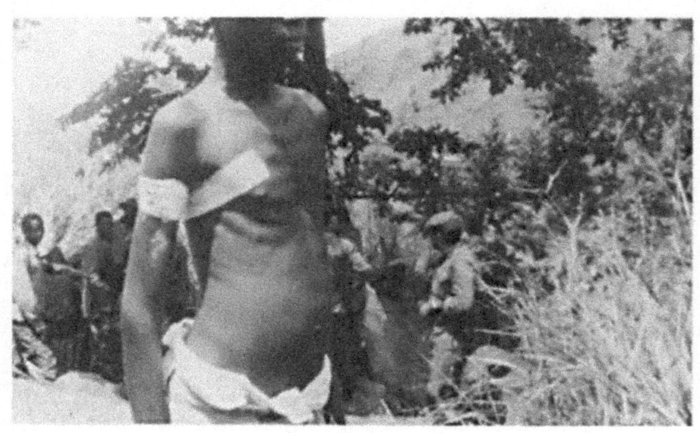

Oben: Auf der Basis von Lulimba. Ganz links, in seine Lektüre vertieft, Che.
Mitte: Im Zentrallager. Von links nach rechts: Roberto Sánchez, Victor Dreke, Kiwe, Osmany Cienfuegos, ein nicht bekannter eingeborener und der Arzt Rafael Zerquera (Kumi).
Rechts: Auf dem Marsch durch den Dschungel. Vorne, im Profil: Julián Contreras (Tiza); im Hintergrund: Godefrei Chamaleso (Tremendo Punto).

Taktische Unterweisung. Stehend: José María Martínez Tamayo (Mbili) beobachtet den Unterricht

Ganz links, stehend: Roberto Sánchez (Changa); dritter von links, im Profil: Che; sitzend, mit Baskenmütze: José María Martínez Tamayo (Mbili).

Von links nach rechts: Julián Contreras (Tiza), Rogelio Oliva (Angehöriger der kubanischen Botschaft in Tansania) und Godefrei Chamaleso (Tremendo Punteo).

Kubanische und kongolesische Widerstandskämpfer während der Ausbildung.

Eine Gruppe von kubanischen und kongolesischen Kämpfern.

Links: Che während einer Pause beim Lesen
Unten: Che beim Essenholen

Che bei einem Gang durchs Lager.

Kubanische Kämpfer errichten das Lager auf der Basis von Lulimba.

Während der Ausbildung. Von links nach rechts: Santiago Terry (Aly), Rogelio Oliva und Julián Contretras (Tiza).

INTENTANDO EL "SEGUIMIENTO"

Ahora en la zona de Makungo, con la nueva hornada de aspirantes a guerrilleros, tratabamos de continuar las pequeñas clases de emboscada que habíamos dado en el camino de Albertville a Front de Force. La tropa aumentaba en heterogeneidad ya que había arribado el Capitan Zakarias con 10 rwandeses mas; ibamos a empezar una tarea de acercamiento que diera por resultado el establecer un frente único.

Las tropas enemigas estaban situadas en Front de Force, a unas tres o cuatro horas a pie ~~[illegible]~~, Nyangi, Katenga y, después, a 50 kilometros, Lulimba. Nuestra intension era atacar en el camino entre Katenga y Lulimba y detenerlos, si intentaban avanzar desde Nyangi. Nyangi es un pequeño pueblo que da sobre una ruta abandonada, mas cercana a la sierra, donde esta situado tambien Makungo y esta de nuestro Estado Mayor. Katenga esta en el camino que actualmente se utiliza, ~~[illegible]~~ los puentes son modernos y están bien hechos para resistir las avenidas de los ríos.

Para la tarea de detener las fuerzas que eventualmente avanzaran desde Nyangi, comisionamos a Azi con 6 cubanos y un grupo de 10 congoleses. Al ataque fueron unos 40 congoleses, 10 rwandeses y 30 cubanos, una tropa mas que suficiente para destruir cualquier enemigo que avanzara por el camino. Acompañé personalmente a los combatientes; despues de cruzar el río Kimbi, que en época de lluvias trae una corriente y una fuerza considerables pero que ahora se pasaba facilmente con el agua a la cintura, nos instalamos en la zona elegida. La táctica era simple: Había un pequeño grupo, a unos 5 o 6 kilometros en dirección a Katenga, encargado de romper un puente de tablas despues que pasaran los camiones y ~~[illegible]~~ la emboscada; ~~el centro de la misma estaba colocado cerca de un pequeño puente de madera, de dos o tres metros solamente, en el cual teniamos instalada mi mina antitanque~~ como ~~precaución extraordinaria~~, debido a que estas minas no se podian utilizar directamente por falta de detonadores (que nunca llegaron). Habiamos ~~[illegible]~~ un ~~[illegible]~~ con una espoleta de granada que, dada por intermedio de un cordel, explotaba a los cinco o seis segundos; ese artefacto era inseguro porque dependía de la habilidad del manipulador y de la velocidad de los camiones para hacer coincidir la explosión con el paso del vehículo, por lo tanto se dejaba como ~~un recurso adicional~~. El centro de la emboscada era lo mas fuerte y el que debía llevar el peso de la lucha, a ambos lados habian hombres suficientes para detener parte del convoy, si este fuera muy grande, y para impedir la huída de los atrapados. El fuego debia iniciarse con un bazukazo.

En esos días habia arribado el grupo de 10 cubanos que, en un principio, se

Eine Seite aus Ches Tagebuch in der ersten Fassung, mit den handschriftlichen Korrekturen, die er nach seiner Rückkehr nach Kuba angebracht hat.

INTENTANDO EL "SEGUIMIENTO"

Ahora en la zona de Makunge, con la nueva hornada de aspirantes a guerrilleros, tratábamos de continuar las pequeñas clases de emboscada que habíamos dado en el camino de Albertville a Front de Force. La tropa aumentaba en heterogeneidad ya que había arribado el Capitán Zakarias con 10 rwandeses más; íbamos a empezar una tarea de acercamiento que diera por resultado el establecer un frente unido.

Las tropas enemigas estaban situadas en: Front de Force, a unas tres o cuatro horas a pie de nuestro campamento; Nyangi, en frente; Katenga, a dos horas y, después, a 50 kilómetros, Lulimba. Nuestra intención era atacar en el camino entre Katenga y Lulimba y detenerlos, si intentaban avanzar desde Nyangi. Este último es un pequeño pueblo que da sobre una ruta abandonada, más cercana a la sierra, donde está situado también Makunge y estaba nuestro Estado Mayor. Katenga está en el camino que actualmente se utiliza en el que los puentes son modernos y están bien hechos para resistir las avenidas de los ríos.

Para la tarea de detener las fuerzas que eventualmente avanzaran desde Nyangi, comisionamos a Azi con un grupo de 6 cubanos y 10 congoleses. Al ataque en la carretera fueron unos 40 congoleses, 10 rwandeses y 30 cubanos, una tropa más que suficiente para destruir cualquier enemigo que avanzara por el camino. A partir de esos días había arribado un grupo de 10 cubanos que, en principio, se había pensado fueran los instructores de una base internacional donde se entrenarían no solo a los congoleses, sino también a africanos de otros Movimientos, pero, vistas las condiciones, la imposibilidad en que nos habíamos visto de conseguir un grupo estable de educandos en estas artes, decidimos incorporar a los instructores a la lucha, lo que hicieron en esta acción. El refuerzo no era muy grande porque los compañeros tenían una preparación teórica, adaptada a las necesidades de una enseñanza mas o menos ortodoxa de las armas de guerra y no experiencia en la lucha guerrillera, salvo algunas excepciones.

Acompañé personalmente a los combatientes. Después de cruzar el río Kimbi, que en época de lluvias trae una corriente y una fuerza considerables pero ahora se pasaba fácilmente con el agua a la cintura, nos instalamos en la zona elegida.

La táctica era simple. El centro de la emboscada era lo más fuerte y allí debía llevarse el peso de la lucha. A ambos lados había hombres suficientes para detener la parte del convoy que quedara fuera, si este llegaba a ser muy grande, y para impedir la fuga de los atrapados, aunque considerando como lo ideal que el enemigo no tuviera oportunidad de defenderse por lo imprevisto de la acción. El fuego se iniciaría, como de costumbre, con el disparo de un lanzacohetes. Había un pequeño grupo a unos 5 ó 6 kilómetros en dirección a Katenga, encargado de romper un puente de tablas después que pasaran los camiones y cayeran en la emboscada para impedir la huida o el envío de refuerzos. Como recurso adicional, debido a que las minas antitanques no se podían utilizar directamente por falta de detonadores (que nunca llegaron), se colocó una en un pequeño puente de madera, de dos o tres metros de ancho, situado en el centro mismo de la emboscada. Habíamos desarrollado un dispositivo con una espoleta de granada que, jalada por intermedio de un cordel, explotaba a los cinco o seis segundos. Ese artefacto era inseguro porque dependía de la habilidad del manipulador y de la velocidad de los camiones para hacer coincidir la explosión con el paso del vehículo, por lo tanto se dejaba como medida extrema previendo la falla de algún otro elemento

Junio 3 de 1960

Querido Ramón:

Los acontecimientos han ido delante de mis proyectos de carta. Me había leído íntegro el proyecto de libro sobre tu experiencia en el C. y también, de nuevo, el manual sobre guerrillas,- al objeto de poder hacer un análisis lo mejor posible sobre estos temas, sobre todo, teniendo en cuenta el interés práctico- con relación a los planes en la tierra de Carlitos. Aunque de- inmediato no tiene objeto que te hable de esos temas, me limito por el momento a decirte que encontré sumamente interesante el trabajo sobre el C. y creo que vale realmente la pena el esfuerzo que hicistes para dejar constancia escrita de todo.

Página Nro. 6.

Y en aquéllas épocas no existian ni el avión ni el radio ni los demás medios que hoy acortan las distancias y aumentan el rendimiento de cada hora de la vida de un hombre. Nosotros en Méjico, tuvimos- que invertir 18 meses antes de regresar aquí. Yo no te planteo una espera de décadas ni de años siquiera, sólo de meses, puesto que yo creo que en cuestión de meses trabajando en la forma que te sugiero puedes ponerte en marcha en condiciones extraordinariamente más favorables de las que estamos tratando de lograr ahora.
Sé que cumples los 38 el día 14 ¿Piensas acaso que a esa edad un hombre empieza a ser viejo?
Espero no te produzcan fastidio y preocupación estas líneas. Sé que si las analizas serenamente me darás la razón con la honestidad que te caracteriza. Pero aunque tomes otra decisión absolutamente distinta, no me sentiré por eso defraudado. Te las escribo con entrañable afecto y la más profunda y sincera admiración a tu lúcida y noble inteligencia tu intachable conducta y tu inquebrantable carácter de revolucionario íntegro, y el hecho de que puedas ver las cosas de otra forma no variará un ápice esos sentimientos ni entibiará lo más mínimo nuestra cooperación.

Leche

Erste und letzte Seite des Briefes von Fidel Castro an Che Guevara, in dem er diesen zur Rückkehr nach Kuba bewegen will. Castro spricht Che mit dem Decknamen »Ramón« an und unterschreibt selbst mit »Leche«.

Der Anfang vom Ende

Die Mission erweckte in jenen Tagen den Eindruck eines Ferienlagers: Es herrschte absolute Sorglosigkeit. Von weitem war das Stimmengewirr einer lärmenden Menge zu hören, und in dem Kirchenschiff, wo die Männer untergebracht waren, hallte das Gelächter über irgendeinen Scherz wider. Die Wachsoldaten auf ihren Posten zu halten, war ein ständiger Kampf. Lambert kam und ging, er wirkte außerordentlich geschäftig bei der Suche nach seinen Leuten. Doch diese tauchten nicht auf, und so kamen wir über die Zahl von vierzig nicht hinaus. Wenn einmal einige mehr da waren, kehrten andere an ihre Sperre oder in ihre Dörfer zurück. Es gelang mir auch nicht, die Maschinengewehre zur Verstärkung unserer Stellung heranzuschaffen. Sie wurden gerade mal bis zum ersten Bergkamm gebracht, von dem aus man den Zugang zum Berg überblicken konnte.

Der von mir entsandte Spähtrupp, bestehend aus Waziri und Banhir, kam mit der Meldung zurück, dass sich viel mehr Soldaten in Lulimba aufhielten als jene dreiundfünfzig, von denen wir anfangs ausgingen. Ihr Hauptlager befand sich auf der anderen Seite des Kimbi, aber es gab noch ein weiteres, dessen Standort nicht näher bestimmt werden konnte. Der Feind hatte keine Mühe, den Fluss zu überqueren und sich auf den direkt an der Straße gelegenen großen Yuccafeldern der Bauern von Lulimba zu versorgen. Dort war es relativ einfach, sie in einen Hinterhalt zu locken. Banhir, der die rechte Seite hinter der Straße ausgespäht hatte, war der Meinung, dass dort noch ein Lager existieren müsse. Bei dem

Versuch, den genauen Standort zu ermitteln, wäre er beinahe von den feindlichen Soldaten entdeckt worden. Ich schickte ihn wieder los, um jenes zweite Lager auszuspähen, diesmal von niedrigeren Bergkämmen aus, von denen man gleichermaßen die Ebene überschauen konnte. Es gelang ihm nicht, den Auftrag auszuführen, denn er traf auf eine Gruppe von Soldaten, die bei der Jagd waren, ihn aber glücklicherweise nicht sahen. Sie fühlten sich so sicher, dass sie sich bis zu den Ausläufern der Bergkette vorwagten. Die Schüsse aus ihren Gewehren waren in unserer Stellung zu hören, was unsere Wachposten sehr nervös machte. Schon am ersten Tag waren sie scharenweise davongelaufen, als sie ganz in der Nähe die Schüsse der jagenden Soldaten gehört hatten.

Es erreichten uns verschiedene Nachrichten von den Aktionen, die Mbili aus dem Hinterhalt zwischen Katenga und Lulimba durchgeführt hatte. Dem Feind waren einige Verluste beigebracht worden, allerdings nicht im gewünschten Ausmaß; außerdem hatten die Verstärkungskolonnen durchkommen können. Moja teilte mir mit, dass sich in den Hinterhalten nur mehr unsere Männer befanden. Die Kongolesen blieben nur zwei oder drei Tage dort, um sich dann wieder zurückzuziehen, und es wurde immer schwieriger, sie zu ersetzen. Sie hatten das bisschen Enthusiasmus der ersten Tage wieder vollkommen verloren und kehrten in ihre Lager zurück. Die feindliche Luftwaffe hatte die Bauerndörfer von Nganja und Kanyanja bombardiert und anschließend Flugblätter abgeworfen, auf denen verschwommene Leichen-Fotos zu sehen waren, mit der Erklärung, dies seien die Taten der marodierenden Rebellen. Darunter ein Aufruf an die Bevölkerung auf Suaheli und Französisch, sich nicht umbringen und schikanieren zu lassen, nur damit Chinesen und Kubaner, die gekommen waren, um zu rauben, sich bereichern konnten. Und zwischen derartigem Unfug wurde auf bekannte Tatsachen hingewiesen, wie zum Beispiel darauf, dass die Bauern weder Salz noch Kleidung hätten, dass sie weder jagen noch säen könnten oder der Hunger ihre Familien bedrohte; alles Dinge, die diese Bauern täglich am eigenen Leibe erfuhren. Zum Schluss folgte ein von Mobutu unterschriebener Schutzbrief, der denen, die ihn vorzeigten, eine Rückkehr zum normalen Leben ermöglichen sollte. Ihnen sichere Tschombés Armee Leben und Freiheit zu, hieß es.

Dieselben Methoden hatte Batista gegen unseren Befreiungskampf angewandt. Das konnte in der Tat schwache Menschen ins Wanken bringen, obwohl es in Kuba keinen großen Schaden angerichtet hatte. Meine Befürchtung bestand darin, dass hier die Schwachen in jeder Hinsicht in der Mehrheit waren. Natürlich ließen die Feinde auch hier mit derselben batistianischen Dummheit die Pamphlete heruntersegeln, nachdem sie Bomben abgeworfen und Schrecken verbreitet hatten. Offenbar gehört das zum Standardrepertoire jeder repressiven Armee.

Ich unternahm Streifzüge in die Umgebung, um geeignete Standorte für Waffen und effektive Hinterhalte auszukundschaften. Damit verbrachte ich meine Vormittage, und ich gedachte es auch weiterhin zu tun, als Danhusi, einer meiner Adjutanten, angelaufen kam. Er berichtete, dass feindliche Soldaten in unmittelbarer Nähe der Mission gejagt und einige Schüsse abgegeben hätten, woraufhin unsere Wachposten davongerannt und nun überall verstreut seien. Ich musste mich auf die mühsame Suche nach den Leuten machen. Eine schwierige Aufgabe, denn sobald Alarm gegeben wurde, löste sich alles auf und rannte weg, um in den Bergen Zuflucht zu suchen. Das Ergebnis dieser allgemeinen Auflösung war, dass kaum zwanzig oder fünfundzwanzig Kongolesen bei mir ausharrten.

Tags darauf kam Lambert von seiner Suchaktion zurück. Er war bis zur Straße nach Kabambare gegangen und berichtete, dass seine Männer sich nun vier Kilometer von Lulimba entfernt befänden. Er habe ihnen Anweisung gegeben, sich für alle Eventualitäten bereitzuhalten. Es handele sich aber nicht um einhundertzwanzig, sondern lediglich um sechzig, doch die seien bereit zu kämpfen. Ich hatte kein großes Vertrauen mehr zu Lambert, denn er hatte häufig unverantwortlich gehandelt; aber wir konnten nun immerhin mit sechzig Mann rechnen. Ich teilte Lambert mit, was vorgefallen war und wie viele Kämpfer uns blieben. Damit konnten wir keinen Angriff wagen. Nach den letzten Meldungen hatte der Feind in Lulimba große Verstärkung erhalten, und deswegen schlug ich vor, drei kleinere Hinterhalte zu organisieren, zwei in den Yuccafeldern, wo sie sich sicher fühlten, und einen an der Straße; das Ziel war es, dem Feind zuzusetzen. Ich wollte meinen Befehlsstand an den Kiliwe, einen Bach links von der Sperre, verlegen und versuchen, von dort aus meine Männer zu organisieren. In Wirklichkeit jedoch hatte ich die Absicht, mich von Lambert zu trennen und eine gemischte Truppe zusammenzustellen – ein Wunsch, den ich nicht verwirklichen sollte, da es mir nicht gelang, den dafür notwendigen Kern von Kongolesen zu bilden. Lambert antwortete, er wolle erst die neue Taktik mit seinen Leuten besprechen und mir dann Bescheid geben; doch dieser Bescheid kam nie, denn die Ereignisse überschlugen sich.

Auf einem seiner unsystematischen Streifzüge durch die Umgebung stieß Lambert auf einen feindlichen Soldaten, der dort jagte, und tötete ihn. Das brachte neue Aufregung für mich. Die Tschombisten mussten natürlich die Salve aus der Maschinenpistole gehört haben, und sie wussten, dass der Tote nur eine *Springfield* besaß. Und dann wurde der Tote auch weder beerdigt noch weggeschafft. Ich wies Lambert darauf hin, dass er die Leiche beseitigen müsse, um keine Spuren zu hinterlassen und den Feind über das Schicksal des Mannes im Unklaren zu lassen. Das brachte unüberwindliche Schwierigkeiten mit sich. Niemand wollte die Arbeit übernehmen, weil die Männer Angst vor Toten haben. Es kostete mich viel Mühe, sie zu überzeugen. Ich weiß nicht, ob sie sich schließlich doch überwanden, jedenfalls verkündeten sie am Abend, dass der Tote an einem geheimen Ort begraben worden sei.

Es war nicht ratsam, länger hier zu verweilen; wenn die Wachposten bei der geringsten Gefahr wie der Blitz verschwanden, bestand keine Sicherheit mehr. Ich schlug einen Rückzug von einem Kilometer vor; Lambert war zunächst einverstanden, hielt sich aber nicht daran.

Ich wollte mit den Männern, die er aus Makungo geholt hatte, den Kern der Befreiungsarmee bilden, der frei von dem unheilvollen Einfluss der undisziplinierten Soldaten sein sollte. Doch ich konnte Lambert mit seinem Haufen von Irren nicht alleine lassen, und so vereinbarten wir, dass ich Moja mit zehn Mann zu ihm schicken und er mir dafür zehn Männer zur Ausbildung dalassen würde, die unter den Freiwilligen ausgewählt werden sollten. Lambert hielt sein Versprechen nur halb: Er überließ mir zehn seiner Männer, aber es handelte sich weder um Freiwillige, noch waren sie ausgewählt worden, und sie taugten nichts.

Am Kiliwe, fünf Kilometer von Lulimba entfernt, stieß die Einheit von Tembo zu uns. Sie hatten den mühevollen Marsch auf sich genommen und so die Anerkennung der argwöhnischen Kubaner erworben. Zusammen mit den Männern, die mit Moja Lambert unterstützen sollten, kamen wir auf fünfunddreißig Kämpfer: eine winzige Truppe. Der Rest der einhundertzwanzig Mann war am Seeufer, auf der Hochbasis, in Front de Force und an Calixtes Front verstreut. Bei jedem Vorrücken dezimierte sich unsere Truppe, und wir konnten sie nicht zusammenziehen. Ich wagte es nicht, auch nur von einem der Punkte sämtliche Kubaner abzuziehen, denn dann drohte sogleich ein Rückfall in die Fehler der Vergangenheit.

In unserer Einheit befanden sich einige Neue: ein Leutnant, Azimas Bruder, dem wir den Namen *Rebocate* gaben; Kasulu, ein haitianischer Arzt, der für uns von großem Nutzen war (ohne ihm nahe treten zu wollen, muss ich sagen, dass uns mehr seine Französischkenntnisse als sein medizinisches Wissen nützten); und Tuma, der Chef der Funkertruppe. Mit Letzterem besprachen wir die Anweisungen, die er mitbekommen hatte und die vorsahen, dass er in Daressalam bleiben sollte. Ich änderte diesen Teil der Organisation ab und befahl ihm, seine Basis weiter oben an den See zu verlagern, von wo aus er die Verbindungen mit Daressalam und Kigoma herstellen sollte, und sich ein leistungsfähiges Funkgerät zu besorgen, um direkt mit Kuba kommunizieren zu können. Der Krieg ließ sich nicht vom Kongo aus führen, wie es meine Absicht gewesen war, wenn wir in allem von Daressalam abhängig waren.

Wir einigten uns über die Art der notwendigen Ausrüstung und die Verwendung eines ausgezeichneten chinesischen Gerätes, das absurderweise an jede Front ausgegeben wurde, ohne zu bedenken, dass man dort nicht den geringsten Schimmer hatte, wie die Apparate zu bedienen waren. Und auch wenn die Kenntnisse vorhanden waren, erlaubte die begrenzte Reichweite der Sender keine Verbindung zwischen den Fronten. Doch es war unmöglich, an die Geräte heranzukommen: Jede Front hütete das ihre wie einen Schatz und gab es um keinen Preis her. Wir vereinbarten, eine Gruppe fähiger Funker zusammenzustellen, die die kongolesischen Kader an den Funkgeräten ausbilden sollten. Ich wies Tuma an, nach Fizi zu gehen, um den Langwellensender zu untersuchen und zu prüfen, ob wir eine revolutionäre Sendestation für die Region einrichten könnten, die trotz der Luftangriffe noch intakt war.

Ich schrieb Masengo und den Genossen einen Brief mit den üblichen Ratschlägen. Diesmal wies ich mit Nachdruck darauf hin, dass wir ernsthaft mit den Leuten von Fizi sprechen müssten, um unsere Beziehung zu ihnen zu klären und die Benutzung des dortigen Funkgerätes zu vereinbaren, natürlich unter zentraler Kontrolle, um jegliche Eigenpropaganda auszuschließen. In dem Brief kritisierte ich auch die Art und Weise, in der Kiwe die Zeitung leitete. Ohne seine geringe Qualifikation anzusprechen – mehr konnte man nicht verlangen –, wandte ich mich gegen die schrecklichen Lügen, die über die Kämpfe verbreitet wurden. Jeder Berichterstatter zu Batistas Zeiten hätte von der krankhaften Fantasie des Genossen Kiwe noch etwas lernen können. Später sollte er mir erklären, dass die Schuld allein bei seinen Korrespondenten zu suchen sei.

Die nächsten Tage wurden darauf verwandt, die feindliche Stellung auszuspähen und einen Platz für das Lager zu suchen. Dort wollten wir mit der Neuorganisation unserer Truppen beginnen, nachdem wir die Bauernhütten entlang der Straße verlassen hatten, die uns eine Zeit lang als Versteck dienten. Die feindliche Luftwaffe war aktiv, kümmerte sich jedoch nicht um die verlassenen Hütten, sondern bombardierte das Gebiet um Lamberts Stellung. Wir waren deshalb sehr in Sorge. Zwei von Mojas Leuten trafen ein. Sie erklärten, man habe ihnen aufgetragen, das Gebiet auszukundschaften, doch seien sie auf feindliche Soldaten getroffen. Sie hätten sich verstecken, aber nicht in die Mission zurückkehren können. Der folgende Bericht gibt Aufschluss über die Aktion:

28. September

Tatu,

heute gegen zehn Uhr dreißig begannen die feindlichen Soldaten von Lulimba mit ihrem Marsch auf die Mission, begleitet von Angriffen ihrer Luftwaffe. Ich stand, zusammen mit Oberstleutnant Lambert und unseren Genossen, am

Luftabwehrgeschütz. Wir gaben den Befehl, die Kanone abzufeuern, um zu verhindern, dass sich der Feind der Mission näherte.

Aus den Hinterhalten der Kongolesen wurde kein einziger Schuss abgegeben. Den Genossen Tiza und Chail, die in der Mission das Essen kochten, gelang es, zu uns zu stoßen. Die Genossen Banhir und Rabanini sind um vier Uhr zu einem Erkundungsmarsch aufgebrochen, und wir wissen nicht, wo sie sich zur Zeit befinden. Wir nehmen an, dass sie sich zu Ihnen haben durchschlagen können. [Es handelte sich tatsächlich um die Genossen, von denen ich gesprochen habe.]

Die Kongolesen sind fast alle verschwunden. Ich habe mich damit abgefunden, von dieser Stellung aus die feindliche Truppe zu beschießen und mich dabei ausschließlich auf unsere Leute stützen zu können. Denn als die Luftwaffe die ersten Bomben abwarf, machten sich die Kongolesen samt Maschinengewehren auf und davon, und als ich ihnen befahl, wieder zurückzukommen, ließen sie die Waffen einfach fallen und rannten davon. An das Maschinengewehr habe ich einen Kubaner gestellt, an die Kanone einen anderen unserer Genossen. Die Kanone steht zwei Anhöhen hinter uns; schon gestern habe ich dem Oberstleutnant gesagt, er solle sie in unsere Stellung bringen lassen, doch bis jetzt ist nichts geschehen. Genosse Compagnie [ein ruandischer Soldat, der in unseren Reihen kämpft] hielt sich zusammen mit Tiza in der Mission auf und ist mit den Kongolesen verschwunden, sodass wir im Moment zu acht sind. Wenn es uns nicht gelingt, den Feind abzuwehren, werden wir uns weiter in die Berge zurückziehen, denn unser Hang ist ziemlich kahl.

Außerdem haben wir Schüsse aus der Umgebung von Fizi gehört, was sehr merkwürdig ist. Der Genosse Oberstleutnant versicherte, dass es unsere eigenen Leute seien; doch ich betrachte seine Auskunft mit einiger Skepsis.

Die feindlichen Soldaten haben die Mission erreicht und halten sich gegenwärtig dort auf.

Moja

Es erreichten uns Nachrichten von Mbili. Sie hatten zwei Panzerfahrzeuge angegriffen und eins davon zerstören können. Der Feind hatte sie jedoch überrannt, die Luftwaffe flog heftige Angriffe, sie wurden auf einer Lichtung überrascht, erlitten jedoch keine Verluste. Der Schluss des Berichtes hörte sich dramatisch an: Mehrere Kubaner seien krank, nur drei Kongolesen befänden sich noch bei ihm, die anderen hätten sich auf ihre Basis zurückgezogen. Und wieder habe der Feind den Hinterhalt überrannt, diesmal relativ mühelos, da die Moral der Truppe auf den Nullpunkt gesunken sei.

Am darauf folgenden Tag wurde übers Radio eine Nachricht von Mobutus Generalstab verbreitet: Eine Truppe von zweitausendvierhundert Mann unter dem Kommando von Oberstleutnant Hoare führe im Gebiet Fizi-Baraka einen Angriff, um die letzte Stellung der Rebellen zu zerstören; Baraka sei bereits in ihrer Hand.

Lambert ließ seinerseits verlauten, dass Baraka tatsächlich angegriffen worden, der Angriff jedoch zurückgeschlagen worden sei; der Feind habe einen Verlust von zwanzig weißen und unzähligen schwarzen Toten zu beklagen. Wie man sieht, machen sich die Kongolesen nicht die Mühe, die Verluste unter den Schwarzen zu zählen.

Inzwischen kam ein weiterer Bericht von Lamberts Front:

> 29. September
>
> Tatu,
>
> gestern haben wir mit dem Oberstleutnant gesprochen und ihm vorgeschlagen, die Kanone und den Granatwerfer herbringen und die jenseits von Lulimba konzentrierten Truppen beschießen zu lassen. Die Mission war eingenommen worden, deshalb machte sich Lambert auf den Weg, um die Kanone und den Granatwerfer zu holen. Wir schickten ihm Nane mit, um sicherzustellen, dass er auch wieder zurückkommen würde. Ich schlug ihm auch vor, dass wir uns, nachdem wir die feindlichen Truppen beschossen hätten, auf den nächsten Bergkamm zurückziehen sollten, um zu verhindern, dass uns die Flugzeuge am nächsten Tag, nämlich heute, Verluste

beibringen würden. Gestern haben sie bereits im Tiefflug angegriffen, von den Bodentruppen instruiert, wo sie bombardieren sollten. Gestern um siebzehn Uhr kam Genosse Nane mit zwei Granatwerfern und einer Kanone zurück, und wir brachten die Waffen in Stellung. Der Oberstleutnant kam erst gegen achtzehn Uhr zurück, völlig betrunken, zusammen mit einigen Männern aus dem Lager. Nachdem wir die Kanone und die Granatwerfer abgeschossen hätten, so ordnete er an, würden wir mit seinen Männern und unseren Genossen zur Mission zurückkehren, denn nach dem Angriff würde der Feind bestimmt den Rückzug antreten. Wir wandten ein, das sei sehr gefährlich, denn der Feind habe sicherlich Hinterhalte errichtet, und das bedeute praktisch, dass wir von ihm eingekesselt würden. Bei dem zu erwartenden Chaos unter unseren Leuten müsse man auch damit rechnen, dass sie sich gegenseitig umbringen würden. Er antwortete: Nein, so und nicht anders müsse es gemacht werden. Außerdem habe er mit Ihnen gesprochen, und Sie hätten verabredet, Lulimba anzugreifen. Ich entgegnete, dass unsere Männer bleiben würden, ich übernähme dafür die Verantwortung. Lambert meinte daraufhin, die feindlichen Soldaten würden am Ende noch die Wolldecken mitnehmen, die sie erbeutet hätten, und das dürfe nicht geschehen. [Am vorangegangenen Tag waren unsere Leute so überstürzt aus der Mission geflohen, dass die Habseligkeiten der Abwesenden – Oberstleutnant Lambert, Moja und einige andere – zurückgeblieben waren.] Nach dem Angriff werde er nach China gehen, kündigte er an.

Wir griffen mit der Kanone und den Granatwerfern an und kehrten dann in sein Lager zurück, auch Lambert und alle seine Soldaten. Dort unterhielten wir uns dann abends; allerdings war er immer noch betrunken, und ich beschloss, auf eine andere Gelegenheit zum Gespräch zu warten.

Die Kanone befindet sich nun in ihrer anderen Stellung. Dort, wo sie gestern im Einsatz war, ließen wir eine Vorhut zur Beobachtung zurück. An der Kanone steht ein kubanischer Genosse, der ein nochmaliges Vorrücken des Feindes verhindern soll. Allem Anschein nach halten sich die feindlichen Wachposten in der Mission auf, während alle anderen in ihr Lager zurückgekehrt sind. Praktisch alles, was wir tun, ist darauf gerichtet, das Vorrücken der Wachposten zu verhindern.

Mein Vorschlag ist folgender:

Nachts die Mission beschießen, einige Tage warten und dann einen Spähtrupp dorthin schicken; denn möglicherweise gelingt es den feindlichen Soldaten, sich unbemerkt zurückzuziehen. Unsere Männer, mit Ausnahme des Genossen, der an der Kanone steht, habe ich unter Kontrolle. Heute haben wir dem Oberstleutnant gesagt, er solle seine Leute aus den Häusern holen, wegen der Flugzeuge. So geschah es. Wir haben vor, Verstecke zu errichten.

Das Verhältnis zwischen uns und Lambert hat keinen Schaden genommen, denn er war einfach nur »benebelt«. Sämtliche Kontakte können über dieses Lager laufen, denn auch wenn wir uns in eine andere Stellung begeben, lassen wir immer jemanden hier zurück.

Wir erwarten weitere Instruktionen von Ihnen,

Moja

Die Verantwortungslosigkeit des Oberstleutnants nahm horrende Ausmaße an. Die Nachrichten über Baraka waren falsch; die Stadt war fast ohne Gegenwehr eingenommen worden, sodass unsere Lage immer prekärer wurde und sich die Armee – Männer, Waffen und Munition – vor unseren Augen aufzulösen drohte. Nach wie vor von irgendeinem blinden Optimismus erfüllt, war ich nicht fähig, das zu bemerken, und in der Analyse des Monats September schrieb ich:

Die Bilanz des letzten Monats war voller Optimismus, was diesmal nicht ganz der Fall sein kann, auch wenn Fortschritte erzielt wurden. Es ist klar, dass wir Force nicht innerhalb eines Monats einkesseln können. Mehr noch, es kann keine Frist dafür gesetzt werden. Die Söldner gehen zum Angriff über. Egal ob die Meldungen aus Baraka oder Lulimba stimmen oder nicht, die beiden Dörfer haben sich in Festungen verwandelt. Es ist fast unmöglich, mit den Kongolesen in ihrem gegenwärtigen Zustand zu kämpfen, die Kubaner müssen alles alleine machen. Dennoch hat Masengo Freund Lambert (er taugt nichts, genießt aber die Achtung der anderen, und mich respektiert er) zum Koordinator der gesamten Front ernannt, und mir hat er einen versöhnlichen Brief geschrieben. [In meinem Tagebuch steht tatsächlich das Wort »versöhnlich«, aber es ist nicht angebracht, denn zwischen Masengo und uns hatte es niemals Streit oder Reibereien gegeben.] Darin bittet er mich, mich zu einigen konkreten Problemen zu äußern. Mein Kampf muss sich auf die Bildung einer unabhängigen, bestens bewaffneten und ausgerüsteten Kolonne konzentrieren, die gleichzeitig Stoßtrupp und Modell sein muss. Gelingt mir das, wird sich die Situation grundlegend ändern; solange das aber nicht gelingt, wird es unmöglich sein, eine revolutionäre Armee aufzustellen: Die mangelhafte Qualifikation der Befehlshaber steht dem entgegen.

Alles in allem wurden in diesem Moment Fortschritte gemacht, doch der Optimismus hält sich in Grenzen. Was bleibt, ist Hoffnung.

Der Kampf gegen die Zeit

Unsere Stellung befand sich an einem ungünstigen, ja äußerst nachteiligen Punkt, wenn der Feind eine Offensive gestartet hätte. Doch da er in Kämpfe um Lulimba verwickelt war, konnten wir mit Fug und Recht annehmen, dass wir in der nächsten Zeit nicht belästigt würden. Wir standen an den Ufern des Kiliwe, nahe der ersten Gebirgsausläufer. Unsere größte Sorge galt der Versorgung mit Lebensmitteln. Hin und wieder jagten wir Rotwild, doch das war in dieser Gegend immer seltener anzutreffen. Außerdem war es gefährlich, auf die Jagd zu gehen. Man muss bedenken, dass wir uns in einem Niemandsland befanden, und unsere Schüsse konnten von den feindlichen Wachposten gehört werden. Trotz allem verhielten sie sich jedoch zurückhaltend, beinahe defensiv.

Wir trafen uns mit dem Vorsitzenden einer der umliegenden Ortschaften. Jedes kleine Dorf hat seinen *kapita* oder Vorsteher, und die größeren Orte, oder eine Gruppe von Dörfern, einen Vorsitzenden. Dieser hier sprach Französisch und war ein kluger Kopf. Während einer langen Unterhaltung legte ich ihm unsere Bitten dar: Wir benötigten einige Träger, um Konserven und andere Versorgungsgüter vom See zu holen; von den Bauern erbaten wir Gemüse und Tabak. Was wir ihnen anbieten konnten, war ein Teil der Lebensmittel oder der anderen Dinge, die wir vom See bekamen. Außerdem wollten wir das uns zur Verfügung gestellte Essen bezahlen und ihnen medizinische Versorgung sowie kostenlose Medikamente zukommen lassen, natürlich innerhalb unserer Möglichkeiten. Wir konnten auch die Gemüsesaat liefern, deren Ertrag wir mit ihnen teilen würden. Der Vorsitzende schrieb sich alles auf und zog sich dann zu einer Unterredung mit seinen Leuten zurück. Zwei oder drei Tage später überbrachte er mir feierlich eine mit der Maschine geschriebene Antwort, unterschrieben und mit unzähligen Stempeln versehen, in der uns mitgeteilt wurde, dass er die Männer für den Transport aussuchen, uns mit Essen versorgen und versuchen würde, Tabak aufzutreiben. Eine Bezahlung könne er allerdings nicht akzeptieren, denn es sei ein ungeschriebenes Gesetz der Revolution, dass die Bauern die Armee ernähren müssen.

Von Mbili erreichte uns folgende Nachricht: Wieder hatten die feindlichen Truppen ihre Linie durchbrochen, und wieder hatten sie dabei Panzerfahrzeuge verloren, diesmal aufgrund einer genialen Erfindung: An der unter dem Weg vergrabenen Mine war an einer Schnur ein Granatzünder befestigt; durch das Gewicht des Fahrzeugs, das mittels einer kleinen Falle einbrach, löste sich die Sicherung, und nach sechs Sekunden explodierte die Mine. Mindestens ein Panzer war durch dieses primitive »Kunstwerk« in die Luft geflogen.

Ich schickte Siki an die Sperre. Er sollte als Arzt arbeiten und Moja unterstützen. Seine Berichte kamen, wie die von Moja, Schlag auf Schlag. Vor allem beklagte er sich über die allgemeine Desorganisation. Er wunderte sich über Gewohnheiten, an denen die Kongolesen trotz der drohenden feindlichen Attacke unerschütterlich festhielten: Jeden Abend zerlegten die Soldaten ihr Geschütz und nahmen es, wenn sie schlafen gingen, mit nach Hause. Sie konnten einfach keine Schützengräben zu ihrer Verteidigung ausheben und wollten sich nicht neben den Geschützen schlafen legen oder eine Wache aufstellen, während die anderen schliefen. Wie eine persönliche Habe nahm der Schütze seine zerlegte Waffe mit, und er war nicht bereit, an einem anderen Ort als bei sich zu Hause zu schlafen. Jeden Morgen kostete es unsägliche Mühe, die Leute zu mobilisieren, damit sie zeitig auf ihren Posten waren.

Im Vorfeld der Ankunft des Genossen Masengo traf Mujumba ein, bis vor kurzem Delegierter des Revolutionsrates in Daressalam. Er sollte Sabotageakte gegen die Eisenbahn von Albertville im Gebiet von Makungo durchführen und verlangte, dass ich sechs

Kubaner dafür abstellte. Ich reagierte heftig. Ich erklärte ihm, dass ich ständig darum kämpfte, meine Leute zu konzentrieren und eine schlagkräftige gemischte Truppe zusammenzustellen, weshalb ich mich gegen derartige »Kräftezersplitterungen«, wie er sie mir vorschlage, zu verteidigen hätte. Zum ersten Mal benutzte ich ihm gegenüber den Begriff, dass die Kubaner »kongolisiert«, nämlich von der herrschenden Mentalität angesteckt würden. Die Aufsplitterung der Kräfte richtete mehr Schaden an, als dass sie etwas nutzte. Darüber musste einmal ernsthaft geredet werden, denn wenn es so weiterging, sah ich schwarz für die Zukunft der Revolution. Ich berichtete Mujumba was vorging, und er zeigte sich darüber entsetzt. Er versicherte mir, dass er bereit sei, hier bei mir zu bleiben. Zuvor jedoch wolle er zwanzig Bauern suchen, die sich ausbilden lassen wollten, und eine Inspektion im Gebiet von Mukundi durchführen; dann wolle er hierher zurückkehren. Er fragte mich, ob ich mit Bauern ohne jede militärische Erfahrung als Rekruten einverstanden war, und ich stimmte sofort zu: Neue Leute, die mit den schlechten Gewohnheiten im Feldlager noch nicht in Berührung gekommen seien, zöge ich jedem vom Lagerleben verdorbenen Soldaten tausendmal vor.

Am nächsten Tag traf Masengo ein. Auch ihm gegenüber nahm ich kein Blatt vor den Mund. Ohne Umschweife legte ich ihm meinen Standpunkt zu den Problemen dar, mit denen wir zu kämpfen hatten und die förmlich danach schrien – eine Entscheidung, die er treffen musste –, eine schlagkräftige und disziplinierte Armee aufzustellen. Sonst liefen wir Gefahr, auf in den Bergen verstreute Gruppen beschränkt zu bleiben. Wir kamen überein, in dieser Region eine Einheitsfront unter Lamberts Kommando zu bilden und mir, unabhängig davon, eine Kolonne zu unterstellen. Ich stellte ausdrücklich klar, dass diese Kolonne von Lambert vollkommen unabhängig sein müsse, denn ich fürchtete die Folgen seines unverantwortlichen Verhaltens.

Wir dachten über eine Art Militärakademie nach. Als Rekruten waren mir die Bauern lieber, und Mujumba verpflichtete sich, die Zahl auf sechzig aufzustocken. Im Gegenzug sollte ich Soldaten von mehreren Fronten abziehen, was ich nur ungern zusagte. Schließlich wollten wir den Regimentsstab rationeller organisieren und in den Stand versetzen, sämtliche Frontabschnitte bei Operationen zu koordinieren. Ich erklärte mich bereit, als Berater des Regimentsstabs Siki, als politischen Berater Tembo und als Dolmetscher Kasulu, den Arzt, zu entsenden. Masengo bat mich, unserem Botschafter in Tansania zu schreiben, er möge bei der dortigen Regierung intervenieren, da die Probleme täglich größer würden. Schließlich bat er mich um die Bereitstellung weiterer kubanischer Kader. Ich erklärte mich im Prinzip einverstanden, doch müsse man eine sorgfältige Auswahl treffen. Dies sei ein besonderer Krieg, in dem der Qualifikation der Kader eine große Bedeutung zukomme. Wichtig sei die Qualität der Kader, nicht die Quantität.

Am nächsten Tag, als wir uns noch darüber Gedanken machten, wie man aus den Ruinen der Truppen eine Befreiungsarmee auferstehen lassen konnte, ereignete sich ein tragikomischer Zwischenfall: Einer der Jungs ließ ein brennendes Feuerzeug fallen, und die ausgetrockneten Strohhütten – die Regenzeit hatte noch nicht eingesetzt – brannten wie Fackeln. Einiges wurde zerstört, aber die größte Gefahr ging von den Granaten aus, die in den Hütten explodierten. Auch ärgerte ich mich maßlos darüber, dass Masengo und seine Genossen einen verheerenden Eindruck von Chaos und Fahrlässigkeit in unserem Lager bekamen. Agana, eigentlich einer der besten Männer, war der Urheber des Brandes; er wurde zu drei Tagen ohne Essen verdonnert.

Als das Feuerwerk der explodierenden Granaten voll im Gange war, begleitet von meinen wilden Wutausbrüchen, traf Machado, unser Gesundheitsminister, mit Briefen und einer Botschaft von Fidel ein. Er wurde von seinem Kollegen Mutchungo begleitet, dem Gesundheitsminister der Revolutionsregierung Soumialots. Sie hatten sich verirrt, dann aber durch den Widerschein und den Lärm der Explosionen zu uns gefunden. Ich erfuhr von den langen Unterredungen, die Soumialot und seine Kollegen mit Fidel geführt hatten. Die Vertreter des Revolutionsrates hatten sich bei ihren Berichten nicht an die Wahrheit gehalten, vermutlich weil das einerseits in solchen Fällen fast immer so zu sein pflegt, und weil sie andererseits überhaupt nicht wussten, was im Landesinnern vor sich ging. Sie hielten sich bereits seit langem außerhalb des

Landes auf, und da die Lügen auf ihrem Weg von den einfachen Soldaten bis ganz nach oben immer höhere Wellen schlugen, war anzunehmen, dass sie sich, auch wenn sie gewollt hätten, keine genaue Vorstellung von den Geschehnissen im Kongo machen konnten. Tatsache ist, dass sie ein idyllisches Bild von der Situation zeichneten, mit Militärabteilungen überall, Truppen in den Wäldern, unaufhörlichen Gefechten; ein Bild also, das nichts mit dem zu tun hatte, was wir täglich erlebten. Außerdem hatten sie eine beträchtliche Geldsumme erhalten, um auf dem gesamten afrikanischen Kontinent herumzureisen, die Ziele ihres Revolutionsrates deutlich zu machen, Gbenyé und seiner Clique die Maske vom Gesicht zu reißen etc. Sie baten auch um Unterstützung für zahlreiche unüberlegte Unternehmungen, und man hatte vor, auch andere befreundete Länder um Unterstützung zu bitten; die Rede war von bis zu fünftausend Gewehren, von Torpedobooten und schweren Waffen, und es wurden völlig unrealistische Angriffs- und Durchbruchspläne geschmiedet. Kuba hatte ihnen versprochen, fünfzig Ärzte zu schicken, und Machadito war gekommen, um die Lage zu sondieren.

Schon früher hatte ich durch Tembo den Eindruck gewonnen, dass man in Kuba meine Haltung für zu pessimistisch hielt. Dieser Eindruck verstärkte sich nun aufgrund einer persönlichen Botschaft von Fidel, in der er mir riet, an die erste Zeit unseres gemeinsamen Kampfes zu denken und nicht zu verzweifeln. Er erinnerte mich daran, dass man mit solchen Schwierigkeiten immer rechnen müsse, dass ich jedoch über gute Männer verfügte.

Ich schrieb Fidel einen langen Brief, aus dem ich die Passagen zitieren möchte, die meinen Standpunkt deutlich machen:

Kongo, 5/10/65

Lieber Fidel,

Dein Brief hat widersprüchliche Gefühle in mir ausgelöst. Im Namen des proletarischen Internationalismus werden viele Fehler begangen, die uns teuer zu stehen kommen können. Außerdem bereitet es mir Sorge, dass man – sei es, weil es mir beim Schreiben an Ernsthaftigkeit fehlt, sei es, weil Du mich nicht richtig verstehst – denken könnte, ich wäre von der furchtbaren Krankheit des grundlosen Pessimismus befallen. Als der Genosse Tembo hier ankam, ließ er mich wissen, dass ich in einem meiner Briefe den Eindruck eines dem Untergang geweihten Gladiators gemacht hätte, und als der Minister [Machado] mir Deine optimistische Botschaft überbrachte, bestätigte er, dass Du Dir diese Meinung gebildet hast. Du wirst Dich mit dem Überbringer dieses Briefes lang und breit unterhalten können, und er wird Dir aus erster Hand berichten können, wie er die Situation sieht, denn er hat einen großen Teil der Front kennen gelernt. Darum will ich nicht auf Einzelheiten eingehen. Ich will Dir lediglich sagen, dass ich hier nach Meinung der Genossen meinen Ruf als objektiver Beobachter eingebüßt habe, da ich einem Optimismus huldige, der der tatsächlichen Situation nicht standhält. Ich kann Dir versichern, dass dieser Traum, wäre ich nicht hier, bereits in der allgemeinen Katastrophe geendet hätte.

In meinen bisherigen Briefen habe ich Euch gebeten, mir keine Männer mehr ohne Kader zu schicken. Hier herrscht sozusagen kein Mangel an Waffen, außer vielleicht einigen speziellen; im Gegenteil: Es gibt zu viele bewaffnete Männer, doch es fehlen ausgebildete Soldaten. Insbesondere habe ich Euch auf die Notwendigkeit hingewiesen, Geld nur noch häppchenweise und nur auf mehrmalige Bitten hin zu schicken. Keiner meiner Ratschläge ist befolgt worden, und die Folge davon ist, dass bombastische Pläne geschmiedet wurden, die unser internationales Ansehen aufs Spiel setzen und mich in eine sehr schwierige Lage bringen können.

Zur Erklärung:

Soumialot und seine Genossen haben Euch Märchen erzählt. Es würde zu weit führen, all die Lügen aufzuzählen, die sie Euch aufgetischt haben. Ich möchte es vorziehen, die gegenwärtige Situation anhand der beiliegenden Karte darzustellen. Es gibt zwei Regionen, in denen man von so etwas wie einer organisierten Revolution sprechen kann: das Gebiet, in dem wir uns befinden, und ein Teil der Provinz Kasai, wo sich Mulele aufhält, der große Unbekannte. Im übrigen Land gibt es lediglich isolierte Gruppen, die im Dschungel zu überleben versuchen. Sie haben alles kampflos aufgegeben, so wie sie Stanleyville verloren haben. Das ist jedoch nicht das Schlimmste; das Schlimmste ist die Atmosphäre, die in dieser Region, der einzigen mit Kontakt nach außen, zwischen den Einheiten herrscht. Die Meinungsverschiedenheiten zwischen Kabila und Soumialot werden immer größer und müssen als Vorwand dafür herhalten, dass Städte kampflos aufgegeben werden. Ich kenne Kabila gut genug, um mir keine Illusionen über ihn zu machen. Soumialot kenne ich nicht persönlich, aber mir ist einiges über ihn bekannt: die Reihe von Lügen, die er Euch aufgetischt hat; die Tatsache, dass er es nicht für nötig hält, in diese gottverlassene Gegend zu kommen; seine häufigen Besäufnisse in Daressalam, wo er in den besten Hotels wohnt; und schließlich die Art seiner Verbündeten hier. Vor kurzem landete eine Einheit der Armee Tschombés in Baraka, wo ein Soumialot ergebener Generalmajor mit nicht weniger als eintausend bewaffneten Männern stationiert ist. Dieser strategisch höchst wichtige Punkt konnte praktisch ohne Gegenwehr vom Feind eingenommen werden. Nun streiten sie sich darüber, wer die Schuld daran hat, die einen, die nicht gekämpft, oder die vom See, die Ihnen nicht genug Munition geschickt haben. Tatsache ist, dass sie schändlich davongelaufen sind und eine rückstoßfreie 75er Kanone sowie zwei 82er Granatwerfer leichtsinnig im Gestrüpp zurückgelassen haben. Alle Verantwortlichen für diese Waffen sind verschwunden, und jetzt bitten sie uns Kubaner, die Waffen zu holen (wobei keiner so genau weiß, wo sie sich befinden) und im Kampf einzusetzen. Sechsunddreißig Kilometer entfernt liegt Fizi, und es wird nichts unternommen, um diese Stadt zu verteidigen. Man ist nicht einmal bereit, Schützengräben auf dem einzigen Zufahrtsweg zwischen den Bergen auszuheben. Das alles vermittelt einen ungefähren Eindruck von der Situation. Was die sorgfältige Auswahl der Männer angeht – meine Bitte, mir nicht zu viele zu schicken –, so versicherst Du mir, dass ich hier über gute Leute verfüge: Ich bin davon überzeugt, dass die meisten gut sind, sonst wären sie schon längst abgehauen. Doch darum geht es nicht; man muss wirklich kaltblütig sein, um die Dinge, die hier geschehen, ertragen zu können. Was wir hier brauchen, sind nicht gute Männer, sondern Supermänner…

Mir verbleiben noch zweihundert Mann. Glaub mir, diese Leute könnten in dieser Situation Schaden anrichten, wenn es uns nicht endlich gelingt, alleine für uns zu kämpfen. In dem Fall ist eine Division nötig, und es bleibt abzuwarten, in welcher Truppenstärke sich der Feind uns entgegenstellt. Vielleicht ist das übertrieben, und wir brauchen nur ein Bataillon, um die Fronten wieder aufzubauen, die wir zu Anfang hatten, und Albertville anzugreifen. Doch die Zahl ist in diesem Falle nicht so wichtig, denn wir können ohnehin nicht ganz alleine ein Land befreien, das nicht kämpfen will. Man müsste den Kampfgeist entwickeln und die Soldaten mit der Laterne des Diogenes und der Geduld des Hiob suchen, eine Aufgabe, die umso schwieriger ist, je mehr Idioten wie wir bereit sind, den Kongolesen die Arbeit abzunehmen …

Das Problem der Boote ist ein Punkt für sich. Seit langem schon bitte ich um die Entsendung zweier Mechaniker, um zu verhindern, dass sich die Landebrücke von Kigoma zunehmend in einen Schrottplatz verwandelt. Vor etwas mehr als einem Monat wurden drei Boote aus der Sowjetunion geliefert; zwei davon sind bereits unbrauchbar, und das dritte, mit dem der Gesandte gekommen ist, ist an mehreren Stellen undicht. Die drei italienischen Boote werden dasselbe Schicksal erleiden, wenn die Mannschaft nicht aus Kubanern gebildet wird. Dafür aber und für die Geschütze brauchen wir die Zustimmung Tansanias, die nicht leicht zu bekommen ist. Diese Länder sind nicht Kuba, sie setzen nicht alles auf eine Karte, auch wenn sie noch so hoch ist (die Karte, die hier ausgespielt werden soll, ist eher niedrig). Der Gesandte ist von mir beauftragt worden, mit der befreundeten Regierung abzuklären, welche Unterstützung man uns zu geben bereit ist. Du musst wissen, dass alles, was mit dem Schiff gekommen ist, in Tansania beschlagnahmt wurde; auch das soll der Gesandte zur Sprache bringen.

Die Sache mit dem Geld ist das, was mich am meisten

schmerzt, da ich so oft darauf hingewiesen habe. In meiner leichtsinnigen Verschwendungssucht hatte ich mich bereit erklärt, eine Front, die wichtigste, zu versorgen, unter der Bedingung, dass ich das Kommando übernehmen und eine gemischte Spezialeinheit zusammenstellen würde. Dabei wollte ich die Strategie verfolgen, die ich mir zurechtgelegt und Dir mitgeteilt habe. Ich veranschlagte, auch wenn es mir wehtat, 5000 Dollar monatlich. Jetzt erfahre ich, dass den Nichtstuern für eine einzige Reise ein zwanzigmal höherer Betrag zur Verfügung gestellt wird, damit sie in allen Hauptstädten der afrikanischen Welt in Saus und Braus leben können, ganz zu schweigen davon, dass ihre Hotel- und häufig auch die Reisekosten von den meisten fortschrittlichen Ländern übernommen werden. Die Not leidenden Bauern an der Front, die alles Elend, das man sich nur vorstellen kann, erdulden müssen, bekommen nicht einen Centavo, genauso wenig wie die armen Teufel, die im Sudan festsitzen. (Whisky und Frauen fallen nicht unter die Spesen, die die befreundeten Regierungen übernehmen, und diese Kosten sind hoch, wenn man auf Qualität achtet!)

Schließlich: Mit fünfzig Ärzten wird das befreite Gebiet des Kongos das beneidenswerte Verhältnis von einem Arzt pro tausend Bewohner erreichen, ein Niveau, das nur von der Sowjetunion, den Vereinigten Staaten und zwei oder drei fortschrittlichen Ländern übertroffen wird. Allerdings richtet sich hier die medizinische Versorgung nach politischen Präferenzen, und eine effektive Organisation des Gesundheitswesens fehlt völlig. Besser als diese Gigantonomie wäre die Entsendung einer Gruppe von revolutionären Ärzten, die durch ebenfalls revolutionäre Krankenpfleger unterstützt würden, so wie ich es verlangt habe.

Da aus der beigefügten Karte die militärische Lage hervorgeht, werde ich mich auch auf einige wenige Empfehlungen beschränken, die Ihr bitte objektiv prüfen wollt: Vergesst alles, was auf unrealistische Truppenstärken hinausläuft, schickt mir bis zu einhundert Kader, die nicht unbedingt alle schwarz sein müssen, und seht Euch Osmanys Liste an. Dazu das, was hier besonders vonnöten ist: Waffen wie die neue Panzerfaust, elektronische Zünder, einige R-4; weiter nichts für den Augenblick. Vergesst die Gewehre; wenn sie nicht elektronisch gesteuert sind, nützen sie gar nichts. Unsere Granatwerfer müssen in Tansania sein, und zusammen mit einem neuen Schub an Männern, die sie bedienen können, wäre das mehr als genug für den Augenblick. Vergesst Burundi und behandelt die Sache mit den Booten so taktvoll wie möglich (Tansania ist ein unabhängiges Land, vergesst das nicht, und man muss dort ehrlich spielen, nicht so wie ich mit meinen faulen Tricks!). Schickt so schnell wie möglich die Mechaniker und einen Mann, der genug von Schifffahrt versteht, um uns einigermaßen sicher über den See zu bringen. Darüber habe ich mit den Verantwortlichen gesprochen, Tansania ist einverstanden. Lasst mich das Problem mit den Ärzten angehen, einige sollten an Tansania abgegeben werden. Verfallt nicht wieder in den alten Fehler, einfach so Geld rauszurücken! Denn wenn die Kongolesen knapp bei Kasse sind, sind sie auf mich angewiesen; fließt aber genug Geld, werden sie bestimmt nicht auf mich hören. Vertraut ein wenig auf mein Urteilsvermögen, und lasst Euch nicht vom Schein trügen. Drängt bei den kongolesischen Abgesandten darauf, dass sie Euch wahrheitsgemäß Bericht erstatten. Sie sind nicht in der Lage, das Knäuel hier zu entwirren, und zeichnen ein utopisches Bild, das nichts mit der Realität zu tun hat.

Ich habe mich bemüht, die Dinge wahrheitsgetreu, objektiv und klar und deutlich darzustellen. Glaubst Du mir?

Es umarmt Dich

Wir stimmten mit Machado darin überein, dass wir die fünfzig Ärzte wie eine Guerilla organisieren mussten. Er teilte auch meine Meinung, dass die Situation alarmierend war; denn er hatte den Geist der kongolesischen Revolution erfasst und war Zeuge der Auflösungserscheinungen an der Front geworden.

Ich hatte die Hoffnung, dass einige Genossen, wie zum Beispiel der hiesige Gesundheitsminister, dazu beitragen könnten, ein wenig Ordnung zu schaffen, vor allem weil dieser für das Gebiet um

Fizi zuständig war und Autorität besaß. Dennoch spielte er keine Rolle. Er blieb bis zum Ende bei uns, mit Ausnahme von ein paar Tagen, an denen er irgendeinen Auftrag zu erledigen hatte; doch er hielt keinerlei Verbindung zu Masengo (ich weiß nicht, wessen Schuld das war) und noch weniger zur Realität. Natürlich konnte man in der medizinischen Versorgung nicht viel tun: Es gab nur die kubanischen Ärzte, und die wenigen Medikamente, die bei uns ankamen, waren für die Front bestimmt oder für die Grundversorgung in den Gebieten, in denen unsere Armee in Stellung war. Wir hatten mit Masengo über die Notwendigkeit gesprochen, das Gebiet um Fizi zu versorgen, den General in die Pflicht zu nehmen und ihm gleichzeitig mehr Unterstützung zu gewähren, zum Beispiel ihm mehr Ärzte und auch mehr Funkgeräte zur Verfügung zu stellen. Doch das war alles Schnee von gestern, denn Fizi war inzwischen in die Hände des Feindes gefallen.

Moja kam aus Lubonja zurück, wo er nach der Explosion des Waffenlagers eine Inspektion durchgeführt hatte. Er brachte die Nachricht, dass Baraka gefallen war, seines Wissens ohne Gegenwehr. Die Kanone und die Granatwerfer waren von den Soldaten im Stich gelassen worden. Ich glaube, es handelte sich in diesem Fall um die neuen bulgarischen Ausbilder. [Ich folge der im Kongo üblichen Gewohnheit, den Studenten die Nationalität des Landes, in dem sie ausgebildet wurden, zuzuschreiben.]

Unter diesen Vorgaben trafen wir uns mit den Befehlshabern, nach denen erst gesucht werden musste, bevor sie schließlich erschienen. Bis zu diesem Augenblick hatten weder Calixte noch Jean Ila, der Kommandant von Kalonda-Kibuye, eine koordinierte Operation zustande gebracht. Ich weiß nicht, ob ich ihnen oder Lambert die Schuld dafür geben sollte. Ihre nachlässige Pflichtauffassung ließ keine geordnete Aktion zu. Der Versammlung wohnten bei: Masengo selbst, Genosse Mujumba, der Gesundheitsminister, die Kommandanten Jean Ila und Calixte, Oberstleutnant Lambert und weitere Kommandanten seiner Front sowie die üblichen politischen Vertreter und Zuschauer. Auch nach Zakarias war geschickt worden, doch er hatte nicht reagiert, und so waren die Ruander nicht vertreten. Ich hielt eine Rede.

Zuerst stellte ich die kubanischen Vertreter vor: den kubanischen

Gesundheitsminister, der eine Situationsanalyse des Gesundheitswesens vornehmen wollte; Siki, Chef des Regimentsstabes einer kubanischen Armee; Tembo, Parteisekretär, der hierher gekommen war, um mit uns gemeinsam zu kämpfen; die Genossen Moja und Mbili, beide mit langer Kampferfahrung. Ich sagte ungefähr das, was ich bereits Masengo gesagte hatte, fügte jedoch eine Verhaltensanalyse jedes Kommandanten hinzu. Lambert war zweifellos ein dynamischer Genosse, aber er musste alles selbst machen, er hatte es versäumt, eine Armee heranzubilden, die Leute arbeiteten nur, wenn er dabei war, sonst aber ließen sie alles liegen. Ich erwähnte das Beispiel der toten Soldaten: Lambert befand sich gerade in der Kampfzone, denn seine Genossen hatten von ihm verlangt, dass er dort war. Dagegen hatte es Calixte nicht für nötig gehalten, auch nur ein einziges Mal an vorderster Front aufzutauchen. Beides war falsch: Ein Kommandant darf sich nicht in unmittelbarer Nähe der vordersten Schlachtlinie aufhalten, da er seine Front dann nicht überschauen und keine zentralen Entscheidungen treffen kann; aber er darf auch nicht so weit weg sein, dass er jeden Kontakt verliert. Dem Kommandanten von Kalonda-Kibuye hielt ich entgegen, dass seine Sperre, die sich angeblich an der Straße befand, ein Selbstbetrug war, denn nicht ein einziges Mal hatte es einen Zusammenstoß mit der feindlichen Armee gegeben. Es war also völlig unnötig, 150 Mann dort festzuhalten. Danach prangerte ich die Disziplinlosigkeit, die begangenen Grausamkeiten und das parasitäre Verhalten der Armee an.

Es war eine aggressive Rede, und obwohl sie mir mit stoischem Gleichmut zuhörten, war doch keiner von ihnen mit der »Strafpredigt« einverstanden.

Hinterher sagte Genosse Tembo zu mir, dass ich seiner Meinung nach praktisch keine Vorschläge zur Lösung der Probleme im Kongo gemacht hätte; ich hätte nur von den negativen Punkten gesprochen, aber nicht von den Möglichkeiten, die der Guerillakrieg biete. Seine Kritik war berechtigt.

Ich berief auch eine Versammlung mit unseren Genossen ein, denn es waren mir Äußerungen zu Ohren gekommen, in denen sich die wachsende Demoralisierung ausdrückte. Einige Genossen meinten, die Kubaner blieben weiterhin im Kongo, weil Fidel die wirkliche Situation nicht kenne, in der sie sich befänden. Ich gestand zu, dass die Situation in der Tat schwierig war, die Befreiungsarmee befinde sich im Prozess der Auflösung, und wir müssten weiter darum kämpfen, sie vor dem völligen Zerfall zu bewahren. Wir hatten eine sehr harte und undankbare Arbeit vor uns, und ich konnte nicht von ihnen verlangen, dass sie an den Sieg glaubten. Ich persönlich war überzeugt, dass alles ins Lot kommen konnte, wenn auch unter großen Schwierigkeiten und von vielen Rückschlägen begleitet. Ich konnte von ihnen auch nicht verlangen, dass sie meinen Führungsqualitäten vertrauten; doch als Revolutionär könnte ich sehr wohl von ihnen verlangen, dass sie an meine Anständigkeit glaubten: Fidel war über die wesentlichen Dinge auf dem Laufenden, und nichts von dem, was hier vorgefallen war, wurde ihm verheimlicht. Ich war nicht in den Kongo gekommen, um eigenen Ruhm zu erlangen, und ich würde niemanden meiner persönlichen Ehre opfern. Wenn ich Havanna nicht mitgeteilt hatte, dass alles verloren sei, dann deshalb, weil ich nicht dieser Meinung war. Doch ich hatte sehr wohl von der inneren Verfassung der Truppe berichtet, von ihrer Labilität, ihren Zweifeln und Schwächen. Ich erzählte ihnen von den Tagen in der Sierra Maestra, an denen ich vollkommen verzweifelt war angesichts der fehlenden Zuversicht neuer Rekruten, die bei allen Heiligen ihre unerschütterliche Entschlossenheit beschworen hatten, um am nächsten Tag zu »verreisen«. Und das in Kuba, mit unserem ausgeprägten politischen Bewusstsein und der Stärke unserer Revolution! Was konnte man vom Kongo erwarten? Die kongolesischen Soldaten waren vorhanden, man musste sie lediglich ausfindig machen und jeden Einzelnen einer Prüfung unterziehen; das war unsere Hauptaufgabe.

Die Notwendigkeit dieser Erklärungen beweist, dass es in unserer Truppe gärte und sich die Moral aufzulösen begann. Es war schwierig, unsere Genossen zu aktivieren. Die Diszipliniertere unter ihnen erfüllten zwar gewissenhaft ihre Aufgaben, doch es mangelte an Eigeninitiative; alles musste mehrmals gesagt, streng kontrolliert und von meinen sprichwörtlichen, nicht sehr behutsamen Standpauken begleitet werden, damit wenigstens einige Arbeiten ausgeführt wurden. Vorbei die romantische Zeit, in der ich den undisziplinierten Genossen damit drohen konnte, sie nach Kuba zurückzuschicken; hätte ich jetzt damit Ernst gemacht, wäre die gegenwärtige Truppenstärke mindestens um die Hälfte reduziert worden.

Tembo schrieb einen langen Brief an Fidel, in dem er, im Wesentlichen anhand von Einzelfällen, die aktuelle Situation darlegte. Mit all diesen Informationen und mit seiner eigenen Sicht der Dinge kehrte Machado nach Kuba zurück.

Als Ergebnis unserer Versammlung mit den Kommandanten war die Zusammensetzung der Militärakademie etwas verändert worden. Nun befanden sich einhundertfünfzig auszubildende Soldaten dort, je fünfzig von den drei Frontabschnitten von Lambert, Calixte und von Kalonda-Kibuye; dazu noch sechzig Bauern aus der Region, die Mujumba schicken wollte.

Wir sprachen noch einmal mit Masengo über Baraka. Er war einverstanden, Siki mit einigen Männern zu entsenden, um in Fizi eine Verteidigungslinie aufzubauen, die es ermöglichen sollte, alle Truppen dort zusammenzuziehen und einen Angriff auf Baraka zu starten. Siki sollte für eine gewissenhafte Durchführung der Arbeit Sorge tragen und garantieren, dass die Kubaner das Oberkommando haben würden. Nur unter diesen Bedingungen konnten wir uns bereit erklären, alle Männer in den Kampf zu schicken. Vor kurzem, bei dem gescheiterten Versuch, Lulimba anzugreifen, hatte es unter unseren Genossen Gerüchte gegeben: Sollten die Kubaner erneut alleine kämpfen und einige von ihnen einen sinnlosen Tod sterben, trügen sich viele mit dem Gedanken, sich endgültig aus dem Kampf zurückzuziehen; denn so könne es nicht weitergehen.

Ich konnte einen Angriff auf Baraka nicht riskieren, wenn uns nicht alle Waffen zur Verfügung standen und wir die Lage nicht einer ernsthaften Analyse unterzogen. Wir wussten nichts über die dortige Truppenstärke des Feindes, aber seine Stellungen befanden sich in äußerst ungünstiger Lage – in Feindesland, an einem von Bergen umgebenen Strand. Man hätte etwas unternehmen können. Ich flehte Masengo beinahe an, sich mit den Leuten von Fizi in Verbindung zu setzen und Kabila erneut zu schreiben, um ihn zu zwingen, in den Kongo zu kommen. Man konnte nicht schlecht über Soumialot und seine Genossen reden und gleichzeitig in Kigoma oder Daressalam in Saus und Braus leben und ständig sein Kommen androhen. (Das mit den Besäufnissen hatte ich aus Quellen der Gegenseite; es schien nicht zu stimmen.) Ich hatte lange gezögert, so heikle Dinge zur Sprache zu bringen, hielt es aber für meine Pflicht, sie Masengo mitzuteilen, damit er sie direkt an Kabila weitergab. Es war nicht meine Absicht, den Erzieher oder den Vormund zu spielen, aber es gibt bestimmte Situationen, denen sich ein Revolutionsführer stellen muss.

Masengo versprach, Kabila zu schreiben. Ob er es getan hat, weiß ich nicht. Er fuhr mit Siki nach Fizi, während Mujumba sich nach Mukundi aufmachte, mit dem Versprechen, innerhalb von einer Woche die sechzig Bauern aufzutreiben, ein Versprechen, das nie eingelöst wurde. Ich kenne die Gründe dafür nicht, denn er ließ nie wieder etwas von sich hören.

Lambert schrieb mir in einem Brief, dass es Gerüchte gebe, Fizi sei ebenfalls gefallen. Er bat um die Erlaubnis, mit fünfundzwanzig Mann loszumarschieren, weitere fünfundzwanzig werde er unterwegs mobilisieren, und mit ihnen wollte er Baraka oder, wenn die Gerüchte stimmten, Fizi zurückerobern. Ich antwortete ihm, ich sei nicht bevollmächtigt, ihm diese Erlaubnis zu erteilen, doch meiner Meinung nach gebe es viele Schwachpunkte an seiner Front, der Feind sei bereit zum Angriff, und deswegen sei seine, Lamberts, Anwesenheit dort unverzichtbar. Außerdem hielte ich es für unmöglich, mit fünfundzwanzig oder fünfzig Mann das zurückzuerobern, was von Hunderten nicht hatte verteidigt werden können. Er war wenigstens so anständig, mir eine Antwort zu schicken, bevor er mit seinem Trüppchen nach Fizi abmarschierte.

Aus all diesen Gründen waren die Möglichkeiten, den Feind in der Region um Lulimba auch nur zu stören, auf den Nullpunkt gesunken. Die Soldaten von der Hauptsperre kamen nicht mehr auf die Ebene herunter; man schickte mir eine Kontaktgruppe, die den Kimbi überqueren und von der anderen Seite die Stellungen der Sperre von Kabambare begutachten sollte. Aus dem Bericht ging hervor, dass alles dem allgemeinen Niveau entsprach. Der Kommandant der Sperre teilte mit, dass er seine Männer (es waren nur noch fünfundzwanzig) nicht mehr kontrollieren könne. Sie gehorchten ihm nicht und machten, was sie wollten, und wenn er ihnen irgendwelche Aktionen befahl, desertierten sie. Auch diese Sperre bestand also nur rein theoretisch, und die Gruppe konnte man als Kampfeinheit abschreiben.

Verminderung der Truppenstärke

Wir versuchten weiterhin mit allen Mitteln, Kongolesen in unsere kleine Armee zu integrieren und ihnen ein paar militärische Grundkenntnisse zu vermitteln, um mit diesem Kern das Wichtigste zu retten: die Seele und den Fortbestand der Revolution. Aber den Kubanern, die der Bewegung den göttlichen Odem einhauchen sollten, ging zunehmend selbst der Atem aus. Das Klima machte uns zu schaffen, zur endemischen Malaria gesellten sich Magen-Darm-Entzündungen. In meinem Tagebuch führte ich, bis die viele Lauferei meinen wissenschaftlichen Ehrgeiz besiegte, Statistik über meinen Fall: mehr als dreißig Darmentleerungen in vierundzwanzig Stunden! Wie viel mehr als dreißig es waren, weiß nur das Gebüsch. Zahlreiche Genossen litten an demselben Übel, das weder lange andauerte, noch sehr widerstandsfähig gegenüber den starken Antibiotika war, jedoch dazu beitrug, die bereits angeschlagene Moral noch weiter zu schwächen. Und nichts von dem, was außerhalb unseres Lagers vor sich ging, half uns wieder auf die Beine; weder von einer hochherzigen Geste noch von einer intelligenten Aktion wurde berichtet.

Die wenigen Kongolesen, die wir rekrutieren konnten, gingen in ein anderes Lager, um sich eine *dawa* verabreichen oder sich von einem kongolesischen Arzt (Medizinmann) untersuchen zu lassen; doch sie kamen nicht zu uns zurück, sie desertierten einfach. Ich spürte ihnen gegenüber die Ohnmacht desjenigen, der sich nicht direkt verständigen kann. Ich wollte ihnen meine Gefühle mitteilen, sie von dem, was mich wirklich bewegte, überzeugen, doch die Bearbeitung meiner Worte durch den Übersetzer und, vielleicht, die Farbe meiner Haut machten alles zunichte. Nach einer der häufigen Zuwiderhandlungen (sie hatten sich geweigert zu arbeiten, was zu ihren typischen Charakteristika gehörte) fuhr ich sie zornig auf Französisch an. Ich warf ihnen die schrecklichsten Dinge an den Kopf, die ich mit meinem dürftigen Vokabular ausdrücken konnte. Wutentbrannt rief ich, man sollte ihnen Röcke anziehen und sie Yucca in einem Korb tragen lassen (eine Arbeit für Frauen), denn sie seien zu nichts zu gebrauchen, sie seien schlimmer als Weiber; ich würde lieber eine Frauenarmee ausbilden als solche Typen wie sie. Während der Übersetzer meine »Standpauke« ins Suaheli übertrug, sahen sich die Männer an und brachen mit entwaffnender Treuherzigkeit in schallendes Gelächter aus.

Der beharrlichste Gegner war möglicherweise die *dawa* mit ihren Erfordernissen. Deshalb verpflichtete ich einen *muganga*, wahrscheinlich einen zweitklassigen, der sogleich mit der Arbeit begann: Er richtete sich im Lager ein und gab sich dem Müßiggang hin, so wie es sich für einen hoch qualifizierten *muganga* gehörte. Er war schlau; am Tag nach seiner Ankunft sagte ich ihm, er müsse eine Gruppe von Männern für mehrere Tage in einen Hinterhalt begleiten, denn die *dawa* verliere mit der Zeit ihre Wirkung. Doch er weigerte sich rundheraus: Er werde ihnen eine besonders starke *dawa* verabreichen, deren Wirkung zwei Wochen andauern werde. Einem so überzeugenden, von seiner Autorität gestützten Argument mussten wir uns beugen, und die Männer gingen mit einer besonders starken *dawa* versehen fort, was zusammen mit der günstigen Wirkung des Marsches ein hervorragendes Ergebnis erwarten ließ.

Mehrere Tage zuvor hatten wir mit Masengo abgesprochen, mit einem praktischen Training in der Region von Kalonda-Kibuye zu beginnen. Ich traf Vorbereitungen für die Entsendung einiger Kubaner, die auf zwei Gruppen verteilt agieren und diejenigen kongolesischen Kämpfer auswählen sollten, die sich im Hinterhalt bewähren würden. Wir wollten dasselbe System wie im Gebiet um Katenga anwenden, wo wir inzwischen die Hinterhalte aufgelöst hatten, weil die Zahl der Kongolesen dort auf einen oder zwei Mann geschrumpft war. Wir ließen Azi, der krank war, zusammen mit zwei weiteren Genossen zurück, der Rest marschierte mit uns ab. Trotz all unserer Bemühungen standen nur noch wenige Leute zur Verfügung (die anderen waren krank oder auf die verschiedenen Frontabschnitte verteilt). Dreizehn Männer brachen unter Mbilis Kommando und mit Ishirini als Stellvertreter nach Kalonda-Kibuye auf.

Ishirini war in Kuba nur ein einfacher Soldat, aber aufgrund seiner guten Verfassung waren wir übereingekommen, ihn an verantwortlicher Stelle einzusetzen, nämlich bei der Ausbildung von Befehlshabern, falls sich unsere Armee vergrößern sollte, sowie in einer Operationseinheit mit zahlreichen kongolesischen Soldaten. Die Genossen sollten rund zwanzig Tage im Hinterhalt bleiben, nicht länger, weil das strenge Klima den Männern sehr zusetzte, insbesondere den Kubanern. Nach dieser Zeitspanne würde eine weitere Gruppe in ein anderes Gebiet verlegt werden, um eine Übersättigung einzelner Regionen mit Hinterhalten zu vermeiden und ihnen eine Ruhe- und Reinigungsphase zu ermöglichen. Mbili war aufgebrochen, um den Kimbi zu überqueren und mit den Aktionen zu beginnen. In diesem Augenblick trafen nacheinander eine kurze dramatische Nachricht von Siki und eine weitere von Masengo ein. Die von Siki lautete:

> Moja,
>
> die feindlichen Soldaten rücken auf Fizi vor, und nichts kann sie aufhalten; sie wollen sie gar nicht aufhalten. Wir marschieren von Fizi nach Lubonja, ich will versuchen, die Brücken zu zerstören. Sag Tatu, mein Einsatz war ein Fiasko.
>
> *Siki*
>
> 10/10/65

Masengos Nachricht besagte, dass Fizi gefallen sei und dass er die gesamte Einheit von Kalonda-Kibuye angewiesen habe, sich unter mein Kommando zu begeben. [Diese Einheit schloss sich uns niemals an, es kamen lediglich ein paar versprengte Soldaten unter dem Befehl eines politischen Kommissars, der ein guter Kerl zu sein schien, aber mit der Bande nicht fertig wurde. Der Rest hatte sich in den Bauernhütten eingerichtet. Ich verjagte alle, auch den politischen Kommissar; ich wollte nicht noch mehr Chaos hier.] Inzwischen begannen unsere Bemühungen Früchte zu tragen: Vom See traf eine Ladung mit Lebensmitteln und verschiedenen Medikamenten ein. Den Bauern, die den Transport übernommen hatten, gaben wir etwas ab, nicht viel, etwas Salz und Zucker. Und unsere Männer konnten nun gesüßten Tee trinken.

Von Aly kam ein Brief mit den üblichen Klagen. Sie hatten versucht, einen Hinterhalt im Gebiet von Kabimba aufzubauen, doch nur weil eine leere Zigarettenschachtel auf einem Weg gefunden wurde, traten sie den Rückzug an und kehrten schließlich wieder zur Hauptstraße zurück. Von den sechzig kongolesischen Soldaten waren nur fünfundzwanzig übrig geblieben. Sie nahmen eine Gruppe von Bauern gefangen (die den Auftrag hatten, die Straße zu säubern). Die Bauern verrieten, dass wenige Stunden später ein Lastwagen von der Zementfabrik in Kabimba dort vorbeikommen würde. Als der Truppenchef das hörte, ließ er den Hinterhalt eine Stunde, bevor das Fahrzeug kommen sollte, mit der Begründung auflösen, dass der Feind eine Vorhut schicken könnte. Damit war die Operation, deren Vorbereitung eine Woche gedauert hatte, beendet. Kurz darauf folgten die Beförderungen, sie regneten förmlich als Auszeichnungen für die gelungene Aktion; der Hauptmann wurde zum Major oder Kommandeur befördert und so weiter.

Siki kehrte von Fizi zurück. Er hatte einen Gewaltmarsch gemacht, um uns von den Vorkommnissen bei seinem Einsatz zu berichten. Die Unterredungen mit General Moulane liefen über zu viele Zungen (Siki sprach weder Französisch noch Suaheli, der General sprach kein Französisch), als dass eine korrekte Übermittlung des Wortlautes hätte garantiert werden können. Aber Siki bestand auf unseren Bedingungen und auf der Notwendigkeit, sogleich mit dem Ausheben von Schützengräben zu beginnen. Die einzige Verteidigung bestand aus einer »Sperre« mit drei Mann, einer Panzerfaust, einem leichten Maschinengewehr (einer *Pepechá*) und der wohl bekannten Schnur quer über den Weg, damit niemand die Sperre passieren konnte. Kein Schützengraben war ausgehoben, nichts ausgekundschaftet worden. Nachdem ich mit Siki gesprochen hatte, ergriff General Moulane das Wort und attackierte den Genossen Masengo in äußerst scharfer Manier. Er bezeichnete ihn als den Hauptschuldigen an dem, was geschehen war, weil er weder Waffen noch Munition geliefert und ihm keine kubanischen Kämpfer geschickt habe. Unter diesen Bedingungen könne man Fizi nicht verteidigen, er, Moulane, sei kein Lückenbüßer, der sich zu Tode langweile (glücklicherweise lebte er noch!), und deswegen müsse Masengo für alles die Verantwortung übernehmen. Von diesem kam keine Reaktion, ob wegen fehlenden Stolzes oder weil er sich in Feindesland, wie man diese Region nun nennen konnte, aufhielt, wissen wir nicht; jedenfalls schwieg er zu den Vorwürfen. In jener Nacht schlief in Fizi niemand.

Einige Genossen waren der Ansicht, der General könne nicht so dumm sein, er müsse sich mit den Söldnern geeinigt haben. Das kann ich nicht bestätigen, und als wir uns zurückzogen, blieb er in Fizi zurück. Ich glaube, das kann sein Verhalten erklären, aber damit spielte er praktisch dem Feind in die Hände.

Tatsache ist, dass die internen Streitigkeiten ihren Höhepunkt erreichten. Die 37 Kilometer von Baraka nach Fizi führen über Bergpfade, die viele Möglichkeiten für Hinterhalte bieten. Es gibt sogar einen Fluss, der eine schwer zu überwindende natürliche Sperre darstellte, da die Brücke halb kaputt war und nur noch völlig zerstört werden musste, um eine gute Verteidigungslinie zu errichten. Zumindest hätte der Vormarsch der feindlichen Truppen dadurch verzögert werden können. Doch nichts von alledem geschah.

Am 12. Oktober war der Feind im Triumphzug in Lubonja einmarschiert. Oberstleutnant Lambert hatte von dem Fall Fizis erfahren und war mit vierzig Mann dorthin losmarschiert. Einige schwere Waffen hatte er in Lubonja zurücklassen müssen; es waren die, die später im Busch verloren gingen. Lambert war Vernunftgründen nicht zugänglich, und Masengo besaß nicht die Geistesgegenwart, ihn zu zwingen, die Sperre in den Bergen zu verteidigen, die letzte Stellung, die die Vereinigung der feindlichen Truppen von Lulimba mit denen, die in Baraka an Land gegangen waren, hätte verhindern können.

Als Masengo in unserem Lager eintraf, sagte ich ziemlich aufgebracht zu ihm, ich könne die Verantwortung nicht übernehmen, mit meinen Männern jene Stellung gegen einen zweiseitigen Angriff zu verteidigen. Der äußerste Osten war durch Mbili und seine dreizehn Männer verstärkt worden, und so verfügten wir über diese dreizehn Kubaner auf der einen und ungefähr zehn auf der anderen Seite. Die Intensivierung der Verteidigung hätte bedeutet, dreiundzwanzig Männer in den Tod zu schicken, denn die anderen waren zu absolut nichts mehr zu bewegen. In dem Waffenlager an der Sperre befanden sich rund 150 Kisten mit Munition aller Art, insbesondere für schwere Waffen, Granatwerfer, Kanonen und Maschinengewehre 12.7, und in der Nacht zuvor hatten wir mit allen Mitteln versucht, die Leute dazu zu bewegen, das Lager zu retten. Man musste damit drohen, ihnen Wasser über den Kopf zu schütten und ihnen die Decke wegzunehmen, mit anderen Worten, man musste extremen Druck auf sie ausüben, während Masengo ohnmächtig dabeistand, unfähig, die Leute zu aktivieren. Lamberts Stellvertreter machten sich mit ihren Genossen aus dem Staub.

Masengos Reaktion bestand darin, Lambert einen Brief zu schreiben und ihm zu befehlen, mit seinen Leuten wieder die Verteidigung zu übernehmen. Ob dieser Brief den Adressaten erreichte, ist mir nicht bekannt; jedenfalls blieb er wirkungslos: Wenig später kam die Nachricht, dass die Stellung von zwei Seiten aus, von Lulimba und Lubonja, angegriffen worden und ohne Gegenwehr gefallen war. Der Rückzug hatte einer Flucht geglichen. Das Verhalten unserer Genossen war mehr als schlecht: Waffen, für die sie verantwortlich waren, übergaben sie den Kongolesen, und diese warfen sie einfach weg. Die Kubaner zeigten keinerlei Kampfgeist, dachten nur daran, ihr Leben zu retten, genauso wie die Kongolesen. Das Chaos beim Rückzug war so groß, dass uns ein Mann abhanden kam. Auf welche Weise, wissen wir bis heute nicht, denn seine Genossen konnten nicht sagen, ob er sich verirrt hatte oder ob er von den feindlichen Soldaten, die den Bergkamm beschossen, über den unsere Männer flüchteten, verwundet oder getötet worden war. Wir nahmen an, dass der Verschwundene sich an die Basis am Seeufer oder woandershin hatte retten können, doch wir hörten nie wieder etwas von ihm. Auf alle Fälle gingen unzählige Waffen verloren. Ich gab Anweisung, jeden Kongolesen, der ohne ausdrücklichen Befehl oder in irgendeinem Auftrag bei uns auftauchte, auf der Stelle zu entwaffnen. Die Ausbeute am nächsten Tag war so beträchtlich wie nach einem erfolgreichen Hinterhalt: die 75er Kanone mit reichlich Munition, ein komplettes Luftabwehrgeschütz sowie Reste eines Maschinengewehres, Teile von Granatwerfern, fünf Maschinenpistolen, Munition, Handgranaten und etwa hundert Gewehre. Genosse Bahaza, der für die Kanone verantwortlich war, war alleine in der Stellung zurückgeblieben, und als die feindlichen Soldaten anrückten, hatte er, von einem anderen Kubaner alarmiert, die Kanone im Stich gelassen und war geflüchtet. Die Söldner waren nicht so furchtbar schnell vorgerückt, und Moja hatte die richtigen Befehle gegeben, sodass die Kanone hätte gerettet werden können. Genosse Bahaza, ein Parteimitglied, musste sich, so wie einige andere, einer strengen Kritik unterziehen.

In Übereinstimmung mit Masengo beschlossen wir, alle Soldaten, die geflohen waren, zu entwaffnen, ihnen sämtliche Rangabzeichen abzuerkennen und mit den (wie ich insgeheim hoffte, nicht allzu vielen) Übriggebliebenen eine neue Truppe aufzustellen. Ich wollte nur diejenigen akzeptieren, die sich als zuverlässig erwiesen und Kampfgeist gezeigt hatten.

Es wurde eine Versammlung mit den kongolesischen Genossen einberufen. Ich sagte rundheraus, was ich von ihnen hielt, und erklärte ihnen, dass eine neue Armee aufgestellt werden solle. Niemand sei verpflichtet, mit uns weiterzukämpfen, jeder, der wolle, könne gehen, nur die Waffen müssten abgegeben werden; und das Waffenlager, das wir mit so viel Mühe gerettet hatten, bleibe hierbei uns. Ich forderte diejenigen, die bleiben wollten, auf, die Hand zu heben. Niemand reagierte. Da ich mit zwei oder drei Kongolesen gesprochen hatte, um sie zum Bleiben zu ermuntern, und sie zugesagt hatten, kam mir das etwas komisch vor. Ich sah einen der Angesprochenen an und forderte diejenigen, die bleiben wollten, auf, einen Schritt vorzutreten. Zwei der Angesprochenen traten vor, und daraufhin folgte die gesamte Kolonne ihrem Beispiel. Plötzlich wollten alle bei uns bleiben. Ich glaubte das nicht und forderte sie auf, es sich gut zu überlegen und miteinander darüber zu sprechen; danach würden wir dann entscheiden. Daraufhin erklärten fünfzehn Männer ihren Rückzug aus der Armee, doch wir erhielten auch positive Meldungen. Ein früherer Kommandant zum Beispiel wollte als einfacher Soldat weiterkämpfen, da höhere Ränge nicht zugelassen wurden, und die Zahl der Freiwilligen war größer, als wir angenommen hatten.

Es wurde beschlossen, dass Masengo auf die Basis zurückkehren sollte, gemeinsam mit Tembo, Siki und Kasulu, dem Arzt und Übersetzer. Paradoxerweise konnte die politische Lage nicht besser sein: Tschombé war gestürzt worden, und Kimba versuchte ohne Erfolg, eine neue Regierung zu bilden. Für uns eine ideale Ausgangssituation, um das Chaos auszunutzen und weiterzukämpfen; doch die feindliche Armee, effizient geführt, ohne ernsthafte Opposition und fernab von den Geschehnissen in der Hauptstadt, ging mit schonungsloser Härte vor.

Genosse Rafael, der unsere Angelegenheiten in Daressalam vertrat, war gekommen, um mit mir persönlich zu sprechen. Wir stellten Übereinstimmung in den wesentlichen Fragen fest: Der Chef der Funkertruppe sollte sich in der Kampfzone aufhalten, und außerdem brauchten wir einen Sender, der leistungsfähig genug war, um mit Havanna Kontakt aufzunehmen. Wöchentlich sollte ein Boot mit Lebensmitteln für die Basis geschickt werden, denn die neu gebildete Armee musste so gut wie möglich versorgt werden. Schließlich sollte ein Genosse von Daressalam nach Kigoma gehen, um Changa zu ersetzen, der kein Suaheli sprach und in Schwierigkeiten steckte. Changa würde auf diese Seite des Sees kommen und für die Boote zuständig sein.

Was die Versorgung betraf, so änderte ich meine frühere Haltung, die sich als falsch erwiesen hatte. Ich war mit der Absicht hergekommen, einen Kern mit Vorbildfunktion zu bilden, alle Schwierigkeiten an der Seite der Kongolesen durchzustehen und ihnen mit unserer Opferbereitschaft den Weg aufzuzeigen, den ein revolutionärer Soldat zu gehen hat. Doch das Ergebnis war, dass unsere Genossen ausgehungert und schlecht gekleidet waren und barfuß gehen mussten, während die Kongolesen Schuhe und Kleidung über andere Kanäle bekamen. Das Einzige, was wir erreicht hatten, war, dass sich unter den Kubanern Unzufriedenheit breit machte. Daher beschloss ich, einen Kern von Soldaten zu bilden, der besser ausgerüstet und besser versorgt sein würde als der Rest der kongolesischen Truppe. Diese Gruppe sollte meinem direkten Kommando unterstehen und eine praktische Schule als Kern der Armee darstellen. Um das aber zu erreichen, musste uns Kigoma regelmäßig die wichtigsten Versorgungsgüter und Ausrüstungen liefern und den Transport an die Front mit den Bauern organisieren. Die kongolesischen Soldaten waren nämlich nur sehr schwer zum Arbeiten zu bewegen, und wenn unsere Genossen sich selbst um den Transport hätten kümmern müssen, hätten wir keine kämpfenden Soldaten mehr gehabt.

Wir teilten unsere Truppe auf zwei Einheiten auf, die provisorisch von Ziwa und Azima geführt wurden, denn wenn die Grundausbildung abgeschlossen war, sollten sie unter dem Kommando von Mbili bzw. Moja in den Kampf ziehen. Die Einheiten bestanden aus fünfzehn Kubanern und fünfundvierzig Kongolesen, zu denen, je nach Bedarf, noch einige andere kamen: ein Kompaniechef, drei Zugführer, Kubaner, und drei Gruppenführer (für je fünf Mann), ebenfalls Kubaner. Ein Zug bestand aus drei Gruppen, eine Kompanie aus drei Zügen. Insgesamt also neun Gruppenführer, drei Zugführer, der Kompaniechef und sein Stellvertreter sowie ein kleiner Hilfstrupp, alles Kubaner.

Wir wechselten in das neue Lager über, das sich an den Ausläufern der Bergkette befand, eine Stunde von unserem früheren Lager entfernt.

Das Desaster

Tremendo Punto hatte sich uns angeschlossen. Er füllte die Funktion eines politischen Kommissars aus. Charles, der mich ebenfalls begleitete, war eher für die praktischen Aufgaben zuständig, mehr im direkten Kampfgeschehen, denn er konnte sich mit den Kongolesen auf *kibembe* direkt verständigen. Ich hielt Tremendo Puntos Anwesenheit für äußerst wichtig, da wir auf der Suche nach Leuten waren, die man zu fähigen Kadern ausbilden konnte. Unser Botschafter in Tansania berichtete von dem starken Druck, den die dortige Regierung ausübte, um uns zu einer Einigung mit Gbenyé zu drängen. Ich wusste nicht, was passieren würde, war aber entschlossen, den Kampf bis zur letzten Minute weiterzuführen. Es war mir deshalb sehr recht, jemanden an meiner Seite zu haben, der die Fahne der Rebellen hochhalten würde, falls es zu Verhandlungen mit jenen Leuten käme.

In unserem neuen Feldlager waren die Bedingungen besser als in dem alten; aber ideal waren sie auch hier nicht. Es gab sehr wenig Wasser, wir hatten nur eine kleine, sumpfige Quelle zur Verfügung, und wir wussten aus Erfahrung, welche Magenprobleme das mit sich brachte. Ein Hügel zwischen der Straße und unserem Lager verhinderte, dass wir von weitem entdeckt werden konnten. Es wäre bedeutend günstiger gewesen, das Lager weiter oben auf dem Berg einzurichten, aber dort gab es überhaupt kein Wasser, und es für eine so beträchtliche Anzahl von Männern heranzuschaffen, wäre sehr unbequem gewesen. Ich gab den Befehl, weiter oben auf dem Berg ein Waffenlager anzulegen, damit wir uns nicht mit der

Verteidigung der einhundertfünfzig Munitionskisten, die wir aus Lubonja gerettet hatten, herumschlagen mussten. Ich erkundete eine geeignete Stelle für das Waffenlager und traf ein paar Vorsichtsmaßnahmen, wie zum Beispiel die, stets einen Zug in Bereitschaft zu halten, der im Falle eines Angriffs den oberen Teil des Berges verteidigen sollte.

Zusammen mit den Bauern, die sich uns angeschlossen hatten, verfügten wir über den Kern der 3. Kompanie. Ich gedachte insgesamt vier Kompanien aufzustellen und dann eine Situationsanalyse vorzunehmen, denn ich wollte die Anzahl der Männer nicht zu sehr in die Höhe treiben, bevor nicht eine rigorose Auswahl im Kampf stattgefunden hatte. Die Bauern aus der Region waren dem Aufruf Masengos gefolgt und hatten sich bei uns gemeldet. Ich stimmte sie persönlich auf das ein, was sie erwartete, und Charles übersetzte meine energischen Worte ins *kibembe*.

Machado teilte uns mit, dass er den See nicht überqueren könne, da ihm kein seetüchtiges Boot zur Verfügung stehe (schließlich benutzte er ein Motorboot). Er war bereit, Arobaini mitzunehmen, der in einer früheren Schlacht verwundet worden war und Gefahr lief, einen Finger zu verlieren; damit hatten wir noch einen Mann weniger. Machado ließ mich wissen, dass er mit den Ärzten, die sich aus dem Kampfgebiet zurückziehen wollten, gesprochen und versucht hatte, sie zu einer Verlängerung ihres Aufenthaltes um weitere sechs Monate bis März zu bewegen. Aber alles Reden war umsonst gewesen, und deshalb hatte er beschlossen, sie einfach zurückzulassen. Dieser »kurze Prozess« war unbestreitbar wirksam, und ich stimmte mit seiner Entscheidung vollkommen überein.

Wir schickten einen Spähtrupp von zwei Mann los, um zu erkunden, in welchem Zustand sich das Waffenlager von Lubonja befand, und zu versuchen, es in Sicherheit zu bringen; es war größer als das, was wir aus Lamberts Stellung gerettet hatten. Die beiden Späher berichteten, dass das Lager unangetastet, aber völlig unbewacht war. Darin irrten sie, denn eine Gruppe von Männern, die an einer unbedeutenden Sperre stationiert war, hatte sich dorthin begeben und die Bewachung übernommen.

In unmittelbarer Nähe lungerten viele verstreute Soldaten aus Lubonja, Kalonda-Kibuye und Makungo herum. Sie flüchteten sich in die Bauerndörfer und schikanierten die Bevölkerung. Wir beschlossen, Maßnahmen zu ergreifen, und Charles wurde auf eine Strafexpedition geschickt, um die Dörfer zu »säubern«, die Soldaten zu bestrafen, sie zu entlassen und ihnen die Waffen abzunehmen. Die Aktion wurde von den Bauern sehr begrüßt, denn sie fühlten sich von den Vagabunden belästigt, die sehr viel brutaler auftraten als in der gewissen Ordnung eines Truppenverbandes.

Wir beschlossen, die Ausbildung zu intensivieren, um die Zeit sowohl der Kongolesen als auch der Kubaner besser auszufüllen. Auf einer Versammlung mit den Offizieren des Regimentsstabes und auf einer Parteiversammlung legten wir den Aktionsplan fest. Auf der ersten Versammlung wurden die Methoden der militärischen Ausbildung, die Charakteristika der Kompanie sowie die nächsten Aktionen und auch die Maßnahmen zur Aufrechterhaltung der Disziplin und zur Integration der Kongolesen besprochen. Die Kampfmoral der Offiziere war nicht hoch; sie zeigten sich sehr skeptisch, erfüllten jedoch ihre Aufgaben recht gut. Es wurde mit den Arbeiten für den Bau der Häuser, der Latrinen und des Lazaretts begonnen, die Wasserquelle wurde gereinigt, Schützengräben wurden an den verletzlichsten Punkten ausgehoben. Doch weil die Regenfälle nun stärker wurden, ging alles nur langsam voran, und ich konnte mich nicht entschließen, die Männer dazu zu zwingen, das Waffenlager zu verlegen. Ich wollte auf das Ende der Bauarbeiten warten, und diese mangelnde Entschlusskraft sollte sich rächen. Da wir uns in der falschen Sicherheit wiegten, der Feind würde sich nicht in diese Gegend vorwagen, stellten wir nur Wachposten in unmittelbarer Nähe auf.

Auf der Parteiversammlung bat ich noch einmal dringend um Unterstützung für meinen Plan, eine disziplinierte Armee mit Vorbildcharakter zu bilden. Ich fragte die Anwesenden, wer von ihnen an die Möglichkeit eines Sieges glaubte. Außer Moja und Mbili hoben nur die beiden kürzlich eingetroffenen Ärzte Fizi und Morogoro die Hand. Das konnte man als Zeichen ihrer wirklichen Zuversicht ansehen oder aber auch als Ausdruck ihrer engen Beziehung zu mir; mit anderen Worten, als eine Demonstration ihrer Loyalität mir gegenüber. Ich machte die Anwesenden darauf aufmerksam, dass ich möglicherweise große Opfer von ihnen verlangen würde, die sogar das Leben kosten könnten, und fragte sie, ob sie dazu bereit seien. Jetzt hoben alle die Hand.

Dann gingen wir zur Analyse der Schwächen einiger Parteimitglieder über. Die Kritikpunkte wurden akzeptiert. Nur Bahaza, der Genosse, der seine Kanone im Stich gelassen hatte, war nicht einverstanden. Ich wies auf seine außergewöhnlichen Qualitäten hin, insbesondere auf seine unerschütterliche Begeisterung, die den anderen Genossen, sowohl den Kubanern als auch den Kongolesen, als Beispiel dienen konnten. In einem bestimmten Augenblick jedoch hatte er Schwäche gezeigt, und der Beweis dafür war, dass die Kanone gerettet werden musste, nachdem er sie zurückgelassen hatte. Das warf ich Bahaza immer wieder vor, bis er schließlich mit vorwurfsvoller Miene sagte: »Also gut, ich bin schuldig.« Natürlich war es nicht das, worauf es mir ankam; mir ging es um die Analyse unserer Schwächen, und deshalb bat ich noch weitere Genossen um ihre Meinung. Sie mussten anerkennen, dass es die von mir angeprangerten Schwächen gegeben hatte.

Ich hob die Versammlung auf, überzeugt davon, dass nur sehr wenige Genossen meinen Traum von einer Armee teilten, die den kongolesischen Truppen zum Sieg verhelfen sollte. Doch ich war mir sicher, dass viele bereit waren, sich zu opfern, auch wenn sie vielleicht annahmen, dass ihr Opfer vergeblich sein würde.

Unsere wichtigste und schwierigste Aufgabe war es, zwischen Kongolesen und Kubanern Einigkeit herzustellen. Wir hatten Gemeinschaftsküchen eingerichtet, um mit dem Durcheinander des individuellen Kochens Schluss zu machen. Aber den Kongolesen schmeckte unser Essen nicht (die Köche waren Kubaner, denn sonst wären alle Lebensmittel verschwunden), und sie beschwerten sich ständig. Es herrschte eine aggressive Atmosphäre.

Jean Ila, der Kommandant von Kalonda-Kibuye, kam mit siebzig Mann, um sich uns anzuschließen. Aber ich hatte schon zu viele Leute und musste ihn abweisen. Ich schickte ihn zurück, versicherte ihm jedoch, dass eine Gruppe von Kubanern ihm dabei helfen würde, auf der Straße von Lulimba nach Katenga, wo wir immer noch effiziente Aktionen durchführen konnten, einen Hinterhalt aufzubauen. Ich nahm ihm den Granatwerfer, ein kaputtes Maschinengewehr, dem mehrere Einzelteile fehlten, und eine sowjetische Panzerfaust ohne Munition ab. Er wollte die Waffen mitnehmen, aber ich befahl ihm, sie dazulassen. Ich war der Ansicht, dass sie hier sicherer waren.

Bevor sie aufbrachen, bat mich Jean Ila, zu seinen Männern zu sprechen. Ich erklärte ihnen, dass wir mit vereinten Kräften arbeiten müssten, und kritisierte die Art, mit der sie die Bauern behandelten, so als hätten sie vergessen, woher sie kamen. Diese Rede und eine weitere an unsere Truppe, in der ich die Männer darauf hinwies, dass Deserteure erschossen werden würden, fanden nicht den Beifall der Kongolesen. Ständig desertierten Männer mit ihren Gewehren, und die einzige Möglichkeit, das zu verhindern, waren drastische Maßnahmen; gleichzeitig musste man denen, die fortgehen wollten, das Ausscheiden ermöglichen, damit sie ihre Gewehre nicht mitnahmen.

Unsere Patrouillen durchstreiften weiterhin die Umgebung auf der Suche nach verstreuten Waffen, und sie stießen dabei auf ein Maschinengewehr, dem ebenfalls verschiedene Teile fehlten. Damit und mit dem Maschinengewehr aus Kalonda-Kibuye bauten wir ein komplettes Maschinengewehr zusammen. Als Reaktion auf meine Warnung und mein gleichzeitiges Angebot baten mehrere Kämpfer um ihre Entlassung.

Vom frühen Morgen des 22. Oktober an war der fortgesetzte Lärm eines Granatwerfers in Richtung Lubonja zu hören, und wir nahmen an, dass der Feind dorthin vorrückte. Wir ergriffen einige Maßnahmen, und ich schrieb eilig einen Brief an Masengo, in dem ich ihn darum bat, mit seinen Männern vom See die Stellung in Lubonja zu verstärken, damit ich nicht gezwungen war, zum jetzigen Zeitpunkt die Verteidigung übernehmen zu müssen. Gleichzeitig gab ich ihm verschiedene Ratschläge (um nicht aus der Übung zu kommen), wie zum Beispiel den, Männer nach Fizi und Uvira zu schicken, um die Verfassung unserer Truppen zu überprüfen.

Aus Lubonja kamen Nachrichten: Man hatte das Waffenlager außer Gefahr gebracht, indem man es aufgeteilt hatte. Ein Teil wurde an einem von uns ausgewählten Ort, der andere von den Kongolesen versteckt, die uns nicht verraten wollten, wo genau sich ihr Versteck befand. Die Sperre von Lubonja forderte Kubaner, Panzerfäuste und Verteidigungswaffen an, doch ich kam keiner der Bitten nach, da ich die Truppe und ihre Waffen nicht noch weiter zerstreuen wollte.

Es kam der 24. Oktober. Wir waren nun ein halbes Jahr im Kongo. Es regnete stark, und die Strohhütten weichten auf. Die Kongolesen baten mich um die Erlaubnis, aus unserem früheren Lager Zinkbleche zu holen, die wir dort zurückgelassen hatten. Ich gab ihnen die Erlaubnis. Sie waren vielleicht eine Stunde fort, da hörten wir Gewehrsalven und daraufhin Schnellfeuer. Die ahnungslosen Kongolesen waren der feindlichen Armee, die eine Offensive vorbereitete, in eine Falle gelaufen. Glücklicherweise wurden sie aus der Ferne beschossen und konnten sich alle in Sicherheit bringen. Im Lager brach Panik aus. Die Kongolesen verschwanden von der Bildfläche, und es gelang uns nicht, Ordnung herzustellen. Sie rannten alle zur Hütte des *muganga*, um sich eine *dawa* verabreichen zu lassen. Ich begann, mit Ziwas Kompanie die erste Verteidigungslinie aufzubauen, und wir hielten uns bereit, um die feindlichen Soldaten gebührend zu empfangen. Plötzlich wurde mir gemeldet, dass feindliche Kontingente auch auf dem Bergkamm gesichtet worden waren. Ich konnte sie nicht sehen und fragte, wie viele es seien. Viele, wurde mir geantwortet. Sehr viele? Sehr viele, lautete die Antwort. Wir befanden uns in einer schwierigen Situation, denn sie konnten uns den Rückzug abschneiden, und wir würden große Mühe haben, uns zu verteidigen, wenn der Feind auch auf dem Bergkamm stand. Ich schickte einen Zug unter Rebocates Kommando hinauf, damit sie die feindlichen Soldaten so weit oben wie möglich aufhielten.

Mein Dilemma war folgendes: Wenn wir hier blieben, konnten wir eingekesselt werden; zogen wir uns zurück, würde das Waffenlager und damit die gesamte Ausrüstung, die wir gerettet hatten, verloren gehen, so zum Beispiel zwei 60er Granatwerfer, eine Funkstation etc. Uns blieb keine Zeit, irgendetwas davon mitzunehmen. Besser war es, uns dem Feind entgegenzustellen und die Stellung zu halten, bis die Nacht hereinbrach und wir den Rückzug antreten konnten. Während wir noch darüber nachdachten, näherte sich der Feind über den Weg gegenüber der Straße nach Lulimba. Wir eröffneten das Feuer, doch es dauerte kaum eine Minute. Ein Genosse kam angelaufen, er schien schwer verwundet zu sein, hatte sich aber lediglich beim Abfeuern der Panzerfaust verletzt. Er meldete uns, dass der Feind die erste Verteidigungslinie bereits überrannt habe. Wir mussten sofort den Befehl zum Rückzug geben. Ein Maschinengewehr, dessen kongolesische Bewacher geflüchtet waren, wurde von dem kubanischen Schützen ohne den Versuch, es zu retten, im Stich gelassen. Ich schickte Männer zur anderen Flanke, um die Leute dort anzuweisen, sich in Sicherheit zu bringen, was sie auch auf der Stelle taten. Wir zogen uns ebenfalls in aller Eile zurück und mussten unzählige Dinge verloren geben: Bücher, Dokumente, Lebensmittel und sogar die beiden Äffchen, die ich als Maskottchen bei mir hatte.

Eine Gruppe erreichte der Rückzugsbefehl nicht rechtzeitig, sie stellte sich dem Feind entgegen und brachte ihm einige Verluste bei. Es handelte sich um Bahaza und Genosse Maganga. Sie retteten die Kanone, und nachdem sie sie den Kongolesen übergeben hatten, damit diese sie in Sicherheit brachten, kämpften sie an der Seite von Ziwa, Azima und einigen anderen Genossen weiter. Sie waren es, die an jenem Tag unsere Ehre retteten. Bevor sie schließlich den Rückzug antraten, beschossen sie das Waffenlager mit Panzerfäusten, allerdings ohne Erfolg.

Wie bereits gesagt, zogen wir uns über eine Flanke zurück, wobei wir den Belagerungsring des Feindes zu umgehen suchten. Ich selbst war schrecklich deprimiert, denn ich fühlte mich schuldig wegen meiner mangelnden Voraussicht und Unentschlossenheit. Die Einheit, die mich begleitete, war ziemlich groß. Wir schickten einige Männer vor, damit sie uns den Weg freimachten, falls feindliche Soldaten den Ring zu schließen versuchten. Ich ordnete an, dass sie oben auf dem Berg auf uns warten sollten; aber sie gingen einfach weiter, und so konnten wir erst mehrere Tage später wieder zu den Kubanern stoßen. Die Kongolesen desertierten. Auf dem Bergkamm angekommen, legten wir eine Ruhepause ein, und ich stellte verbittert fest, dass wir zwar dreizehn Mann waren, einer mehr, als Fidel damals hatte, dass aber der Kommandant ein anderer war. Unsere Gruppe bestand aus Moja, Mbili, Karim, Uta, Pombo, Tumaini, Danhusi, Mustafa, Duala, Sitini, Marembe, Tremendo Punto und mir. Was mit dem Rest geschehen war, wussten wir nicht.

Bei Einbruch der Nacht, als die letzten Schüsse auf unser Lager verhallten, erreichten wir eine verlassene Bauernortschaft. Wir schnappten uns einige dicke, wohlgenährte Hennen, da ja doch alles am nächsten Tag dem Feind in die Hände fallen würde. Wir gingen noch ein Stück weiter, denn wir stellten fest, dass wir im Kreis gegangen und nur zwei oder drei Kilometer von unserem Lager entfernt waren. Ein oder eineinhalb Kilometer weiter lag ein anderer Ort, in dem noch einige Bauern waren. Wir wollten ihnen ein paar Hühner abkaufen, doch sie antworteten, wir seien alle Brüder im Unglück, und deswegen komme eine Bezahlung nicht in Frage.

Wir baten sie, uns einen von ihnen als Führer mitzugeben, doch alle hatten furchtbare Angst. Sie berichteten uns von einem Dorf ganz in der Nähe, in dem sich die Ärzte und noch jemand anderer aufhielten. Wir schickten einen unserer Männer dorthin, und nach einer Weile kam er mit Fizi und Kimbi, dem Sanitäter, sowie zwei weiteren Genossen zurück. Sie waren frühmorgens in die Umgebung aufgebrochen und in dem Dorf geblieben, als sie Gefechtslärm gehört hatten. Kurz darauf waren flüchtende Kongolesen gekommen, unter ihnen ein Verwundeter, den sie behandelt hatten und der mit den anderen in Richtung Lubichaco weitergeflüchtet war. Von dort wurde berichtet, dass zwei Kongolesen leicht und ein Kubaner, Bahaza, schwer verwundet waren. Azima bekam die Nachricht, wo genau sie sich aufhielten, und nachdem wir ein wenig geschlafen hatten, um Kräfte zu sammeln, brachen wir um vier Uhr morgens dorthin auf, geführt von einem Bauern, der seine Angst überwunden hatte. Um sechs Uhr früh erreichten wir den Ort, wo der verwundete Genosse Bahaza lag. Dort trafen wir eine große Menge Kubaner und Kongolesen an.

Wir analysierten die Katastrophe und ihre Ursachen. Die Männer, die auf meinen Befehl hin den Berg hinaufgestiegen waren, um die feindlichen Soldaten aufzuhalten, hatten keinen Feind gesichtet. Später dann, als sie sahen, dass er in unser Lager eindrang, hatten sie nicht einen Schuss abgegeben, da sie annahmen, wir würden auf diesem Wege den Rückzug antreten, falls wir die Möglichkeit dazu hätten (was wir nicht taten, da wir wiederum annahmen, dass der Feind sich auf dem Berg befände). Ziwas Behauptung – die später bestätigt wurde –, es habe sich bei den feindlichen Soldaten um Bauern gehandelt, die über die Bergkette geflüchtet seien, als sie die tatsächliche feindliche Truppe vorrücken sahen, deprimierte mich noch mehr: Wir hatten die günstige Gelegenheit verpasst, aus dem Hinterhalt anzugreifen und eine große Zahl feindlicher Soldaten zu vernichten. Das hatten wir aufgrund jener Falschmeldung nicht getan, und so war unsere Verteidigung aufgerissen worden und eine unserer Flanken unnötigerweise zusammengebrochen. Genosse Bahaza war auf dem Rückzug getroffen und von seinen Genossen auf den Schultern in jenes kleine Dorf gebracht worden.

Wir besetzten die Bergflanken – denn wir befanden uns ja noch in einem Tal –, während Bahaza behandelt wurde. Er war von einer Kugel getroffen worden, sie war ihm durch den Oberarmknochen und eine Rippe in die Lunge gedrungen. Seine Verwundung erinnerte mich an die eines Genossen, den ich vor Jahren in Kuba behandelt hatte und der wenige Stunden später gestorben war. Bahaza war kräftiger, seine Knochen hatten die Kugel gebremst. Aber seine Verwundung war äußerst schmerzhaft; er wurde geschient, so gut es ging, und wir begannen den mühsamen Aufstieg über steile, durch den Regen rutschige Hügel. Die erschöpften Genossen mussten eine sehr schwere Last auf ihren Schultern tragen und wurden dabei von den Kongolesen kaum unterstützt.

Der Transport von Bahaza dauerte sechs Stunden. Es waren furchtbare Stunden; die Männer konnten den Verwundeten nicht länger als zehn oder fünfzehn Minuten tragen, dann mussten sie ersetzt werden. Doch das wurde immer problematischer, denn es gab nur relativ wenige Kubaner, und die Kongolesen waren, wie schon gesagt, nicht bereit, sich an dem Transport zu beteiligen.

Plötzlich hatten wir den Eindruck, dass feindliche Soldaten uns von einem der Bergkämme aus den Weg versperren wollten, und wir mussten einige Genossen als Rückendeckung für den Verwundetentransport zurücklassen. Doch dann stellte sich heraus, dass es sich lediglich um Bauern auf der Flucht handelte. Von unserem Hügel aus konnten wir zahllose Feuer auflodern sehen: Der Feind brannte alle Bauernhäuser der Umgebung nieder. Über die Verbindungswege gelangte er in jedes Dorf und legte überall Feuer.

Wir konnten das Vorrücken der feindlichen Soldaten anhand der aufsteigenden Rauchsäulen verfolgen und gleichzeitig die Flucht der Bauern in die Berge beobachten.

Endlich kamen wir in eine kleine Ortschaft, in der es praktisch nichts zu essen gab. Sie war überfüllt mit Flüchtlingen, die ihre anklagenden Blicke stumm auf jene Männer richteten, die für den Verlust ihrer Sicherheit verantwortlich waren. Sie hatten ihnen den Glauben an den Sieg der Befreiungsbewegung eingetrichtert, sie dann aber alleine gelassen, ohne ihre Häuser und ihre Felder zu verteidigen. Ihr ganzer Zorn drückte sich in einem verzweifelten und hoffnungslosen Satz aus: »Und was sollen wir jetzt essen?« Tatsächlich hatten sie ihr Ackerland und ihre Tiere zurücklassen müssen, waren mit dem geflüchtet, was sie tragen konnten, vor allem mit ihren vielen Kindern natürlich, und ihr Lebensmittelvorrat reichte nur für einen oder zwei Tage. Einige Bauern erzählten mir, wie die Soldaten plötzlich aufgetaucht seien und ihre Frauen mitgenommen hätten, und sie schimpften wütend, dass sie sich mit einem Gewehr hätten verteidigen können, aber sie besäßen nur ihre Speere, und so hätten sie fliehen müssen.

Bahaza schien es sehr viel besser zu gehen; er konnte wieder sprechen, schlürfte Hühnerbrühe und klagte weniger über Schmerzen, war aber sehr unruhig. Ich war erleichtert über seinen Zustand und machte ein Foto von ihm, mit seinen großen, hervortretenden Augen, die von einer inneren Unruhe zeugten, die wir nicht zu deuten wussten.

Am frühen Morgen des 26. Oktober meldete mir der Sanitäter, dass Bahaza nach einer Krise, bei der er sich die Verbände abgerissen hatte, gestorben war, offenbar an einem akuten Hämatothorax, einem Bluterguss in der Brusthöhle. Am Vormittag erfüllten wir die feierliche und traurige Pflicht, eine Grube auszuheben und den Genossen Bahaza zu bestatten. Er war der sechste Tote, den wir zu beklagen hatten, aber der erste, dem wir die letzte Ehre erweisen konnten. Seine Leiche war, so wie es der Verwundete bereits gewesen war, eine stumme und heftige Anklage gegen meine Unvorsichtigkeit und Dummheit.

Unsere kleine, geschlagene Truppe versammelte sich zu einer Trauerfeier, und ich hielt die Trauerrede. Es war fast wie ein von

Selbstanklagen beherrschter Monolog; ich bekannte mich zu den Fehlern, die mir unterlaufen waren, und versicherte, dass von allen Todesfällen im Kongo der Tod von Bahaza für mich der schmerzlichste sei, was tatsächlich der Wahrheit entsprach. Denn er war der Genosse gewesen, den ich wegen seines Versagens streng kritisiert hatte und der sich daraufhin wie ein wahrer Kommunist verhalten hatte, indem er sich schuldig bekannte; ich aber hatte die Situation nicht richtig beurteilt und war schuld an seinem Tod. Ich wollte alles tun, was in meiner Macht stand, um diesen Fehler wieder gutzumachen, durch noch intensiveres Arbeiten und noch größere Begeisterung als zuvor. Ich erklärte, dass die Lage sich verschlechtert habe, und wenn wir es nicht schafften, die Kongolesen zu integrieren, würde es uns niemals gelingen, unsere Armee aufzustellen. Ich beschwor die kubanischen Genossen, daran zu denken, dass es von nun an nicht nur das internationale Proletariat war, das uns zum Kampf antrieb, sondern dass wir auch die Basis halten mussten, da sie uns den Kontakt nach außen ermöglichte; wenn wir sie verlören, wären wir für wer weiß wie lange im Innern des Kongos isoliert. Wir mussten also darum kämpfen, uns diesen Weg offen zu halten.

Danach sprach ich zu den Kongolesen. Ich erklärte ihnen, wie ernst die Lage war und dass eine der Ursachen unserer Niederlage darin bestand, dass ich Angst gehabt hatte, außergewöhnliche Anstrengungen von ihnen zu verlangen. Es müsse mehr Vertrauen zwischen uns herrschen, sagte ich, und eine Truppe gebildet werden, die es ermögliche, schneller auf derartige Situationen zu reagieren. Mit einem Appell an ihr revolutionäres Bewusstsein beendete ich die Trauerfeier.

Wir marschierten nach Nabikume, einer ziemlich großen Ortschaft am Ufer des gleichnamigen Flusses in einem fruchtbaren und angenehmen Tal. Bei den Kongolesen zeigten sich zwei Tendenzen: Eine kleine, von Tremendo Punto angeführte Gruppe wollte unbedingt zur Basis am See; die andere, in der Mehrzahl Männer aus jener Gegend, angeführt von Charles, wollte dort bleiben, in der Nähe der feindlichen Truppen, und die Region verteidigen.

Ich beschloss zu bleiben. Ein weiterer Rückzug hätte bedeutet, den Niederlagen, die wir bereits erlitten hatten, weitere hinzuzufügen und die Moral der Männer, die fast völlig den Glauben an einen Sieg verloren hatten, noch weiter zu untergraben. Die Kubaner wollten zur Basis weitermarschieren, denn der See hatte auch sie infiziert, und sie sahen dort mehr Möglichkeiten, sich aus dem Staub zu machen. Aber wir blieben und machten uns daran, mit den uns verbliebenen Männern zwei Kompanien aufzustellen. Wir sammelten so viele Kongolesen wie möglich wieder ein und riefen alle Kubaner zusammen, die auf unserem Rückzug an einem anderen Punkt gelandet waren.

Ich rekapitulierte das Desaster und nahm folgende Analyse vor:

> Vom militärischen Standpunkt aus betrachtet, machte ich den ersten Fehler, als ich die Umgebung unseres neu errichteten Lagers nicht genau genug erkunden ließ und die Verteidigung nicht ausreichend organisierte. Es gab keine Wachposten mehrere Kilometer vor der Stellung, die rechtzeitig hätten eingreifen können. Mir gelang es nicht, von den Männern einen etwas größeren Arbeitseinsatz zu verlangen, um das Waffenlager weiter oben zu sichern, was uns sehr viel mehr Flexibilität verschafft hätte, und um verschiedene Waffen in Stellung zu bringen, wie zum Beispiel den Granatwerfer, der dann vom Feind erbeutet wurde. Andererseits brachten die Falschmeldungen über die Einkesselung durch den Feind unsere Pläne durcheinander, und aus der Verteidigungsstrategie wurde eine unkoordinierte Aktion blind durch die Gegend rennender Männer. Darüber hinaus brach die Flanke, auf der sehr viele Kubaner standen, fast ohne Widerstand zusammen; diesmal konnten wir die Schuld nicht den flüchtenden Kongolesen geben. Es waren im Wesentlichen Kubaner, die dort den ungeordneten Rückzug antraten. Als mir gemeldet wurde, dass die feindlichen Soldaten bereits auf dem Bergkamm standen, der unsere Verteidigungslinie bildete, war ich drauf und dran, mir ein automatisches Gewehr zu schnappen und hinaufzusteigen, um dort mitzukämpfen. Dann aber überlegte ich mir, dass ich damit alles auf eine Karte gesetzt hätte, und ich trat lieber den Rückzug an. Doch in Wirklichkeit stand kein einziger Soldat auf dem Berg, die Meldung war das Ergebnis

der momentanen Nervosität: Unsere Leute sahen eine große Anzahl feindlicher Soldaten, wo es nur Bauern gab, und zwar nicht mehr als fünfzehn Männer.

Militärisch gesehen hatten wir unser gesamtes Waffenlager eingebüßt, rund einhundertfünfzig Kisten mit Munition für die Kanone, die nun keine Verwendung mehr fand, für die Granatwerfer und die Maschinengewehre. Wir hatten einen 82er Granatwerfer und ein komplettes Maschinengewehr verloren, zwei 60er Granatwerfer und zwei unvollständige Maschinengewehre, eine sowjetische Panzerfaust ohne Geschosse, ein chinesisches Funkgerät, das ich endlich hatte besorgen können, sowie zahlreiche andere Ausrüstungsgegenstände. Die Panzerfäuste der Kongolesen waren samt der Geschosse und der Schützen verschwunden; und vor allem war der Ansatz einer Organisation, die wir bis zu diesem Augenblick hatten aufbauen können, wieder zunichte gemacht worden.

Die Kongolesen hatten sich besser als die anderen Male verhalten. Im ersten Moment waren sie zwar alle abgehauen, um sich eine *dawa* verabreichen zu lassen; doch dann waren sie wieder zurückgekommen, und einige von ihnen hatten sich korrekt verhalten. Eigentlich hätten wir mit der Auswahl der Kämpfer beginnen können, wenn wir uns nach der Niederlage nicht in einer äußerst prekären Situation befunden hätten, sodass die Kongolesen reihenweise desertierten, nachdem sie sich doch so ordentlich benommen hatten.

Vom politischen Standpunkt aus betrachtet, hatten wir allen Kredit verspielt, den wir bei den Bauern durch unser brüderliches, verständnisvolles und gerechtes Verhalten ihnen gegenüber gewonnen hatten. Sie waren aus der Gegend vertrieben und ihre Hütten niedergebrannt worden. In den Bergen bestand praktisch keine Möglichkeit, sich zu ernähren, und sie lebten in der ständigen Gefahr, dass die Soldaten dorthin vorrückten und auch diesen Landstrich besetzten.

Die lokalen Befehlshaber rächten sich doppelt und dreifach. Alle, ohne Ausnahme: Calixte, Jean Ila, Lambert und seine Stellvertreter, ein politischer Kommissar namens Bendera und wahrscheinlich auch einige Ortsvorsteher, alle verbreiteten sie die Meinung, dass die Kubaner Hampelmänner seien, die viel redeten, aber in der Stunde der Wahrheit, nämlich im Kampf, sich zurückzögen und alles stehen und liegen ließen, während die Bauern die Konsequenzen tragen müssten. Sie, die Kommandanten, hätten auf den Bergen bleiben und die Schlüsselstellungen verteidigen wollen. Nun sei alles verloren, und Schuld hätten diese Schwätzer.

Diese Negativpropaganda verbreiteten die Kommandanten unter ihren Soldaten und unter den Bauern. Leider hatten sie eine objektive Basis für ihre üble Nachrede. Ich musste viel und hart arbeiten, um das Vertrauen jener Männer wiederzugewinnen, das sie, kaum dass sie mich kannten, in mich und unsere Genossen gesetzt hatten, mehr als in die politischen Kommissare und die Befehlshaber, deren Willkür sie so lange ausgesetzt gewesen waren.

Im Strudel der Ereignisse

Unsere größte Sorge galt dem Kampf um die Loyalität der Bauern. Dabei sahen wir uns verschiedenen Widrigkeiten ausgesetzt. Die fortgesetzten Niederlagen und Rückzüge unserer Armee, die Schikanen, denen die Bevölkerung ausgesetzt war, und nun die böswilligen Äußerungen, mit denen sich die Befehlshaber an uns rächten, all das machte unsere Lage sehr schwierig. Wir setzten uns mit dem *kapita* des Ortes, den Vorstehern benachbarter Dörfer und den Bauern zusammen und sprachen mit Hilfe der unschätzbaren Dienste unseres Dolmetschers Charles miteinander. Wir erklärten ihnen die gegenwärtige Situation, den Grund unserer Anwesenheit im Kongo und die Gefahr, in der sich die Revolution befand, weil wir uns gegenseitig bekämpften, anstatt uns auf den Kampf gegen den Feind zu konzentrieren. Der *kapita* war ein verständiger und kooperativer Mann und sagte allen, die es hören wollten, dass es niederträchtig sei, uns mit den Belgiern zu vergleichen (was tatsächlich passiert war). Erstens habe er in dieser Gegend noch nie einen Belgier gesehen und zweitens noch nie einen Weißen erlebt, der mit seinen Soldaten den *bukali* aus der Schüssel aß. Dieses positive Urteil des Bauernvorstehers war zwar tröstlich, doch wir mussten mehr tun, als einzelne Männer für uns zu gewinnen. Bedachte man die Vielzahl der verstreuten Dörfer und die Notwendigkeit, in jedem von ihnen Tage zuzubringen und *bukali* aus der Schüssel zu essen, um ihr Vertrauen zu gewinnen, so schien der Erfolg ungewiss.

Wir baten sie, uns die Versorgung mit Yucca und anderen Nahrungsmitteln, die sie beschaffen konnten, zu garantieren, uns beim Bau eines Lazaretts zu helfen (in der Nähe, aber fernab des Weges, den der Feind auf einem möglichen Vormarsch benutzen könnte), ihre Werkzeuge an uns auszuleihen, damit wir Schützengräben ausheben und die Stellung besser verteidigen konnten, und einen Spähtrupp zu bilden, der es uns ermöglichen würde, mehr über den Feind zu erfahren. Sie sagten uns jede Hilfe zu, und kurz darauf stand das Lazarett, ziemlich groß und komfortabel, auf einer vor Luftangriffen geschützten Anhöhe. Dort hatten wir auch eine Reihe von Erdlöchern ausgehoben, in denen wir unsere Ausrüstung aufbewahrten, um das zu verhindern, was uns in letzter Zeit immer wieder passiert war: dass nämlich alles dem Feind in die Hände fiel.

Zu der Schnelligkeit und Begeisterung, mit der die Bauern auf unsere Bitten reagierten, trug auch ein bedauerlicher Zwischenfall bei: An der Sperre von Lubonja beschloss eine Gruppe von Kongolesen, mit Hilfe von Granaten Fallen zu fabrizieren. Die Fallen waren fertig, aber es wurde versäumt, die Genossen darüber in Kenntnis zu setzen. Eine andere Gruppe von Kongolesen geriet in eine der Fallen, die für den Feind bestimmt waren. Ergebnis: ein Schwerverwundeter und drei Leichtverwundete. Behauptet wurde, die Verwundungen rührten von Granaten her, die der Feind abgeschossen hatte. Die Leichtverwundeten konnten schnell geheilt werden, aber bei dem dritten, der einen Bauchdurchschuss erlitten hatte, musste eine komplizierte Operation unter schwierigsten Bedingungen vorgenommen werden, unter freiem Himmel, der ständigen Gefahr eines Luftangriffs ausgesetzt. Dennoch konnte die Operation erfolgreich durchgeführt werden, was das Verdienst des Chirurgen, Genosse Morogoro, war. Bei dieser Gelegenheit drängten wir auf eine zügige Fertigstellung des Lazaretts, um einen friedlichen und ruhigen Ort zu schaffen, an dem derartige Aufgaben in größtmöglicher Sicherheit bewältigt werden konnten.

In derselben Nacht wurde noch ein Verwundeter mit zwei Durchschüssen gebracht. Was war passiert? Bei der Explosion der Granatenfalle waren alle geflüchtet. Die Leichtverwundeten und auch der Schwerverwundete konnten sich mit Hilfe ihrer Genossen ebenfalls in Sicherheit bringen; nur einer blieb am Unglücksort zurück. Entweder konnte er sich wegen seiner schweren Verwundung nicht fortbewegen, oder er war ganz einfach starr vor Schreck. Nach Einbruch der Nacht, als die Kongolesen sicher sein konnten, dass kein Feind auftauchen würde, wagten sich einige zu der Unglücksstelle vor, um ihre Waffen zu holen (sie hatten sie auf der Flucht weggeworfen). Erst jetzt fanden sie den verwundeten Genossen. Er wurde zu uns gebracht. Es gab keine geeigneten Lampen, und so musste im Schein zweier Taschenlampen eine noch schwierigere Operation als die erste durchgeführt werden. Die erforderlichen Medikamente standen nicht zur Verfügung, und der Zustand des Patienten war sehr ernst. In den frühen Morgenstunden verstarb er trotz aller Bemühungen. Wenig später musste eine Frau behandelt werden, die von einem Büffel verletzt worden war (der Büffel wurde schließlich mit Speeren erlegt). All das hob unser Ansehen bei den Bauern, und es gelang uns, einen Kern zu bilden, der dem schlechten Einfluss der Befehlshaber widerstand.

Diese fuhren fort, ihre Verleumdungen auszustreuen. Zum Beispiel wurde die Geschichte mit den Granaten von Radio Bemba gemeldet, allerdings in der Version, dass es die Kubaner gewesen seien, die eine Falle gebastelt hätten. Derartige Niederträchtigkeiten wurden von Leuten wie dem politischen Kommissar Feston Bendera, dem Kommandanten Huseini und anderen einflussreichen Personen verbreitet. Calixte und Jean Ila wurden nicht müde, mich zu beschimpfen, genauso wie der Genosse Lambert und seine Leute.

An der Sperre von Lubonja stellten sie kongolesische Soldaten unter unser Kommando, und sie lachten über die Kubaner, die gezwungen waren zu arbeiten, zum Beispiel Schützengräben auszuheben, während ihre Soldaten gemütlich in ihren Hütten saßen und lediglich drei oder vier Wachposten aufstellten. Sie weigerten sich übrigens nach wie vor, uns zu der Stelle zu führen, an der ein Teil des Waffenlagers versteckt war. So wurden wir hintergangen, und wir mussten es mit Engelsgeduld ertragen.

Kommandant Huseini berief eine Versammlung aller Kongolesen ein. Uns gelang es, einen unserer Leute einzuschleusen. Huseini führte Klage, dass ich ihn wie einen Schuljungen behandelte, dass wir die Lebensmittel, die vom See geliefert wurden, nur in unserer Kompanie verteilten und alle Waffen samt Munition für uns beanspruchten. Auch würden wir ihnen den Mais und die Yucca wegessen; wir würden schon sehen, was passieren würde, wenn die Lebensmittel aufgebraucht wären. Das Traurigste daran war, dass sie uns um unsere Anwesenheit dort gebeten hatten.

So schändlich das Verhalten der Befehlshaber auch war, als mildernde Umstände konnte man die heftige Kritik gelten lassen, die wir an ihnen geübt hatten, dazu ihre Unwissenheit, ihren Aberglauben, ihre Minderwertigkeitskomplexe, ihre verletzte Eitelkeit und vielleicht auch die für sie schmerzliche Erfahrung, dass ein Weißer sie zurechtwies, so wie in den alten verfluchten Zeiten.

Lamberts Leute arbeiteten ebenfalls gegen uns und versuchten, sich direkt mit unseren Genossen anzulegen. Sie warfen ihnen Feigheit vor, sagten, sie würden den Feind provozieren und sich dann aus dem Staub machen. Das erhitzte die Gemüter und trug in keiner Weise dazu bei, die Moral unserer Truppe wieder aufzurichten. Mbili trug sich mehrmals mit dem Gedanken, sich mit seinen Männern etwas zurückzuziehen, um dem Kommandanten aus dem Weg zu gehen, Zusammenstöße zu vermeiden und einer völligen Zerstörung der Truppenmoral entgegenzuwirken. Die Situation war überall die gleiche. Genosse Mafu schrieb mir aus Front de Force einen kurzen Brief, den ich sogleich an Masengo weiterleitete. In dem Brief stand Folgendes:

> Diese Nachricht soll Sie über die aktuelle Situation informieren.
>
> Ich habe den Hauptmann und den Kommandanten dazu drängen wollen, die feindliche Linie zu durchbrechen, und sie haben mir geantwortet, dass sie weder Munition noch Lebensmittel hätten. Die vorhandenen Konserven hätten sie aufgegessen.
>
> Nachdem wir Ihre Botschaft erhalten hatten, wiederholten sie ihre Argumente. [Das bezieht sich auf einen Brief, in dem ich sie drängte, so bald wie möglich die Sabotage durchzuführen.] Am Tag seiner Ankunft sagte der Hauptmann zu mir, die Kongolesen hätten ihn und seine Leute in einen Hinterhalt gelockt, doch sie hätten die Kongolesen überwältigt und

entwaffnet, und sie würden die Waffen hierher bringen. Der Kommandant war dort vor eine Versammlung zitiert worden, und er sagte mir, er könne aufgrund der schwierigen Situation nicht hingehen, die Kongolesen würden ihn umbringen. [Von dieser Versammlung, bei der Masengo den Vorsitz führte, habe ich an früherer Stelle berichtet.] Und dabei finden täglich zwei Versammlungen statt, mit viel Applaus und Geschrei. Ich dachte, es ginge um den Kampf, doch dann habe ich herausbekommen, dass in den Versammlungen darüber gesprochen wurde, wie man am besten den Kongo verlassen kann. Zuerst wurde mir mitgeteilt, dass es in der nächsten Woche losgehen würde, aber dann wurde auf einer weiteren Versammlung beschlossen, zunächst einmal einen Spähtrupp loszuschicken, um auszukundschaften, wo sich die Boote befanden und wie man sie in seinen Besitz bringen konnte. Dazu wurden ein Hauptmann und zehn Soldaten losgeschickt. Außerdem wurde der politische Kommissar mit einer weiteren Gruppe nach Kigoma entsandt, was denselben Zielen diente.

Ich muss Ihnen auch mitteilen, dass die acht Kongolesen während der Versammlungen geschlagen wurden, und nur drei von ihnen wurden hierbehalten.

Der Mann, von dem diese Informationen stammen, hat uns nicht gesagt, ob in den Versammlungen über uns gesprochen wurde. Mir gegenüber hat er erklärt, dass sie ihn erschießen würden, falls es rauskäme, dass er mit uns darüber gesprochen hat.

Sobald ich Genaueres erfahren kann, werde ich Sie in Kenntnis setzen.

Daraufhin erteilte ich Mafu den Befehl, die Basis zu verstärken, und Azi, der an der Front von Makungo stand, beorderte ich zu mir zurück. Ich versuchte, meine Männer neu zu organisieren, und schickte Suchtrupps los, die alle Waffen, die auf der Flucht verloren gegangen und nicht dem Feind in die Hände gefallen waren, einsammeln sollten: Bahazas Kanone, die Granatwerfer und Maschinengewehre, die sich in der Obhut der Kongolesen befunden hatten und von diesen, um schneller die Flucht antreten zu können, versteckt worden waren. Ich schrieb Siki einen Brief, in dem ich ihm von Dingen berichtete, von denen hier bereits die Rede war; darum zitierte ich nur einige Passagen, die meine Bewertung der Situation deutlich machen:

> Die Leute sind am Boden zerstört, und deswegen wollen alle zum See. Wahrscheinlich werden Dir dort viele über den Weg laufen; schick sie, ausreichend mit Munition versorgt, umgehend zu mir. Behalte nur die wirklich Kranken bei Dir. Ich habe mich entschlossen, erst einmal hier in Nabikume zu bleiben, zehn Stunden vom See, eineinhalb Tage von Kasima und zwei Stunden von einer schwachen Sperre in der Nähe von Lubonja entfernt. Zum See zu gehen wäre ein schwerer politischer Fehler, denn die Bauern haben all ihr Vertrauen in uns gesetzt und würden sich verraten fühlen. Wenn wir uns erst wieder organisiert haben, können wir effektive Hilfe leisten. Heute Nachmittag beginnt der Schießunterricht mit einem sowjetischen Mausergewehr, für das wir Munition zur Verfügung haben. Was fehlt, ist SKS-Munition, und FAL-Munition gibt es so gut wie keine. Schickt uns, falls vorhanden, 5000 Schuss SKS und 3000 Schuss FAL. Falls nicht vorhanden, schreibt wenigstens; es ist zum Verzweifeln, wenn man keine Nachricht erhält.
>
> Es geht das Gerücht, dass drei Boote mit Munition angekommen sind und dass Kabila nach Kabimba übergesetzt hat. Dort sollen sich übrigens vierzig Kubaner aufhalten. Versucht mir so viele Leute wie möglich zu schicken. Sobald wir die Situation dort objektiv beurteilen können, werden wir eine Entscheidung treffen.

Die Informationen über Kabilas Ankunft im Kongo hatte ich von einem kongolesischen Boten, der mir versicherte, dass er Kabila und die Kubaner mit seinen eigenen Augen gesehen habe. In dem Brief ist von Kabimba die Rede, aber in Wirklichkeit handelte es sich um Kibamba.

Die Genossen schrieben mir häufig, doch die Briefe nahmen nicht immer aufeinander Bezug, da sie sich aus Gründen, die auf der Hand liegen, häufig kreuzten. Den folgenden Brief zitiere ich vollständig; er trägt kein Datum, muss aber aus den letzten Oktobertagen stammen.

Genosse Tatu,

wir bedauern zutiefst den Tod des Genossen Bahaza und teilen Deine Niedergeschlagenheit wegen der unglücklichen Begleitumstände dieses Falles. Wir freuen uns, dass Du wohlauf bist und die anderen Genossen ebenfalls.

Wenn Du diesen Brief erhältst, wird sich, so hoffen wir, herausgestellt haben, dass wir es ganz und gar nicht versäumen, Dir Nachrichten und Material zu schicken. Wie Du bestimmt gesehen haben wirst, sind die erste Sendung und der erste Brief bereits am 21. Oktober, »zwei Tage nach unserer Ankunft«, abgeschickt worden. Es hatte sich nicht viel ereignet, und schon ging eine weitere Sendung ab, zusammen mit dem ausführlichen und vollständigen Bericht und der Liste der Personen, über die wir zu jenem Zeitpunkt verfügten.

Wir verstehen nicht, wie Du so einfältig sein konntest anzunehmen, dass Kabila mit vier Booten gekommen ist. (Obwohl er tatsächlich vier Boote brauchen würde, um seinen ganzen Kram zu verstauen!) Er bewegt sich aber nicht von Kigoma fort. Und was die Ankunft der Kubaner betrifft, so haben die Informanten wahrscheinlich ihre Wünsche mit der Wirklichkeit verwechselt. Changa ist der einzige Kubaner, der hier eingetroffen ist. Innerhalb von zwei oder drei Tagen war er zweimal fort, nachdem er sich neunzehn Tage nicht hatte blicken lassen. Nach jener langen Abwesenheit erklärte er, er wolle bleiben und nur kleinere Fahrten unternehmen, da er Angst habe, man würde uns hängen lassen und die Verbindung über den See abbrechen. Das ist neu, denn er hatte bereits zugesagt, hierher zu kommen; der Grund liegt wohl in der Situation, die er sowohl in Kigoma als auch hier am See angetroffen hat.

Der Bote sagte uns, er habe einen Brief für Masengo bei sich, doch der ist nicht gekommen. Allerdings meinen wir, dass es sich im Moment nicht lohnt, irgendein Problem mit ihm zu besprechen, denn er ist völlig am Boden zerstört, ist zu nichts fähig und besitzt keinerlei Autorität. Das hat er bei unserem Gespräch gestern selbst eingestanden. Weiter sagte Masengo, dass nicht einmal Kabila, sollte er hier auftauchen, irgendwelche Autorität hätte, um die Probleme zu lösen; alle gäben ihnen beiden die Schuld an dem Desaster. Wir können Dir versichern, dass Masengo bei dem Gespräch einen niederschmetternden Eindruck machte. Er gestand uns, dass er nicht einmal genug Autorität habe, um diejenigen Männer festnehmen zu lassen, die die Soldaten in einem Brief aufgefordert hatten, die Waffen niederzulegen. All das schreibt er den Stammesfehden und solchen Dingen zu. Er bat uns inständig, ihm zu helfen, sichere Verstecke für die Waffen und die Munition zu suchen, für den Fall, dass der Kampf später wieder aufgenommen würde. Dazu kommt die Tatsache, dass er Vorbereitungen trifft, um nach Kigoma zu gehen (was er uns nicht sagen wollte, aber Njenje anvertraut hat). Aus alldem kannst Du ersehen, in welcher Verfassung er sich zur Zeit befindet.

Über die Situation am See, auf der Basis und an der Front von Aly und Tom (Kasima) haben wir Dir im vorigen Brief berichtet. Die einzige Veränderung ist die, dass sich alles mit jedem Tag noch verschlimmert. (Aber das ist hier normal.)

Was die Kontrolle über das Material, das hier ausgegeben wird, betrifft, so bekommst Du mit jedem Bericht eine detaillierte Aufstellung aller Dinge. Noch haben wir einiges auf Lager, außer Kleidung, die nicht gekommen ist, und Schuhen, von denen es nur die kleinen Größen gibt. An die zehn Kongolesen, die Du uns geschickt hast, konnten wir nur Tennisschuhe ausgeben. Waffen gibt es auch keine mehr, denn obwohl Njenje dort unten die Kontrolle über alles hat, kam diese Kontrolle zu spät, und es gibt einfach nichts mehr (er kontrolliert das Nichtvorhandene). Hier auf der Basis haben wir noch 15 FAL auf Lager, aber die geben wir nicht aus, weil wir annehmen, dass Du das nicht willst.

Wir hoffen, dass die früheren Berichte Dir ein objektives und vollständiges Bild von der allgemeinen Situation vermitteln und Dir helfen, eine Entscheidung zu treffen, wie Du in Deinem Brief ankündigst.

Von den Kubanern, die in den letzten zwei oder drei Tagen eingetroffen sind, befinden sich zur Zeit noch hier: Israel, Kasambala, Amia, Abdallah, Ami und Agano. Außer Israel und Kasambala, die vom Barfußmarschieren geschwollene Füße haben, schicken wir alle zu Dir zurück. Auch Baati bleibt hier, denn er ist noch krank. An Munition kommen 2000 Schuss FAL und drei Kisten 7.62; AK haben wir keine.

Wir haben uns gedacht, dass es aufgrund Deiner Situation gut wäre, wenn Tembo zu Dir käme. Außerdem meinen wir, dass entweder Du auf einen Sprung hier vorbeikommen oder einer von uns zu Dir kommen sollte, um uns über die allgemeine Lage auszutauschen. Den Kontakt mit Kigoma und Daressalam halten wir über Funk aufrecht.

Wir sind davon überzeugt, dass der Feind über alles, was hier und dort bei Dir geschieht, informiert ist. Das ist auch Masengos Meinung, denn viele Männer, sogar hohe Offiziere, sind zum Feind übergelaufen, und von vielen anderen weiß man nicht, wo sie sich aufhalten.

Und noch etwas anderes sagte uns Masengo (dessen Meinung ich in diesem Fall teile): Er erwartet jeden Augenblick einen Angriff auf die Basis und auf den See. Der Überraschungsangriff auf Dich bestätigt uns in unserer Befürchtung.

Sild ist der Ansicht, dass der Stützpunkt, den Du gewählt hast, sehr ungünstig ist und wir jederzeit voneinander isoliert werden können. Denn die Sperre befindet sich in unmittelbarer Umgebung von Kaela, und wie Du aus früheren Berichten weißt, wurde Kasima vor einigen Tagen eingenommen; dort halten sich nur vier Kubaner auf, zusammen mit Asmari und Tom. Auf die Kongos kannst Du nicht zählen, sie hauen einfach ab.

Um die Briefe einigermaßen aufeinander abzustimmen, werden wir Deine Antwort abwarten, bevor wir Dir eine neue Sendung schicken. Auf diese Weise erfahren wir, was Du weißt und was Du brauchst.

Vergiss nicht, dass hier kaum noch Leute sind. Wir haben

zwei Genossen an den Granatwerfern zum See hin, zwei auf einem Beobachtungsposten nach Ganya hin, und hier am Lager müssen wir unbedingt Wachposten aufstellen (die Kongos sind Langfinger; auf dem Weg vom Boot zur Basis haben sie uns schon einen halben Sack mit Bohnen und einen ganzen Sack Salz geklaut).

Gruß

Siki
Tembo

Nach diesem Brief – die Antwort auf den, den ich oben wiedergegeben habe – erhielt ich einen weiteren, vom 26. Oktober, aus dem ich die wichtigsten Passagen zitiere:

Die Situation am See und auf der Basis

Bei Sikis Treffen mit Masengo wurden folgende Beschlüsse gefasst: Njenje wird zum Chef des Lagers am See ernannt, ihm werden die damit verbundene Befehlsgewalt sowie die Verantwortung für die Verteidigung übertragen. Er ist ermächtigt, alle Maßnahmen zu ergreifen, die er für nötig hält, damit seine Befehle ausgeführt werden. Er ist nur Masengo und Siki Rechenschaft schuldig. Außerdem wird Njenje und Kumi die Verantwortung für alle Güter übertragen, die wir auf gesondertem Wege zum See schicken. Eine Skizze der Verteidigungsanlagen mit dem Lageplan sämtlicher Befestigungen und der schweren Waffen legen wir bei. Du wirst sehen, die Verteidigung ist, entsprechend unseren Mitteln, gut organisiert und stützt sich unter anderem auf zwei Reihen von Schützengräben. Siki vertraut (wie ich) ausschließlich auf die Waffen, die von den Kubanern bedient werden, denn mit den anderen gibt es dasselbe Problem wie überall. *Hapana masasi, hapana chakula, hapana travaillé;* und die ständige Frage, welcher Weg für den Rückzug vorgesehen ist. All das vor dem Hintergrund des offenen Autoritätsverlustes von Masengo. Man muss hinzufügen, dass der See zum Zufluchtsort für alle Flüchtlinge geworden ist, was eine Lockerung der Disziplin zur Folge hat. Bei dem Treffen mit Masengo wurde auch über die Organisation des Regimentsstabes gesprochen. Wir stellten unseren Organisationsplan zur Diskussion und einigten uns darauf, den militärischen Teil unverändert zu übernehmen und ihre Verbesserungsvorschläge, was den zivilen Teil betrifft, zu berücksichtigen. Unserem Vorschlag wurden die Punkte »Justiz« und »Finanzen« angefügt, die wohl dem militärischen Teil zugeschlagen werden sollen. Wie wir Dir bereits früher mitgeteilt haben, ist daran gedacht, Dich zum Operationschef zu ernennen.

Wir können Dir berichten, dass wir inzwischen die Kontrolle über die Verteilung von Munition und anderen Gütern haben, so wie Masengo es mit Dir abgesprochen hat. Wie lange dieser Glückszustand andauert, steht auf einem anderen Blatt. Wir glauben nämlich, dass es bald Probleme geben wird, denn ums Arbeiten und Kämpfen reißen sie sich nicht, während sie bei der Verteilung die Ersten sind; am See wie auf der Basis ist es bereits zu einigen kleineren Reibereien gekommen. Wir jedenfalls halten unbeirrt an der Parole »Alles für die Front« fest, und wer in den Genuss von Versorgungsgütern kommen will, soll an die Front gehen!

Wir haben ihnen zum Beispiel auch den Vorschlag gemacht, ein Drittel der Männer in die benachbarten Ortschaften zu schicken, um Lebensmittel zu besorgen. Doch sie ziehen es vor, untätig in ihren Hütten zu sitzen und zu hungern, anstatt zur Lösung des Versorgungsproblems beizutragen.

Tatsache ist, dass sie nichts zu essen haben.

Die Situation an Alys Tront: Kabimba

In Wirklichkeit befindet sich die Stellung in Katala, in der Nähe von Kibamba, denn die feindlichen Soldaten haben Kabimba bereits eingenommen, Feuer gelegt und sich dann zurückgezogen. Der dortige Major erlaubte Aly nicht, den Feind anzugreifen; mehr noch, er besteht nun darauf, am See zu bleiben, ohne die Gefahr zu bedenken, dass der Feind die Bergkämme einnehmen könnte. Siki schickte Aly den Befehl, mit den Kubanern auf eigene Verantwortung die Bergkämme zu besetzen, um zu vermeiden, dass sie eingekesselt oder überrascht werden. Alys Verhältnis zu dem Major ist einigermaßen schwierig. Der Major hat zu ihm gesagt, dass es das Beste wäre, die Kubaner zur Basis zu schicken (unter dem Vorwand, dass sie sich dort ausruhen sollten). Ein kongolesischer politischer Vertreter hat Aly außerdem noch gesagt, dass der Kommandant die Truppe versammelt und geäußert habe, dass es das Beste wäre, wenn die Kubaner von dort verschwinden würden. Siki hat mit Masengo über das alles gesprochen, und sie waren sich darin einig, dass man die Situation nur bereinigen könne, indem man persönlich mit dem Major von Kabimba rede.

Vor ein paar Tagen wurde ein Hinterhalt auf der Straße nach Albertville gelegt. Dabei wurden einige Zivilisten festgenommen. Diese berichteten, dass in Kürze ein Lastwagen mit Versorgungsgütern vorbeikommen würde; doch die Kongos wollten nicht darauf warten. Das macht deutlich, wie es um die Kampfmoral an dieser Front bestellt ist. Insgesamt befinden sich elf Kubaner dort. Wir haben ihnen Lebensmittel und sonstiges Material geschickt.

Die Situation in Kasima

Wie wir Dir bereits berichtet haben, wurde Kasima von feindlichen Soldaten eingenommen. Sie rückten bis Kaela vor, setzten alles in Brand und zogen sich zurück. Alles ging verloren, auch mindestens ein Luftabwehrgeschütz. (Vorher wurde es von einem Kubaner versteckt gehalten, den die Kongos zurückgelassen hatten, doch nach seinen Worten musste er unter dem Beschuss der feindlichen Flugzeuge fliehen.) Wir berichten Dir davon so, wie es uns mitgeteilt wurde. Fünfzig Kongos wurden mit einem Major an die Front geschickt, um sich unter das Kommando der Kubaner zu stellen und eine Sperre zu errichten. Später dann traf, zusammen mit sieben Männern, ein Kommandant dort ein, der in Kuba gewesen war. Er sagte, dass sie auf dem Weg nach Baraka seien. Tom, der politische Kommissar, erklärte ihm die Lage und versuchte ihm seinen Plan auszureden, aber er ließ sich nicht davon abbringen, und sie setzten ihren Weg fort. Sie gerieten in einen Hinterhalt, dabei wurden er und drei weitere Männer getötet. Asmari bat Siki um die Erlaubnis, mit zehn Kongos und Medikamenten dorthin zu gehen, um Erste Hilfe zu leisten. Zur Zeit bestehen zwischen Kaela und unserer Stellung drei Hinterhalte mit Kongos, die sich aber nach und nach davonmachen. Man muss sie unter Druck setzen, ihnen drohen etc. Tom sagt, er habe mit dem Erschießen noch nicht begonnen, weil er dann alle erschießen müsste. Insgesamt befinden sich sechs Kubaner an dieser Front.

Die Funkverbindungen

Mit Kigoma nehmen wir dreimal täglich über R 805 verschlüsselt Verbindung auf; die Zeiten: acht Uhr, vierzehn Uhr dreißig und neunzehn Uhr. Wir sind dabei, die Verbindung mit Daressalam herzustellen, obwohl das die Grenze der Reichweite des Senders erreicht. Gelingt es, werden wir zweimal täglich verschlüsselt Verbindung aufnehmen. Kabila benutzt die Situation in Kigoma, um seine Weisungen besser an unsere Basis geben zu können. Es besteht die Möglichkeit, ein Boot mit einem Gerät auszustatten, um während der Überfahrt miteinander in Kontakt bleiben zu können (falls Du einverstanden bist). Wir sind dabei, die Telefonverbindung wieder aufzubauen. Masengo will zwei oder drei Männer schicken, um ihnen zu erklären, wie das Gerät funktioniert und repariert werden kann.

Soeben konnte die Verbindung mit Daressalam hergestellt werden. Die Übermittlung funktioniert hundertprozentig. Nachdem der Bericht über die allgemeine Lage fertig war, rief Njenje vom See an, um uns mitzuteilen, dass Masengo Vorbereitung treffe, nach Kigoma zu gehen. Kurz darauf kam ein zweiter Anruf mit der Meldung, dass eine Versammlung aller »Großen« mit Masengo stattgefunden hatte. Der Versammlung wohnten Njenje und Kumi bei. Masengo teilte den Anwesenden seine Absicht mit, nach Kigoma zu gehen; er sei der einzige Revolutionsführer, der sich noch im Kongo aufhalte. Die »Großen« sprachen sich dagegen aus, und Masengo erklärte sich zum Bleiben bereit. Wie uns berichtet wurde, gehen die Vorbereitungen für seine Abreise dennoch weiter.

Ein dritter Anruf informierte uns darüber, dass die Versammlung noch nicht beendet war. Masengo teilte mit, dass er einen Brief von Kasavubu erhalten habe, in dem dieser ihm ein Ministeramt anbiete. Vor Kibamba warte ein Schiff auf ihn, er müsse nur mit einem Boot rausfahren und an Bord gehen. Masengo versicherte, er habe ihm geantwortet, dass sein Bruder Mitudidi im Kampf gefallen sei und dass auch er bereit sei zu sterben.

Njenje und Kumi sind in Alarmbereitschaft versetzt und haben Instruktion, uns über alles, was dort vor sich geht, auf dem Laufenden zu halten. Masengo leitet alle Probleme, die ihm vorgetragen werden, mit dem Argument an die Kubaner weiter, dass sie es sind, die diese Probleme lösen können. Sogar Alys Problem mit dem Major von Kabimba, das ihm vorgelegt wurde, leitete Masengo mit dem Hinweis weiter, dass es Tembos Aufgabe sei, eine Lösung zu finden.

Siki und ich begeben uns morgen zum See, um mit Masengo zu sprechen, so als wüssten wir von alldem nichts. Mal sehen, was er sagt. Bis dahin sind wir in Alarmbereitschaft.

Wir haben Padilla über Funk von den Ereignissen informiert, damit er Augen und Ohren offen hält. Wenn sie sich nämlich mit Masengo in Verbindung gesetzt haben, kontaktieren sie unserer Meinung nach bestimmt auch Soumialot und Kabila. Bereits bei unserem ersten Gespräch mit Daressalam hatte uns Padilla gebeten, ihn über die letzten Ereignisse zu informieren, über die Situation am See und über etwas anderes, was uns damals etwas merkwürdig erschien, aber jetzt so langsam einen Sinn bekommt: Er bat uns, ihm unsere Meinung über Kabila mitzuteilen.

Wie man sich vorstellen kann, beunruhigte mich der letzte Teil des Briefes sehr. Masengo war demnach also drauf und dran, den Kampf aufzugeben. Ich antwortete folgendermaßen:

> Tembo, Siki,
>
> ich möchte Euren Brief Punkt für Punkt beantworten, bevor ich eine Einschätzung der Situation hier und an den noch verbleibenden Stellungen gebe.
>
> Die internationale Situation ist nicht so schlecht, unabhängig davon, ob Kabila und Masengo die Sache verraten oder nicht. Soumialots Erklärungen sind richtig, wir haben dort einen wichtigen Kopf. Ich habe mit Tremendo Punto gesprochen, er soll das Kommando übernehmen, falls Masengo fortgeht, und den kompromisslosen Widerstand organisieren. Solange Kabila seine Pläne über Radio verbreitet, sehe ich kein Problem; umstrittene Pläne werden wir nicht senden, und dann werden wir abwarten, was passiert. Zum gegenwärtigen Zeitpunkt dürfen wir auf gar keinen Fall die Basis verlassen. Ihr solltet Daressalam bitten, das Ergebnis der Gespräche mit der tansanischen Regierung mitzuteilen.
>
> Über den See und die Basis: Der Verteidigungsplan zeigt, dass die Stellungen bei einem Angriff äußerst verwundbar sind. Die Maschinengewehre brauchen ein Schussfeld, um die Flanken zu verteidigen; auch müssen Schützengräben angelegt werden. An den schweren Waffen sollten *zuverlässige* Kubaner stehen, nicht *einfach nur* Kubaner, was nicht dasselbe ist; diese schmerzliche Erfahrung habe ich hier machen müssen. Die Bergkämme mit Zugangsmöglichkeit zur Basis müssen ausgekundschaftet und die Verteidigungslinien aufgebaut werden. Setzt die Zuverlässigsten bei der Materialverteilung ein.
>
> Aly habe ich eine Nachricht geschickt, er soll sich an der Verteidigung beteiligen. Mit seinen und Mafus Männern sind genug Leute da, über die Ihr verfügen könnt. Vernachlässigt nicht den kahlen Hügel über der Basis, er nimmt eine Schlüsselfunktion bei der Verteidigung ein (dort befinden sich die Granatwerfer und die Luftabwehrgeschütze).

Über den Spähtrupp, den ich nach Kasima geschickt habe, habe ich Euch bereits berichtet. Wenn die feindlichen Soldaten einigermaßen sorglos sind, können wir ihnen, so meine ich, einen Schrecken einjagen, sobald ich meine Mannschaft wieder neu organisiert habe.

Die Nachrichten über die Funkverbindungen sind erfreulich. Ich halte es jedoch für übertrieben, dreimal täglich mit dem anderen Ufer und zweimal mit Daressalam zu kommunizieren. Bald wird Euch der Gesprächsstoff ausgehen, genauso wie das Benzin, und es besteht immer die Gefahr, dass die Codes geknackt werden, ganz zu schweigen davon, dass die Basis von der Luftwaffe lokalisiert werden kann. Unabhängig von den technischen Voraussetzungen, die vor Ort geprüft werden müssen, empfehle ich eine Verbindung täglich mit Kigoma und eine, zu festen Zeiten, für besondere Vorkommnisse sowie eine alle zwei oder drei Tage mit Daressalam. Das hilft uns, Benzin zu sparen. Es muss nachts gefunkt und die Station vor Luftangriffen geschützt werden. Dass Ihr das Boot mit einem Sender ausstatten wollt, halte ich für eine gute Idee; die Codes der Funksprüche müssen einfach sein und ständig verändert werden.

Nachdem ich den oben zitierten Bericht über Masengos Verhalten bekommen hatte, sprach ich, wie in meinem Brief erwähnt, mit Tremendo Punto. Er bekam es mit der Angst zu tun, sagte, er sei keine Führungspersönlichkeit, besitze nicht die nötige Autorität, sei nervös etc. Er sei bereit zu sterben, wenn es die Pflicht erfordere, wie ein gottergebener christlicher Märtyrer, doch er sei nicht imstande, eine schwierige Situation zu retten, das könne eher sein Bruder Mujumba. Er entschloss sich, Mujumba zu schreiben; aber es war undenkbar, die Lage in einem Brief darzulegen, der dem Feind in die Hände fallen konnte. Also bat er seinen Bruder zu kommen, um »sehr wichtige Angelegenheiten« zu besprechen. Mit der Zustellung des Briefes wurden zwei Boten beauftragt, doch wir haben nie erfahren, ob er den Adressaten erreichte, denn wir erhielten weder eine Antwort, noch hörten wir je wieder etwas von den Boten.

Ich muss gestehen, dass mir all diese Berichte über Masengo übertrieben erschienen. Sein späteres Verhalten, vor allem mir gegenüber, lässt vermuten, dass die Informationen von Siki und Tembo (die sie nicht aus erster Hand, sondern über Dritte bekommen hatten) aufgebauscht waren, was auf mehrere Ursachen zurückzuführen war: Nervosität, Misstrauen, keine direkte Verständigungsmöglichkeit aufgrund der Sprachbarriere etc. Ich wurde in meinen Vermutungen durch einen langen Brief bestärkt, den Masengo mir am 27. Oktober schrieb und in dem er von den Vorsichtsmaßnahmen entlang der Front berichtete, von den Verteidigungsvorbereitungen, von den Bauern, die sich mit ihnen solidarisiert hatten, und dann der Satz: »Was auch passiert, wir müssen immer optimistisch sein!« Gewiss, das ist nichts weiter als ein Satz, aber er drückt eine Geisteshaltung aus, die sehr verschieden ist von der, die ihm unsere Genossen in ihren Briefen zuschrieben, und die mit seinem tatsächlichen Verhalten in Einklang steht – es sei denn, Masengo ist ein Meister der Verstellung, was allerdings ganz und gar nicht seinem Wesen entspricht. Ich hatte beschlossen, die Hilferufe von Tembo und Siki zu ignorieren, als am Abend des 30. ein dringender Brief ankam, datiert auf den 29. Oktober. Hier einige Auszüge:

Basis von Luluabut,
29. Oktober 65, 18 Uhr

Tatu,

wir schicken Dir diese dringende Botschaft, weil heute von zwölf Uhr an sieben Flugzeuge die Region Jungo zum See hin und in Richtung Kabimba bombardiert und große Gegenstände, vermutlich Benzinkanister, abgeworfen haben. Da so etwas vor dem Vorrücken oder der Landung von Truppenteilen üblich ist, wollten wir Dich benachrichtigen, bevor es zu spät ist. Durch das Bombardement wurden die Genossen an den Maschinengewehren zum Rückzug gezwungen, wobei einer von ihnen bis jetzt nicht wieder aufgetaucht ist. Njenje wird Nachforschungen anstellen lassen und uns dann benachrichtigen.

Wie bereits in allen früheren Briefen erwähnt, haben wir keinerlei Vertrauen zu den Kongos, die den See verteidigen, und unser Vertrauen nimmt in dem Maße ab, in dem die Demoralisierung zunimmt. Die Zahl der Kubaner am See und auf der Basis – viele von ihnen sind krank – reicht nicht aus, um an eine wirksame Verteidigung zu denken, die unsere einzige und lebenswichtige Verbindung zur Außenwelt garantieren könnte.

In den früheren Berichten haben wir versucht, Dir ein möglichst objektives Bild von der herrschenden Demoralisierung zu vermitteln, und deshalb halten wir es nicht für nötig, noch einmal darauf einzugehen. Aber Du sollst wissen, dass die Situation wirklich alarmierend ist. Was es an unverschämten Subjekten an den Fronten gab, hat sich hierher an den See geflüchtet und mit den Unverschämten hier zusammengetan. Es gibt viele Gefangene, obwohl die Zahl derjenigen Verbrecher und Verräter, die aufgrund fehlender Autorität nicht festgenommen werden können, noch weitaus größer ist. Täglich schickt Masengo (der sich immer noch hier aufhält) Briefe an Kabila mit der Bitte um Information über die Zuverlässigkeit bestimmter Offiziere. Ein häufiger Vorwurf gegen die Offiziere ist der, dass sie die »Revolutionäre« auffordern, Waffen zu horten, und das Gerücht ausstreuen, Soumialot sei mit Kasavubu eng befreundet.

Wie wir Dir im letzten Brief geschrieben haben, gefällt uns Dein jetziger Standort ganz und gar nicht. Wir wissen, dass es vom See aus Wege dorthin gibt, die der Feind benutzen kann, um uns zu isolieren. Wir glauben, die beste Lösung wäre es, wenn Du eine Sperre einrichten und das Gros der kubanischen Truppe dort konzentrieren würdest.

Wir sind der Auffassung, dass wir Dir ziemlich oft schreiben und Dich sowohl über die internationale Lage als auch über die Situation hier auf dem Laufenden halten. Wir kommen uns schon wie zwei alte Klatschweiber vor. Wir bitten Dich, uns ebenso oft zu schreiben, denn wir sind immer begierig auf Neuigkeiten. (Dann wären wir drei alte Klatschweiber!)

Siki & Tembo AG

Wir beschlossen, uns zur Basis aufzumachen. Mbili würde Chef jener Region bleiben und an der ersten Sperre einen Befehlsstand einrichten. Rebocate sollte an der Stelle, an der sich unser Lager befand, eine zweite Verteidigungslinie aufbauen, wo dann eine große Zahl an Kongolesen ausgebildet werden sollte. Das war ganz gewiss äußerst wichtig. Die Ausbildung umfasste Schießunterricht – die Ärmsten waren nicht mal in der Lage, eine Kuh auf fünf Meter Entfernung zu treffen – und etwas Unterweisung in offener Schlachtordnung. Wir sprachen mit den Bauern. Sie verstanden unsere Entscheidung vollkommen und fühlten sich sicher mit den verbleibenden Männern und den Ärzten im Lazarett, die bei den verwundeten Kongolesen und einigen unserer Kranken blieben. Der Abschied war sehr herzlich.

Der Monat Oktober ging zu Ende, und ich schrieb Folgendes in mein Tagebuch:

> Ein völlig katastrophaler Monat. Zu dem beschämenden Fall von Baraka, Fizi, Lubonja und Lamberts Front kamen die Überraschung, die mir in Kilonwe bereitet wurde, und der Verlust zweier Genossen: Maurino verschwunden, Bahaza tot. Mit alldem könnte man fertig werden, wäre da nicht noch die totale Entmutigung der Kongolesen. Fast alle Befehlshaber sind geflohen, und allem Anschein nach bereitet sich auch Masengo darauf vor, die Anker zu lichten. Die Verfassung der Kubaner, von Tembo und Siki bis zu den einfachen Soldaten, ist auch nicht viel besser. Alle weisen die Schuld von sich und laden sie den Kongolesen auf. Zu meinen persönlichen Fehlern in der Kampfsituation gesellen sich die großen Schwächen der kubanischen Kämpfer. Außerdem bleibt es äußerst schwierig, ein herzliches Verhältnis zwischen ihnen und den Kongolesen aufzubauen und zu erreichen, dass die Kubaner ihre herablassende Haltung von älteren Brüdern mit Sonderrechten bei der Lebensmittel- und Lastenverteilung aufgeben. Kurz und gut, es beginnt ein Monat, der vielleicht der letzte für uns sein wird und in dem wir das Äußerste geben müssen.

Meine Bemerkung über das Verhältnis zwischen Kongolesen und Kubanern bezog sich darauf, dass die kubanischen Köche ihre eigenen Genossen bei der Essensausteilung bevorzugt bedienten und es hin und wieder zu beobachten war, dass die Kongolesen die schwereren Lasten zu tragen hatten. Uns war es nicht gelungen, ein brüderliches Verhältnis zu ihnen aufzubauen; stets fühlten wir uns ein wenig überlegen und meinten, ihnen Ratschläge erteilen zu können.

Den Weg zur Basis legten wir in zwei Tagen zurück. Am zweiten Tag kamen wir durch Nganja, das die feindliche Luftwaffe tags zuvor bombardiert hatte. Rund dreißig Rinder waren getötet worden, und ihre Kadaver lagen überall herum. Wir nutzten die Gelegenheit zu einem Festmahl, und als wir gerade ein gutes Stück Fleisch verzehrten, kam Mudandi zu uns, um mit mir zu reden. Ich sprach ein ernstes Wort mit ihm: Seine Absicht, sich zu diesem Zeitpunkt abzusetzen, sei töricht, denn Ruandas Schicksal sei mit dem Kongo verknüpft, und wo wolle er den Kampf fortführen? Es sei denn, er wolle den Kampf ganz aufgeben. Er stimmte mir zu. In der Tat habe man ihm nahe gelegt, sich zurückzuziehen, doch er denke nicht daran. Er sei vielmehr gekommen, um mit mir über einen Sabotageakt gegen das Elektrizitätsnetz von Front de Force zu sprechen, wodurch wir die Aufmerksamkeit des Feindes ablenken könnten.

Wir erreichten die Basis, wo uns eine Atmosphäre von Defätismus und offener Feindseligkeit gegen die Kongolesen erwartete. Das löste heftige Diskussionen mit den Genossen aus. Sie hatten eine lange Liste aller Befehlshaber erstellt, die nach Kigoma geflüchtet waren. Diese Liste war nicht ganz korrekt, gab jedoch die Wirklichkeit ziemlich gut wieder, das heißt, die Feigheit der Chefs, ihren mangelnden Einsatz für den Kampf, ihren Verrat. Doch einige Männer, die bis zum letzten Augenblick durchhielten, standen zu Unrecht auf der Liste. Zwei Briefe, die im Folgenden abgedruckt sind, vermitteln ein genaues Bild von der herrschenden Verfassung. Der erste ist ein Brief von Tembo an einen Genossen; man kann sich sehr gut vorstellen, in welcher Verfassung sich der Adressat befand und welchen Brief, den ich weder vorliegen noch gelesen habe, er zuvor an Tembo geschrieben hatte.

Basis,
Donnerstag, den 28. Oktober 1965
13 Uhr

Deinen Brief habe ich erhalten. Er ist nicht datiert, aber ich nehme an, dass er sich wohl mit einem Brief an Dich gekreuzt hat, den ich dem Genossen Chei mitgegeben hatte.

Du hast mir geschrieben, nachdem wir den schmerzlichen Verlust eines Genossen erlitten haben, der, ich will es nicht verschweigen, einen nicht weniger ehrenhaften, aber doch einen sinnvolleren Tod verdient hätte.

Deine Zeilen spiegeln die seelische Verfassung wider, die einerseits durch die letzten Ereignisse bedingt ist, andererseits durch das Bild der Trostlosigkeit und der Auflösung, das die sogenannte kongolesische Revolution bietet. Das macht mir große Sorgen. Ich möchte Dir in aller Aufrichtigkeit meine Meinung dazu mitteilen und Dich erneut bitten, mir Vertrauen zu schenken, obwohl ich Dir nicht garantieren kann, dass Dir dieses Vertrauen keine neuen Probleme einbringt.

Ich weiß, dass Du kein Drückeberger bist. Im Gegenteil, ich glaube, Du bist ein Revolutionär, der, egal, unter welchen Umständen, seine Pflicht erfüllen wird. Deswegen appelliere ich nicht an Deine Zuverlässigkeit, denn das wäre überflüssig und lächerlich. Aber ich möchte Dich an den Spruch erinnern, der besagt: »Cäsars Frau muss nicht nur ehrbar sein, sie muss auch den Eindruck erwecken.« Du darfst bei niemandem den Eindruck erwecken, dass Du angesichts der gegenwärtigen Situation oder der Maßnahmen, die dagegen ergriffen werden, deprimiert bist und Deine Kampfmoral verloren hast. Du musst äußerste Kampfbereitschaft demonstrieren, sodass Dein Verhalten in dieser schwierigen Phase, in der wir uns befinden, als Beispiel und Ansporn für die anderen Genossen dienen kann.

Möglicherweise verstehst Du einige Dinge nicht, vielleicht erscheint Dir die eine oder andere Maßnahme verfehlt; aber daraus darfst Du nicht den Schluss ziehen, dass Tatu und andere verantwortliche Genossen sich über die wirkliche Situation, die so offenkundig ist, nicht im Klaren wären. Vergiss nicht, dass in schwierigen Momenten extreme Maßnahmen getroffen werden müssen, um die Moral der Truppe aufrechtzuerhalten und ein Debakel zu verhindern.

Siki und ich haben Tatu einen ausführlichen Bericht geschickt (den er zur Stunde wohl gerade erhält). Darin informieren wir ihn in allen Einzelheiten über die Situation. Möglich, dass Tatu daraufhin beschließt, hierher zu kommen, um mit uns darüber zu reden. Wenn nicht, dann werde ich spätestens am Donnerstag nächster Woche dorthin gehen, um mit ihm persönlich zu sprechen. Im Übrigen heißt es, den Mut nicht sinken zu lassen und ein Beispiel an Gelassenheit, Vertrauen und Tapferkeit zu geben. Du kannst sicher sein, dass alles Nötige unternommen wird, um die Probleme auf revolutionäre und möglichst überzeugende Weise zu lösen, wie es sich für marxistisch-leninistische Führer gehört.

Ich vertraue Tatu mehr denn je, und das solltet Ihr auch tun. Ich will überhaupt nicht abstreiten, dass Tatu sich irren kann; aber wenn er sich irrt, dann ist es unsere Pflicht, darüber zu sprechen und dann seinen Anweisungen, welchen auch immer, zu folgen. Ich scherze nicht, wenn ich sage, dass es tausendmal besser ist, im Kampf zu sterben, auch wenn wir meinen, dass es für einen nutzlosen Zweck ist, als das Schauspiel einer Niederlage zu erleben, nur weil man nicht kämpfen will. Die kubanischen Revolutionäre können sterben, aber sie dürfen keine Angst haben.

Ich hoffe, nein, ich bin mir sicher, dass Du Deine revolutionäre Pflicht erfüllen wirst, als Soldat, als Kubaner und als Mensch. Und dass Du nicht nur Deine persönliche Pflicht erfüllen, sondern auch ein Beispiel geben wirst, wie es sich für einen Revolutionsführer gehört.

Wir werden siegen!

Der zweite Brief ist auf den 1. November datiert und richtet sich an Tembo.

Genosse,

ich schreibe Ihnen diese Zeilen, um Sie aus dem Schützengraben, drei Kilometer von den Askaris entfernt, zu grüßen und Sie über die Situation hier zu informieren: Die Kongos suchen Streit mit uns und reden schlecht über Tatu. Sie machen ihn verantwortlich für die verbrannten Bauernhäuser, den Verlust der Waffen, den Mangel an Nahrungsmitteln und das Herumirren der Bauern.

Wir unsererseits sind restlos enttäuscht. Ich habe erfahren, dass die Mehrzahl der Kubaner, die mit Tatu gekommen sind, eine Versammlung einberufen und ihre Abreise bekannt geben wollen. Dasselbe gilt für siebzehn weitere Männer, plus sieben aus der soeben eingetroffenen Gruppe. Emilio, dies ist die bei den Kubanern allgemein vorherrschende Einstellung. Wir kämpfen darum, sie davon zu überzeugen, dass wir gerade in diesem Moment Stärke zeigen müssen, doch es herrscht große Unzufriedenheit, großes Misstrauen und ein übermächtiges Verlangen danach, den Kongo zu verlassen. Als Grund geben sie das Verhalten der Kongos an, für die, nach den Worten unserer Genossen, der Kampf beendet ist. Die Genossen behaupten, Tatu trage die Verantwortung dafür, dass die Situation sich derart zuspitzen konnte, und sehen bei ihm und in seiner Einstellung nicht den Wunsch, einen Ausweg zu finden.

Das ist es, was ich Ihnen mitteilen wollte, damit Sie eine effizientere Unterstützung leisten können.

Ihr politischer Kommissar

Wie man aus diesem Brief ersehen kann, löste sich die Truppe fast vollständig auf. Es ist sogar die Rede davon, dass mehrere Aktivisten eine Parteiversammlung einberufen wollten, um mir ihren Rückzug aus dem Befreiungskampf mitzuteilen. Ich blieb unbeirrbar und hart und antwortete, dass ich keine Entlassungsgesuche annehmen und auch keine Versammlung mit diesem Ziel gestatten würde. Ich beschuldigte sie des Verrats und bezeichnete schon das Unterbreiten einer solchen Bitte als feigen Akt. Mir war noch ein Rest an Autorität verblieben, der ein Minimum an Zusammenhalt bei den Kubanern bewirkte; das war alles. Bei den Kongolesen aber ereigneten sich noch viel schlimmere Dinge. Ich bekam einen Brief, unterzeichnet von Jeróme Makambila, dem »Abgeordneten der Provinz und Vertreter des Volkes im CNL«, dem Nationalen Befreiungskomitee. Darin wurde Masengo beschuldigt, Menschen umgebracht zu haben, sogar Frauen. Und nachdem der Abgeordnete mir den Fall lang und breit dargelegt hatte, lud er mich ein, mich mit ihm in Fizi zu treffen, um die Lage in jener Region zu erläutern. In einer Phase, da die Verbindung mit dem Ausland äußerst gefährdet war und wir eine zentrale Sendestation sowie einen Regimentsstab zu verteidigen hatten, schickte dieser Herr Briefe durch die Gegend (ich erhielt mehrere von ihm), um ein Treffen zu organisieren. Zum besseren Verständnis dafür, in welches Fahrwasser die Revolution geraten war, hier ein Auszug:

> Ich erlaube mir, Ihnen die Hoffnungen, Wünsche und Anregungen der gesamten Bevölkerung der Region um Fizi zu übermitteln.
>
> 1. Die Bevölkerung fordert die Streitkräfte unserer Revolution auf, sich dem Kommando der befreundeten Armeen, die uns zu Hilfe geeilt sind, zu unterstellen, und zwar bis zur Stabilisierung des Landes.
>
> 2. Die Bevölkerung verlangt von den befreundeten Ländern eine intensive Hilfe in folgenden Punkten:
>
> a) militärische Operationen: Soldaten, Waffen, Ausrüstung, Geld etc.
>
> b) technische Unterstützung: Ingenieure, Mechaniker aus verschiedenen Bereichen, Ärzte etc.
>
> c) soziale Unterstützung: Lehrer, Erzieher, Geschäftsleute, Fabrikanten etc.

Die Anregung, die gesamte militärische Befehlsgewalt den Kubanern zu übertragen, war nichts anderes als der Versuch eines Aufstandes mit unserer Unterstützung, dessen einzige Ursache in den stammesbedingten Streitereien zwischen diesen Leuten und der Gruppe um Kabila-Masengo zu suchen war; es sei denn, der Feind hätte seine Hand im Spiel gehabt.

Der Einzige, der diesem absurden und düsteren Bild widersprach, war Aly. In einem Brief berichtete er, dass er der feindlichen Armee in zwei Gefechten schwere Verluste zugefügt hatte. Und das vor dem Hintergrund, dass er in ständigem Streit mit dem Chef jener Region lag und praktisch im Alleingang mit den kubanischen Genossen die Angriffe gegen den Feind hatte führen müssen. Bei einem der Angriffe wurden Dokumente mit den Plänen des Feindes und einige Landkarten erbeutet, dazu ein Funkgerät, zwei Granatwerfer, eine Panzerfaust, vier FAL- oder Super-FAL-Gewehre, Munition und Magazine. Es war ein erfolgreicher Angriff gewesen, eine schwere Niederlage für den Feind, doch das konnte die Situation nicht mehr beeinflussen. Unter den erbeuteten Dokumenten befand sich diese Aufzeichnung:

2

Geheim

BEFEHL GEHEIMOPERATION Nr. 2
Geheimoperation Süd Karte Maßstab 1:200000 Nr. 1 Bendera
Karte Maßstab 1:100000 Katenga

1. Situation
a) Feindliche Streitkräfte:

1) feindl. Bataillon (± 360 Mann) unter dem Kommando von Hauptmann Busindi, mehrheitl. zusammengesetzt aus Babembe und einer Gruppe Tutsi (Ruanda) in Katale.

2) Ein Zug (± 40 Mann) in ANC-Kleidung.

Waffen: Maschinenpistolen chinesischen Ursprungs; in der Woche nach dem 27. September 65 haben sie an Km 7 von Kabimba 6 Straßenwärter festgehalten und gezwungen, Säcke zu ihrer Stellung (Lager) über die Straße Mama-Kasanga-Kalenga zu transportieren.
[Gemeint ist der fehlgeschlagene Versuch eines Hinterhaltes, von dem oben bereits die Rede war.]
b) befreundete Streitkräfte:
– Die 5. Kolonne besetzt Baraka und hält die Achse Baraka-Fizi-Lulimba.
– Das 9. Kommando besetzt Lulimba.

– Das 5. Inf.-Bataillon besetzt Bendera.
– Sonderabtlg. (Freiwillige) des 5. Kommandos + Polizeizug (± 30 Mann) besetzen Kabimba.
– Das 14. Inf.-Bataillon (-) besetzt die Strecke Kabega-Maji-Muhala.
– 1. Kompanie (14. Bataillon) + 1 Kompanie (12. Bataillon) besetzen Albertville.
– Luftwaffe:
Die Luftwaffe (WIGMO) unterstützt die Operationen mit:
4 T-28 und 1 Helikopter,
2 B-26, vorübergehend in Albertville stationiert.
Eine zusätzliche Unterstützung aus der Luft könnte von der Staffel WIGMO geleistet werden (4 T-28, im äußersten Notfall in Goma stationiert).
1 DC 3 FATAL, eine Versorgungsabtlg., in Albertville stationiert.
– Marine:
4 PT boats + Ermens-Luka (verhindert die Überquerung des Sees durch Aufständische während der gesamten Dauer der Operationen).
c) Auftrag:
1 – Phase 1:
2. Bataillon-Param. (-) rückt von Albertville nach Kabimba vor und wird dort endgültig stationiert.
2 – Phase 2:
2. Bataillon-Param. (-) erkundet mit Hilfe der Mannschaft des Chefs von Mama-Kasanga die Regionen Nord und Nordwest von Kabimba, um die feindlichen Stellungen zu lokalisieren.
3 – Phase 3:
2. Bataillon-Param. startet einen Vernichtungsangriff gegen die Rebellen im Norden von Kabimba, einschließlich der Basis von Katale.

Informationen über den Feind:

1) Katsheka: ± 300 Tutsi, unterstützt von ± 50 Kubanern. Das Waffenlager befindet sich nördlich vom Katsheka-Fluss, Kommando: Joseph Mundandi (Ruander).

Waffen: 2 Granatwerfer 81 (1 in Reparatur)
2 rückstoßfreie 75er Kanonen
2 Luftabwehrgeschütze .50
2 Maschinengewehre .30
30 Maschinenpistolen und Panzerfäuste
200 Kisten m. Munition + 10 Minen

2) Makungo: Stellung am Hügel; ± Babembe, unterstützt durch Kubaner aus Katsheka unter dem Kommando von Calixte (Mubembe).

Bewaffnung mit der von Katsheka vergleichbar.

Bestände: dito

3) Katenga: Feldlager im Wald. ± Mann (Babembe und andere).

4) Kibamba: feindl. Basis am See, rundherum Dörfer; Anlaufhafen für Vers.-Güter aus Kigoma. Regimentsstab der Rebellen (Javua).

Ausbildungszentrum für Rekruten.

Verbindung: Telefonnetz vom Lager bis zum See/nach Balabala.

5) Katalo: Nördlich v. Kabimba; ± 300 Mann, ehem. Bewohner von Albertville, unterstützt durch 12 Kubaner. Kommandiert von Hauptmann Businda (von Albertville).

Bewaffnung: 2 rückstoßfreie 75er Kanonen
2 Granatwerfer 81 mm
12 Maschinengewehre .30
150 AFN-Gewehre
3 Luftabwehrgeschütze

6) Lobunzo: ± 600 Mann unter dem Kommando von Pedro (Mubembe).

Großes Lager im Haus des Chefs Kilindi.

7) Kabanga: Lager und Hafen (Boote landen an der Mündung des Luvu).

8) Kalonda-Kibuye: von den Rebellen besetzt.

9) Fizi: Verwaltungszentrum

10) Simbi: Versorgungs- und Ausbildungszentrum

11) Lager und Hafen

Deutlich wurde, dass das Ziel des Feindes einerseits darin bestand, das gesamte Seeufer zu besetzen und unsere Anlagen in der Nähe zu zerstören, andererseits muss man feststellen, dass der Feind, von ein paar Ungenauigkeiten und Unrichtigkeiten abgesehen, eine sehr präzise Vorstellung von unseren Waffen, der Truppenstärke und auch von den anwesenden Kubanern hatte. Mit anderen Worten, der feindliche Nachrichtendienst funktionierte perfekt oder fast perfekt, während wir keine Ahnung hatten von dem, was in den feindlichen Reihen vor sich ging.

Das Bild, das sich mir bei meiner Ankunft auf der Basis bot, war alles andere als viel versprechend. Wir wussten, was der Feind vorhatte; doch dafür benötigten wir jene Dokumente nicht, denn das lag bereits vorher klar auf der Hand, und das Schauspiel des Zusammenbruchs war furchtbar.

Dolchstöße

Wir trafen die ersten Verteidigungsmaßnahmen und verwandelten die Basis in eine Festung, die vom Feind nur unter großen Verlusten eingenommen werden konnte. In Richtung auf Ruandasi wurde die gesamte Gegend ausgekundschaftet und eine Verbindung von der Basis zu dem Weg geschaffen, der südlich von uns von Nganja direkt zum See führte. Wir befahlen den Bau einer Reihe gut getarnter Brunnen an verborgenen Stellen, an denen kubanische Genossen arbeiteten und die dazu dienen sollten, unsere Bestände zu verstecken, falls wir gezwungen sein würden, das Feld zu räumen. Die sensiblen Punkte wurden durch Schützengräben gesichert.

Nach meiner Ankunft überprüfte ich die Organisation der Funkstation. Sie bestand aus einem Sender mit ziemlich großer Reichweite, der jedoch unter den gegebenen Umständen wenig praktisch war; er lief auf 12 Volt-Akkus, die von einem kleinen Stromaggregat gespeist wurden. Deswegen mussten wir für ausreichende Benzinreserven sorgen. Der Sender reichte, wenn auch nur sehr schwach, bis Daressalam und, mit hundertprozentiger Leistung, bis Kigoma. Mit dem Funken waren drei Genossen betraut, der Chef Tuma, der Genosse Funker und der Mechaniker. Sie erfüllten ihre Aufgabe perfekt. In der Zeit zwischen dem 22. Oktober, dem Tag, als der Sender installiert wurde, und dem 20. November, der Nacht, als wir die Basis am See verlassen mussten, wurden 110 kodierte Botschaften übermittelt und 60 empfangen. Die totale Hingabe der Genossen an ihre Aufgabe und die Effizienz, mit der sie sie erfüllten, standen im Gegensatz zu dem Klima allgemeiner Mutlosigkeit und Gleichgültigkeit. Es zeigte sich wieder einmal, dass mit ihrer Materie vertraute und beinahe liebevoll mit ihrer Arbeit verbundene Männer hervorragende Ergebnisse erzielen. Allerdings muss man auch hinzufügen, dass sie den täglichen Streitereien mit den kongolesischen Soldaten nicht ausgesetzt waren. Dennoch wage ich zu behaupten: Wären alle Kader ebenso gut qualifiziert gewesen, hätte unser Einsatz im Kongo eine andere Wendung genommen und das Endergebnis vielleicht sogar anders ausgesehen.

Direkt nach meiner Ankunft telefonierte ich mit Masengo, der guten Mutes zu sein schien. Als Erstes schlug er mir vor, Kasima anzugreifen; er war ganz besessen von dieser Idee. Ich erwiderte, wir würden am nächsten Tag darüber reden, was dann auch geschah. Ich hatte Berichte von unserem Spähtrupp – Nane und Kahama – erhalten, die besagten, dass sich in der Ortschaft keine feindlichen Soldaten aufhielten. Das teilte ich Masengo mit, doch er hatte andere Informationen. Die Leute von Hauptmann Salumu befanden sich ganz in der Nähe und meldeten, dass es dort sehr wohl feindliche Soldaten gebe. Wir konnten uns in unserer Diskussion nicht einigen und verschoben die Entscheidung, um weitere Spähtrupps loszuschicken und Klarheit über die Situation zu erhalten.

Kommandant Mundandi war bereit, meine Vorschläge zur besseren Verteidigung der Basis anzunehmen, einen Anschlag auf die Stromversorgung zu verüben, mir eine Kanone zu überlassen und sich um die Verteidigung von Nganja zu kümmern, damit ich Leute für Kasima freistellen konnte. Als Gegenleistung bat er mich um Uniformen, Schuhe, Lebensmittel und kubanische Spezialisten für die Durchführung des Sabotageaktes, die Bedienung der Kanone und die Unterstützung der Ruander bei ihrer Arbeit.

Ich versprach, ihm sechs Männer zu schicken: Tom, der politische Kommissar, und Aja sollten die Masten mit Fackeln niederbrennen; Genosse Angalia war für die Kanone zuständig und sollte zur gleichen Zeit, sozusagen zur Ablenkung, Front de Force beschießen und versuchen, die Wasserleitung zu treffen; Anchali sollte die Einheit führen.

Ein Funkspruch kündigte an, dass wichtige Nachrichten für

mich unterwegs seien. Ich beschloss, am See zu bleiben und darauf zu warten. Die Zeit nutzte ich für zahlreiche Gespräche mit den noch verbliebenen Kadern, auch mit Oberst Ansuruni, dem Chef des Regimentsstabes der 2. Brigade (der von General Moulane), der ständig mit Lambert und den Leuten der Basis von Kibamba im Streit gelegen und sich auch mit Masengo, der ihm großes Misstrauen entgegenbrachte, angelegt hatte. Ich kritisierte Ansuruni heftig wegen seines Verhaltens. Ich erwähnte das kampflos aufgegebene Baraka (er war dabei gewesen) und hielt ihm das Ergebnis all seiner Streitereien und des Chaos vor Augen. Ich erinnerte ihn daran, dass ich mehrmals angeboten hatte, am See Leute an schweren Waffen auszubilden, und dass er nie auch nur einen Mann geschickt hatte, und ich forderte ihn auf, sein Verhalten zu ändern. Er nahm meine Ratschläge zur Kenntnis, zum Beispiel den, schnellstens ein paar Männer zur Sperre nach Karamba zu schicken, um die Kanone zu holen und sie nach Kibamba bringen zu lassen, mit dem Ziel, dort einen Geschützstand schwerer Waffen einzurichten. (Mir war es inzwischen gelungen, die bei unserem Desaster verlorene Kanone zurückholen zu lassen; auf abenteuerlichen Wegen war sie samt dreizehn Geschossen wieder in unseren Besitz gelangt.) In der zweiten Nachthälfte traf Changa bei uns ein. Seine Ankunft wurde von Leuchtkugeln am Himmel begleitet, denn er und seine Leute waren von feindlichen Patrouillenbooten überrascht und angegriffen worden, woraufhin eine wahre Seeschlacht ausgebrochen war. Changa brachte einen Mann mit, der von einer Kugel an der Hand verwundet worden war, und er selbst hatte eine Gesichtsverletzung vom Mündungswirbel einer von seinen Genossen abgeschossenen Panzerfaust davongetragen. Die kongolesische Bootsbesatzung hatte panische Angst und machte Schwierigkeiten, als sie an einem der darauf folgenden Tagen wieder zurückfahren sollte.

Rafael ließ mir durch einen Boten die folgende Nachricht überbringen:

> Genosse Tatu,
>
> heute Morgen wurde Pablo [Rivalta] von der tansanischen Regierung einbestellt. Ihm wurde mitgeteilt, dass mit Blick auf das bei der Versammlung afrikanischer Staaten getrof-

fene Abkommen, sich nicht in die inneren Angelegenheiten anderer Länder einzumischen, sowohl sie selbst als auch die anderen Regierungen, die bisher die kongolesische Befreiungsbewegung unterstützt haben, die Art der Unterstützung ändern müssen. Und dass sie uns demzufolge bitten, unseren Beitrag zu dieser neuen Politik zu leisten und alles, was wir dort haben, zurückzuziehen. Sie erkennen an, dass wir mehr als viele afrikanische Staaten gegeben haben. Zum gegenwärtigen Zeitpunkt soll der kongolesischen Befreiungsbewegung gegenüber nichts darüber mitgeteilt werden. Erst wenn wir uns zurückgezogen haben, wird ihr Präsident persönlich die Revolutionsführer anrufen und sie über die Entscheidung der afrikanischen Staaten informieren. Havanna wurde bereits davon in Kenntnis gesetzt. Wir erwarten Deine Meinung dazu und grüßen Dich,

Rafael

Das war der Gnadenstoß für die todgeweihte Revolution. Den kongolesischen Genossen sagte ich nichts über den Inhalt der Nachricht. Ich wollte abwarten, was in den darauf folgenden Tagen passierte; doch in Gesprächen deutete ich an, wie die zukünftige Politik Tansanias aussehen könnte, wobei ich mich auf konkrete Tatsachen wie zum Beispiel die Versorgungsblockade in Kigoma bezog. Am 4. kam ein Telegramm aus Daressalam.

Durch Boten folgt Brief von Fidel. Die wichtigsten Punkte lauten:

1. Wir sollten alles tun, nur nicht das Sinnlose.

2. Wenn nach Tatus Meinung unsere Anwesenheit nicht länger zu rechtfertigen und nutzlos geworden ist, müssen wir an Rückzug denken.

3. Wenn Ihr bleiben wollt, werden wir versuchen, so viel Material und Männer zu schicken, wie Ihr es für erforderlich haltet.

4. Wir machen uns Sorgen, dass Ihr in Panik verfallt oder dass Euer Verhalten als defätistisch oder pessimistisch ausgelegt werden kann.

5. Falls Tatu beschließt, den Kongo zu verlassen, behält er bei seiner Rückkehr nach Kuba oder an einen anderen Ort seinen bisherigen Status.
6. Jede Entscheidung wird unsere Unterstützung finden.
7. Vermeidet jedwede Zerstörung.

Zur gleichen Zeit erhielt ich ein zweites Telegramm:

An Tatu,
von Rafael.
Nachricht am 4. erhalten. Wie auch die neue Situation sich entwickelt: Weiße Söldner von Tschombé bleiben im Land, attackieren Kongolesen und begehen alle möglichen Untaten und Verbrechen. Daher wäre es Verrat, den kongolesischen Revolutionären unsere Unterstützung zu entziehen, es sei denn, sie bitten uns darum und beschließen, den Kampf aufzugeben.

Die Genossen, die diese beiden Telegramme aufgenommen hatten, kannten den Inhalt von Rafaels Brief noch nicht und stellten einen gewissen Widersinn zwischen beiden fest: Das erste Telegramm war die Zusammenfassung eines Briefes aus Havanna als Antwort auf mein Schreiben vom 5. Oktober, und das zweite war eine Antwort auf den Bericht aus Daressalam über die neue Haltung der tansanischen Regierung. Wir setzten eine Antwort an Fidel auf, die über Funk von Daressalam übermittelt werden sollte.

Nachricht über Funk an Fidel:

Rafael,
während Deines Besuchs verschwand Julio Cabrera Jiménez [Maurino]. Aufgrund der Umstände unseres Rückzugs gingen wir davon aus, dass er geflüchtet war, obwohl trotz des allgemeinen Chaos, das unsere letzten Aktionen kennzeichnete, keine größere Gefahr bestand als sonst.

Doch bisher ist er nicht wieder aufgetaucht, und wir müssen annehmen, dass er tot ist oder gefangen genommen wurde, wobei Ersteres wahrscheinlicher ist.

Nach unserem Rückzug sprach ich ein ernstes Wort mit Rafael Pérez Castillo [Bahaza], der die rückstoßfreie 75-mm-Kanone, die später von den Kongolesen geborgen werden konnte, im Stich gelassen hatte. Die Bedingungen in unserem neuen Lager waren miserabel, doch ich vertraute darauf, dass die feindlichen Soldaten nicht vorrückten. Die Arbeiten für ein weiter entferntes Waffenlager mit allen geretteten Waffen gingen nur schleppend voran. Am 24. rückten die feindlichen Soldaten vor, so als wollten sie unseren sechsten Monat in diesem Land feiern. Inzwischen ist klar, dass es ihre Absicht war, die Häuser der Ortschaft niederzubrennen. Ihr Vorrücken wurde von uns bemerkt, weil kongolesische Genossen, die das Lager verlassen hatten, mit ihnen zusammentrafen. Ich befahl, bis in die Nacht hinein Widerstand zu leisten und die Waffen zu retten. Später jedoch wurde mir gemeldet, dass sich uns der Feind vom Berg aus näherte, wo ich keine Wachen aufgestellt hatte, da ich nicht damit rechnete, dass sie von dort angreifen würden. Das brachte unsere Verteidigungsstrategie durcheinander, wir mussten schnellstens die Frontlinie wechseln und einen Zug losschicken, um den Feind auf dem Bergrücken zu stoppen. Dieser näherte sich jedoch in Wirklichkeit über einen Weg auf der gegenüberliegenden Seite, und die angeblichen feindlichen Soldaten stellten sich als Bauern heraus, die, wie wir später erfuhren, über den Berg fliehen wollten. Die Verteidigungsmaßmahmen reichten aus, um den Feind aufzuhalten; aber dann flohen unsere Leute und meldeten, dass die feindlichen Soldaten bereits im Lager stünden, was jedoch nicht zutraf. Unser Rückzug glich einer wilden Flucht, bei der ich sogar meinen Tabakvorrat verlor. Lediglich eine Gruppe machte unserer Armee Ehre und leistete noch eine weitere Stunde in Unterzahl und in ungünstiger Gefechtslage Widerstand. Unter ihnen befand sich auch Rafael Pérez Castillo, der seine Kanone aus der Gefahrenzone brachte und mit einem FAL-Gewehr weiterkämpfte. Er wurde schwer verwundet, und wir mussten ihn über wahre Höllenpfade transportieren, schlimmer und länger als die in der Sierra. In der Nacht zum 26., als er nicht mehr in Lebensgefahr zu schweben schien, starb er. Bei dem Rückzug verloren wir ein Maschinengewehr 12.7 (aufgegeben von einem Kubaner, dem seine kongolesischen Assistenten abhanden gekommen waren) sowie die gesamte Munition, außerdem das Vertrauen der Bauern und die Organisation, die wir ansatzweise aufzubauen begonnen hatten.

In den letzten Tagen näherte sich uns der Feind von allen Seiten, sodass der Eindruck entsteht, er bereite den letzten Schlag gegen unsere Basis vor. Das ist bisher jedoch nicht geschehen, und unsere Verteidigung ist ziemlich stabil, zumindest was die Waffen angeht, auch wenn man kein Vertrauen zu den kongolesischen Rekruten haben kann.

Wir halten ein vierseitiges Gelände auf dem Berg, das von folgenden Punkten umgeben ist (diese Punkte befinden sich in der Hand des Feindes, in unmittelbarer Nähe unserer Truppen), vielleicht könnt Ihr sie auf einer Landkarte finden: Baraka, Fizi, Lubonja, Lulimba, Force-Bendera und Kabimba. Der Feind hat Vorhuten diesseits von Baraka und Kabimba. Aly hat ihm an der Front von Kabimba in drei Gefechten Widerstand geleistet, und beim zweiten konnte er Dokumente mit dem Angriffsbefehl erbeuten, der vorsieht, unsere Basis einzunehmen und im Umkreis von 25 km zu »säubern«, während 4 PT boats (Hermes Luckas) den See kontrollieren sollen, um unsere Versorgung abzuschneiden. Die Luftwaffe beteiligt sich mit acht T 28, zwei B 26 und einer DC 3 zur Aufklärung und mit einem Helikopter zur Versorgung. Diese kleine Flotte jagt den kongolesischen Genossen Angst ein.

Vom militärischen Gesichtspunkt aus ist die Situation schwierig, weil unsere Truppe aus bewaffneten Männern ohne jede Disziplin oder Kampfmoral besteht; die Bedingungen des Geländes jedoch sind für die Verteidigung optimal.

Heute bin ich zum Chef der Operationen in dieser Region ernannt worden, ausgestattet mit der vollen Befehlsgewalt über die Truppe und dem Kommando über unsere Artillerie (eine Batterie 82er Granatwerfer, drei rückstoßfreie 75-mm-Kanonen und zehn Maschinengewehre AA 12.7). Die Einstellung der kongolesischen Führer hat sich in der Folge der

Niederlagen gebessert, sie haben sich überzeugen lassen, dass sie die Dinge mit größerem Ernst in Angriff nehmen müssen. [Unbegründeter Optimismus meinerseits!] Ich habe sie auf die neue Haltung Tansanias vorbereitet, wobei ich so getan habe, als handele es sich um eine Vermutung von mir aufgrund der Konferenz von Accra und des merkwürdigen Schweigens Tansanias in Bezug auf die Waffen, die sich dort befinden, aber nicht an uns geliefert werden. Einige Leute hier verkünden, dass sie ihr Leben einsetzen und die Revolution um jeden Preis fortführen wollen. Allerdings wissen wir nicht, wie Kabila darüber denkt. Er kündigt sein Kommen an.

Ich habe die letzten beiden Telegramme von Fidel erhalten; das eine ist anscheinend eine Antwort auf meine Briefe, das andere auf die letzten Nachrichten aus Tansania. Was meine Briefe angeht, so übertreibt er wieder einmal. Ich habe versucht, objektiv zu berichten, aber ich war nicht durch und durch pessimistisch. Es gab einen Moment, in dem hier über die Flucht sämtlicher kongolesischer Befehlshaber gesprochen wurde. Daraufhin hatte ich beschlossen, mit rund zwanzig ausgewählten Männern (mehr Milch gibt die Kuh nicht) hier zu bleiben, die übrigen Genossen auf die andere Seite zu schicken und weiterzukämpfen oder, falls die Möglichkeiten erschöpft sein würden, an eine andere Front zu gehen oder mich in einen Nachbarstaat zu flüchten und dort um Asyl zu bitten. Meine Reaktion angesichts der letzten Nachrichten aus Tansania war die gleiche wie die Fidels: Wir können nicht einfach das Land verlassen. Mehr noch, kein Kubaner kann unter den angebotenen Bedingungen von hier fortgehen. Außerdem muss man ernsthaft mit der tansanischen Regierung reden, um die Dinge klarzustellen.

Ich schlage Folgendes vor: Eine kubanische Delegation auf höherer Ebene oder Tembo von hier oder eine Kombination aus beidem fährt nach Tansania, um unseren Standpunkt klarzulegen. Kube hat mit Einwilligung Tansanias Hilfe angeboten, Tansania erklärte sich einverstanden, und die Hilfe wurde geleistet. Dabei war weder von einer zeitlichen Begrenzung noch von irgendwelchen Bedingungen die Rede. Wir haben

Verständnis für die Schwierigkeiten Tansanias, sind jedoch nicht mit der neuen Haltung einverstanden. Kuba steht zu den eingegangenen Verpflichtungen und kann einen schändlichen Rückzug nicht akzeptieren, denn das hieße, seinen Bruder in einer schweren Stunde den ausländischen Söldnern ans Messer zu liefern. Wir würden den Kampf nur dann aufgeben, wenn die Kongolesen selbst, aus bestimmten Gründen oder wegen höherer Gewalt, uns darum bitten würden; aber wir werden darum kämpfen, dass das nicht passiert. Man muss die Regierung von Tansania an das Abkommen erinnern, das, ähnlich dem von München, dem Neokolonialismus freie Hand lässt. Vor dem Imperialismus darf man weder zurückweichen, noch darf man den Kampf vertagen. Die einzige Sprache ist die der Stärke. Wenn sich die Situation im Kongo unter dieser Regierung stabilisiert, ist Tansania in Gefahr, denn das Land ist von mehr oder weniger feindlichen Staaten umgeben. Die Revolution hier im Kongo könnte auch ohne Tansania fortgeführt werden, allerdings unter großen Opfern. Wir sind nicht verantwortlich dafür, falls sie wegen fehlender Hilfe zerschlagen wird etc., etc.

Von der Regierung in Tansania müsste außerdem verlangt werden: die Aufrechterhaltung des telegrafischen Netzes; die Erlaubnis zur Landung von Versorgungsschiffen mindestens ein- oder zweimal pro Woche; die Erlaubnis, zwei Schnellboote kommen zu lassen, um die in Tansania für uns bereitliegenden Waffen in einer Fahrt in den Kongo zu bringen; die Erlaubnis, einmal alle zwei Wochen Briefe über Tansania zu schicken.

Ich erwähnte die zwei Schnellboote, weil die Situation diesbezüglich katastrophal ist: Die sowjetischen Boote sind, im Gegensatz zu denen des Feindes, sehr langsam. Wir müssen uns unter Kugelhagel durchkämpfen; beim letzten Mal wurden Changa im Gesicht und ein anderer Genosse an der Hand verwundet. Die Boote verkehren paarweise, denn häufig geht eins unterwegs kaputt, und dann muss es von dem anderen abgeschleppt werden. Die Boote müssen hier auf unserer Seite zur Verfügung stehen, damit wir Güter transportieren und in derselben Nacht wieder zurückfahren können. Eins der Boote sollte so handlich sein, dass wir es leicht über die steilen Berge transportieren können, falls wir vorübergehend das Ufer aufgeben müssen. Man muss, so weit es angesichts unserer gegenwärtigen Lage möglich ist, hartnäckig darauf bestehen, einen nur wenigen bekannten Punkt in Tansania einzurichten, an den man sich nachts flüchten und von dem man vor Tagesanbruch wieder aufbrechen kann, und zwar mit guten Booten, so wie es bei den Schmugglern hier am See üblich ist. Aber unser Spiel ist sauber; es ist unsere Taktik; wir benötigen Ruhe, um uns wichtigen Dingen widmen zu können. Außerdem sollten wir anregen, die Texte der endgültigen Nachrichten den Sowjets und den Chinesen zukommen zu lassen; denn nur so können wir es verhindern, in Misskredit zu geraten.

Macht Euch um uns keine Sorgen, wir werden Kuba alle Ehre machen und nicht untergehen, auch wenn ich mich nach Klärung unserer Situation von einigen Schwachen werde trennen müssen.

Einen herzlichen Gruß an alle

Tatu

P. S. Ich glaube, man sollte mit Karume über die Einrichtung eines Flugstützpunktes reden, sei es ausschließlich in Sansibar oder mit Zwischenlandung in Tansania. Von der Vereinbarung hängt der zu wählende Flugzeugtyp ab. Vielleicht würde Tansania das Angebot annehmen, Ärzte für das Hospital in Kigoma bereitzustellen. Das würde es ihnen ermöglichen, einigermaßen frei zu agieren. Die Ärzte müssten Englisch sprechen, in ihrem Beruf tüchtig und gute Revolutionäre sein oder diesem Ideal möglichst nahe kommen. So, das war's.

Besorgt wegen der Unwirksamkeit meines Kommandos stellte ich einen Plan für die Arbeit eines kleinen, flexiblen Regimentsstabes auf, der etwas hätte bewirken können. Doch bei einem Gespräch, das wir mit allen Verantwortlichen führten, vertrat Masengo die Ansicht, dass eine so rasche Veränderung nicht möglich sei. Einige

Tage zuvor sei solch ein Stab, dem auch Siki angehöre, gebildet worden, und man warte auf Kabilas Einverständnis. Ich wollte erreichen, dass meine operative Idee in das Schema des Regimentsstabes integriert würde, ähnlich der sowjetischen Armee am Vorabend der Einnahme Berlins, doch es war nichts zu machen, ich musste mich fügen. Ich beantragte, mir die Verantwortung für die Ausbildung der Rekruten zu überlassen, um den Versuch einer praktischen Militärakademie fortzuführen. Stattdessen wurde mir die Leitung der Operationen übertragen, theoretisch der zweithöchste Grad nach der Heeresleitung, dazu die Organisation der Artillerie und der Ausbildung. Mein Kommando war nur von eingeschränkter Bedeutung, aber ich setzte mich dafür ein, das Menschenmögliche zu versuchen, um den fortschreitenden Zerfall aufzuhalten.

Azimas Kompanie wurde neu formiert; sie war nach dem Desaster am 24. aufgrund der Flucht der meisten Kongolesen zerfallen. Doch nun fehlten uns die Waffen. Während wir vergebliche Versuche unternahmen, einen Kampfverband aufzustellen, wurde eine riesige Menge an Waffen und Ausrüstung, die aus Kigoma eintraf, willkürlich verteilt, ohne Sinn und Verstand, und die für die Basis bestimmte Munition verschwand auf Nimmerwiedersehen. Zu allen übrigen Problemen mussten wir nun auch noch damit fertig werden, dass wir keine Munition hatten. Sicher, es gab 12.7er Kugeln und Granaten in geringen Mengen, aber keine Munition für die Kanone und, vor allem, für die am häufigsten verwendeten Gewehre, *point trente* in unserem Jargon (SKS).

So gut wir es vermochten, organisierten wir die Waffenlager, trafen Vorkehrungen für die Verteilung der Waffen und die Formierung der Artillerie. Mafu, der aus Mundandis Region zu uns gekommen war, wurde nach Kisosi zwischen Kasima und Kibamba geschickt, um die Verteidigung dort zu verstärken.

Bevor er aufbrach, erzählte er mir eine haarsträubende Geschichte: Eines Abends kamen zwei kongolesische Vertreter aus der nahe gelegenen Basis Calixtes ins Lager. Da es schon spät war, schlugen unsere Genossen ihnen vor, bei ihnen im Lager zu schlafen. Doch sie sagten, Mundandi habe sie eingeladen, die Nacht in seiner Hütte zu verbringen, und gingen fort. Am nächsten Tag blieben sie verschwunden. Als man nach ihnen fragte, erklärte Mudandi, er habe sie hinausgeworfen, weil sie ihn getäuscht hätten. Sie hätten sich als politische Vertreter ausgegeben, dabei seien sie nur einfache Soldaten gewesen. Kurz darauf trugen zwei Ruander, die nie zuvor im Lager gesichtet worden waren, die blauen Jacken jener Soldaten. Auch ihre Helme hatten sie sich aufgesetzt. Später ließ Calixte nach seinen Männern suchen, denn sie waren nicht zur Basis zurückgekehrt. Das alles legte die Vermutung nahe, dass die beiden von Mundandis Leuten ermordet worden waren. Ob es sich einfach nur um Raubmord handelte oder ob die Streitigkeiten zwischen den Gruppen solche Ausmaße angenommen hatten, wusste man nicht genau. Ich teilte Masengo meinen Verdacht mit, doch es wurde nichts unternommen, denn die unheilvollen Ereignisse überschlugen sich.

Von Mbili kam ein Brief. Er schrieb mir von der Front von Lubonja, dass seine Männer von den Kongolesen so furchtbar unter Druck gesetzt würden, dass es nicht mehr auszuhalten sei. Die Moral war auf dem Tiefpunkt angelangt. Er warnte mich vor einer Verschwörung und bat mich, einigen Kubanern den Rückzug aus dem Kampf zu gestatten. Karim, der politische Kommissar, schrieb mir einen aufrichtigen Brief, in dem er mir mitteilte, dass er Tembo die oben zitierte Nachricht übersandt habe, weil er uns über die Situation aufklären wollte, und dass er alles tun werde, um seine Pflicht zu erfüllen. Er legte eine Liste mit den Namen der Genossen bei, die den Kongo verlassen wollten. Die meisten davon gehörten zu Mbilis Einheit. Denselben Entschluss teilte eine Gruppe, die sich bis dahin vorbildlich verhalten hatte, Mbili persönlich mit, doch dieser konnte sie dazu bewegen, ihren Antrag auf Entlassung zurückzuziehen. Mbili verteidigte den politischen Kommissar in einer Botschaft gegen meine Anschuldigung: Ich hatte es als einen feigen Akt bezeichnet, solch defätistische Äußerungen auch nur zu dulden. Karim helfe ihm sehr bei seiner undankbaren und schwierigen Aufgabe, schrieb mir Mbili.

Dann kam Aly aus Kabimba und berichtete mir von seinen Streitereien mit den Befehlshabern der Region. Nach einer Unterredung mit Masengo und Tremendo Punto beschlossen wir, dass letzterer mit Aly dorthin gehen sollte, um sich von der Lage ein Bild zu machen und zu prüfen, ob es notwendig war, Aly von einem anderen Kubaner ablösen zu lassen oder die gesamte Truppe von dort abzuziehen. Ich ermächtigte Mbili, sich von den kongolesischen Genossen an der Sperre von Lubonja zu trennen.

Währenddessen bauten wir die Verteidigung unserer Basis weiter auf, richteten Stellungen ein und hoben Schützengräben aus. Im Übrigen warteten wir darauf, dass die feindlichen Truppen zusammengezogen würden und wir ihnen Verluste beibringen könnten. Die sechs Männer, die auf Mudandis Basis mitarbeiten sollten, wurden angewiesen, zusammenzubleiben und sich nur zu trennen, wenn es der Moment erforderte. Ich befahl ihnen, kein größeres Risiko einzugehen als die Ruander, denn ich hatte Angst, dass sie bei den zahlreichen Parallelaktionen, an die sie nicht gewöhnt waren, Fehler machten.

Aus Kigoma kam ein Telegramm, in dem mir mitgeteilt wurde, dass sich Vizepräsident Kawawa dort aufhielt. Er hatte mit Kabila gesprochen, und nach dessen Aussagen hatte er Unterstützung zugesagt und sich erkundigt, was benötigt wurde; außerdem hatte er die Öffnung des Sees garantiert. Sollten Kabilas Informationen zutreffen, war Tansanias Verhalten noch unverständlicher.

Aus Kasima kam die Nachricht, dass dort einhundertfünfzig Soldaten standen und ein vom politischen Kommissar der kongolesischen Truppe unterzeichneter Vorschlag für einen Angriff vorlag.

Mbili informierte mich darüber, dass er einen Spähtrupp losgeschickt und die Männer keinerlei feindliche Bewegung ausgemacht hatten. Sie hatten sich vorsichtig Lubonja genähert und festgestellt, dass der Feind abgezogen war. Zurückgeblieben waren lediglich die Flugblätter mit dem Aufruf an die Bevölkerung, die Waffen niederzulegen. Sogleich schickte Mbili einen weiteren Spähtrupp los, und die Männer kamen mit der Nachricht zurück, dass an Lamberts ehemaliger Stellung sich niemand mehr aufhielt. Auch auf dem Weg nach Fizi war weit und breit kein Feind zu sehen. Kurz zuvor war in der Region von einer umfangreichen Bewegung von Fahrzeugen berichtet worden. Nun, da der Weg frei war, kam Lambert mit seinen Geschichten über Heldentaten, von Angriffen, Verlusten, die sie dem Feind beigebracht hätten, und erbeuteten Waffen. Er verkündete, dass er mit neunhundert

Mann Fizi und Baraka eingekesselt habe, und wollte die Kanone, Granatwerfer und Luftabwehrgeschütze mitnehmen, um angreifen zu können. Ihm wurde erwidert, dass die Granatwerfer bei dem Rückzug verloren gegangen seien und man die Kanone zur Verteidigung an die Basis gebracht habe. Mbili schrieb mir in seinem ausführlichen Brief: »Ich hätte ihm gerne meine Meinung gesagt, doch in der gegenwärtigen Situation hielt ich das nicht für angebracht. Wieder einmal mussten wir uns dumm stellen.«

An der Sperre hatten wir ein Luftabwehrgeschütz, das schnell an die Basis gebracht wurde, um es vor Lamberts Zugriff zu bewahren. Angesichts all dieser Ereignisse wurde Mbili angewiesen, im Ausbildungslager, das sich zwei Stunden von unserer Sperre befand, nur eine Gruppe von Männern unter Rebocates Kommando zurückzulassen und mit dem Rest die Basis zu verstärken. Nun mussten wir herausfinden, was der Feind, der sich aus Lubonja zurückgezogen hatte, als Nächstes vorhatte; denn er würde seine Beute sicherlich nicht so leicht aufgeben.

In einer weiteren Nachricht berichtete Mbili über eine Versammlung von Lambert mit seinen Leuten, in die er einen Beobachter eingeschleust hatte. Lambert erklärte, er habe mit dreiundzwanzig Mann die feindlichen Soldaten gefangen genommen und hundertfünfzig Mann bei den Kubanern zurückgelassen, doch die seien nicht imstande gewesen, irgendetwas zu unternehmen, und hätten sämtliche schwere Waffen verloren. Weiter verkündete er, dass der Feind jedem Soldaten, der sich ergeben und auf seiner Seite kämpfen würde, 500 Francs [damals etwas mehr als 1 Dollar] angeboten habe. Er fragte seine Leute, was sie davon hielten, und sie antworteten, dass sie nicht dazu bereit seien. Lambert warnte sie daraufhin, dem Feind in die Falle zu gehen. Nach Meinung des Informanten gab er dazu eine recht gute Erklärung ab, und die Haltung der Leute schien in diesem Punkt fest zu sein. Lambert übte Kritik an mir, weil ich mich auf die Basis zurückgezogen hatte, und empfahl dem Major seiner Truppe, die gesamte Einheit und die Waffen abzuziehen und ihm zu überlassen. Das war ein direkter Angriff auf uns, und obwohl er ansonsten eine unerschütterliche Haltung und Kampfbereitschaft zeigte, betrieb er damit bereits die Spaltung.

Ich führte ein weiteres Gespräch mit dem Genossen Masengo. Auch jetzt klärte ich ihn noch nicht über die Absichten der tansanischen Regierung auf. Wir sprachen vor allem über die Attacke auf Kasima, und ich bestand noch einmal darauf, weitere Spähtrupps loszuschicken, bevor eine Entscheidung getroffen würde. Ich war gegen den Angriff, weil ich befürchtete, dass es erneut zu einem ungeordneten Rückzug kommen und die Moral noch weiter sinken würde. Vorher wollte ich mir noch ein paar schwere Waffen sichern, um den Feind unter heftigen Beschuss nehmen und so einen Gegenangriff verhindern zu können.

Am 10. November traf Hukumu ein. Er war ohne Pause von Nganja hierher marschiert. Vorher hatte er einen Auftrag in Lubonja erfüllt und war auf Ruander gestoßen, die ihm berichtet hatten, dass Front de Force vom Feind eingenommen worden war. Kurz darauf trafen die Kubaner ein, die bei Mundandi gewesen waren, und ich erfuhr, dass, während sie den Sabotageakt vorbereiteten, die ruandischen Wachposten bereits die ersten Angreifer gemeldet hatten. Sie näherten sich in drei Gruppen, geführt von Bauern aus der Region, die sich dort bestens auskannten. Da die Situation der Stellung sehr schwierig war, lautete Mundandis Entscheidung, keinen Widerstand zu leisten. Es gelang ihnen jedoch, praktisch alle Waffen und die gesamte Munition zu retten und damit nach Nganja zu fliehen. Unseren Genossen wurde befohlen zu bleiben, aber Anchali, der meine Anweisungen wohl falsch verstanden hatte, kehrte direkt auf die Basis zurück. Ich erklärte ihnen, wie nötig es war, gerade jetzt die Ruander zu unterstützen, und schickte sie unter der Führung von Tom, dem politischen Kommissar, wieder zurück. Am darauf folgenden Tag kam die Nachricht vom Fall Makungos (des Lagers), woraufhin Calixte, der Befehlshaber jenes Gebietes, mit seinen Männern zu uns stieß.

Für uns war es wichtig, die Region um Nganja zu halten, nicht nur, weil das den Zugang zur Basis garantierte, sondern auch, weil wir dadurch im Besitz von Rindern waren, der einzigen Nahrungsquelle, denn der See war so gut wie unüberwindbar, und Lebensmittel wurden immer knapper. Wir besaßen noch drei Tiere, die der Genosse Nane gebracht hatte, aber wenn uns der Weg über Nganja versperrt sein würde, würden wir in ernsthafte Schwierigkeiten geraten und Hunger leiden müssen. Inzwischen bauten wir in aller Eile unsere kleine Artillerieeinheit unter Azis Kommando auf, mit drei Granatwerfern, einer Kanone und zwei 12.7er Maschinengewehren, eines ohne Gestell, jeweils mit ausreichenden Mengen an Munition. Damit wollten wir gegen die Schlussoffensive Widerstand leisten und versuchen, dem Feind so viele Verluste wie möglich beizubringen.

Ich schickte den Genossen Moja nach Kisosi und in die angrenzenden Gebiete, um die Lage auszukundschaften. Das Erste, was er mir berichtete, war, dass Flugzeuge das Gebiet unter Beschuss nahmen und dass die kongolesischen Genossen ihn allesamt im Stich gelassen hatten. Außerdem teilte er mir mit, dass sich dreizehn feindliche Schiffe bedrohlich näherten; doch es blieb bei der Bedrohung.

Das Versorgungsboot kam nicht über, und Changa informierte uns, dass er den See nicht überqueren werde, da es nichts zu transportieren gebe. Daraufhin schickten wir eine Reihe brandeiliger Telegramme nach Kigoma und Daressalam. Darüber hinaus schickte ich ein Telegramm mit folgendem Wortlaut nach Kuba:

> Druck des Feindes wächst, Versuch der Seeblockade wird fortgesetzt. Große Mengen an kongolesischem Geld dringend benötigt, falls Isolierung erfolgt. Offensive wird verstärkt. Schnelles Handeln erforderlich. Wir bereiten Verteidigung der Basis vor.

Das Telegramm war auf den 10. November datiert. Geichzeitig schickte ich folgendes Telegramm nach Daressalam und Kigoma:

> Wenn aufgrund der Offensive Rückzug nötig und Verbindung zu Ihnen abreißt, rufen Sie uns weiter täglich um zwölf Uhr dreißig und siebzehn Uhr an, bis Verbindung wieder intakt.

Kigoma informierte uns, dass Kabila nicht aufbrechen könne, da sein Boot nicht seetüchtig sei. Das sollte sein Ausbleiben erklären, denn er hatte für den 9. sein Kommen fest zugesichert (eines der unzähligen Versprechen, die Kabila nicht hielt). Zur gleichen Zeit hatte er Kiwe benachrichtigt, er solle sich bereithalten, mit ihm zur Konferenz der drei Kontinente nach Havanna zu fahren. Da fehlen einem die Worte!

Unsere Verteidigungsstrategie sah im Moment folgendermaßen aus:

Mbili kontrollierte mit einer aus Ruandern bestehenden Gruppe den Weg, der von Nganja direkt zum See führte. Der andere Weg, der an der Basis vorbeiführte, wurde von Azima und den Kongolesen verteidigt.

Mit der Verteidigung des Sees wurden Moja in Kasima und Aly in Kabimba beauftragt. Wir hatten berechtigte Hoffnungen, dem Feind Widerstand leisten zu können, doch da erhielt ich von Genosse Mundandi einen Brief mit folgendem Inhalt:

> Genosse Tatu,
>
> angesichts der sehr ernsten Situation muss ich Ihnen mitteilen, dass ich mich außerstande sehe, die Stellung zu halten und die Verteidigung zu garantieren. Die Bevölkerung hat uns verraten, sie hat dem Feind den Rinderbestand überlassen und sich bereit erklärt, mit ihm zusammenzuarbeiten. Die feindlichen Truppen sind besser geführt, und sie wissen über unsere Stellungen besser Bescheid als wir selbst. Ich bitte Sie um Ihr Verständnis dafür, dass ich beschlossen habe, den Kampf aufzugeben. Es ist nicht so, dass ich die kubanischen Genossen im Stich lasse; aber ich bin dem ruandischen Volk Rechenschaft schuldig. Ich kann die ruandischen Truppen nicht der Gefahr aussetzen, vernichtet zu werden; denn dann wäre ich kein guter Revolutionsführer, und ein Revolutionär, zumal ein marxistischer, muss die Situation analysieren und eine im Voraus bereits verlorene Schlacht meiden. Ich würde die Schuld am Tod der Genossen tragen. Ich habe versucht, diese Revolution zu unterstützen, um danach eine weitere in unserem Land zu machen. Doch wenn die Kongolesen nicht kämpfen wollen, ziehe ich es vor, auf unserem Boden für das ruandische Volk zu sterben; sollten wir unterwegs sterben, ist es auch gut.
>
> Seien Sie meiner revolutionären Gesinnung versichert,
>
> *Mundandi*

Genosse Mundandi bereitete sich also darauf vor, den Kampf endgültig aufzugeben. Das brachte uns in große Schwierigkeiten, denn seine Front befand sich auf der Flanke, an der wir aller Wahrscheinlichkeit nach den feindlichen Angriff zu erwarten hatten (in der Region von Nganja), und seine Fahnenflucht schwächte uns dort in besonderem Maße. Als wir dachten, wir hätten unsere Verteidigung stabilisiert, tat sich eine neue Lücke auf.

Die Ostfront fällt ins Koma

Am 12. November erhielt ich einen Brief von Masengo, den ich hier zitiere.

> Genosse,
>
> wie in unserem gestrigen Telefonat bereits angesprochen, sehe ich kein Problem bei dem Vorschlag des Genossen Moja [die Basis vom Norden her zu verteidigen], mit anderen Worten: Ich halte den Vorschlag für gut.
>
> Dennoch möchte ich noch einmal auf meinen eigenen Plan zu sprechen kommen. Er besteht erstens darin, mir einige Schützen für schwere Waffen zur Verfügung zu stellen; die genaue Zahl werde ich später mitteilen.
>
> Zweitens, mir 50 FAL-Gewehre leihweise zu überlassen, die ich an zuverlässige Leute ausgeben werde, und zwar wie folgt: 20 Gewehre für die zwanzig unbewaffneten Männer, die in Ruandasi stationiert sind; 10 für die Einheit in Kibamba; 20 für die Sperre von Kavumbwe; 20 für Soldaten, die Sie auswählen und zu uns schicken sollen.
>
> Meine Absicht ist es, trotz der gegenwärtigen Schwierigkeiten Kasima zu stürmen. Ich bin bereit, die Verantwortung dafür zu übernehmen.
>
> Unter den gegebenen Umständen bin ich der Meinung, dass sich die kubanischen Genossen vor allem um die Verteidigung der Seebasis von Nganja kümmern sollten. Ich glaube, Sie werden mir in allen Punkten zustimmen.

Dieser Brief war ein starkes Stück. Einmal von dem Rechenfehler abgesehen, 50 Gewehre anzufordern und 70 zu verteilen, waren die Vorstellungen der Kongolesen von unseren Reserven an FAL-Gewehren vollkommen aus der Luft gegriffen und widersprachen den Angaben, die wir Masengo persönlich gemacht hatten. Wir besaßen fünfzehn Gewehre, die wir aber an die Kongolesen ausgegeben hatten, dazu nur noch eins oder zwei in Reserve. Ich hatte die fünfzehn Gewehre unter großen Zweifeln verteilt, denn sie gehörten Genossen, die es übernommen hatten, schwere Waffen zu bedienen, und unbewaffnet dastanden, falls diese schweren Waffen vom Feind erbeutet wurden oder beim Rückzug an einem sicheren Ort zurückgelassen werden mussten. Doch Masengo schenkte uns keinen Glauben und verlangte fünfzig oder siebzig Gewehre. Er versicherte, die Verantwortung für den Angriff übernehmen zu wollen, und schlug uns vor, uns um die Verteidigung des Sees um Nganja zu kümmern. Und das wenige Tage, nachdem ich zum Operationschef in der Region mit weitreichenden Machtbefugnissen ernannt worden war, was mit anderen Worten bedeutete, dass ich die gesamte Verteidigung der Front übernehmen sollte. Das Misstrauen blühte.

Zu den »Treulosigkeiten« des Briefes kamen noch andere kleine Unverschämtheiten: der Befehl, Antipersonenminen auf einigen Zufahrtswegen zu legen, und das gegen meine ausdrückliche Bitte, mit dieser Aktion so lange zu warten, bis wir sie gemeinsam durchführen konnten und sichergestellt war, dass unsere eigenen Spähtrupps nicht gefährdet waren; die Weigerung Masengos, Alys Einheit in Kibamba zusammenzuziehen, um die Südflanke der Basis gegen einen eventuellen Angriff zu verteidigen.

Ich sprach erneut mit Masengo, dem Chef des Regimentsstabes, und auch bei dieser Gelegenheit teilte ich ihm die halboffizielle Haltung der tansanischen Regierung nicht mit. Ich betonte die Notwendigkeit, eine Strategie zu verfolgen, mit der wir uns vom See unabhängig machen konnten, und wies darauf hin, dass mein Status als Operationschef lediglich theoretischer Natur war. Weiter sprachen wir über den Angriff auf Kasima, für den er die Verantwortung übernahm, was in den Kompetenzbereich eines Stabschefs gehörte (auch wenn ich der Meinung war, dass dies nicht der geeignete Moment für einen Angriff war, umso weniger, da wir aufgrund der miserablen Aufklärungsarbeit der Kongolesen und Kubaner keine genaue Kenntnis über die feindlichen Stellungen hatten). Allerdings konnte ich nicht akzeptieren, dass ich zur Verteidigung eines Sektors abkommandiert werden sollte; denn wie nicht schwer zu verstehen ist, muss eine Verteidigung im gegenseitigen Einvernehmen koordiniert und müssen Reserven aufgebaut werden, die man an die gefährlichen Punkte schicken kann, wenn die Geschehnisse es erfordern. Schließlich warnte ich wie so oft davor, Waffen oder Munition an Phantasieeinheiten zu verteilen, die sie nur verloren. Ich versicherte, dass die meisten Informationen über große Aktionen in Fizi und anderen Regionen nicht zutrafen.

Genosse Masengo kritisierte unser Verhalten in Kasima, da der Versuch, die kongolesischen Truppen abzuziehen, einige Unruhe hervorgerufen hatte. Das stimmte, denn ich hatte Moja den Befehl gegeben, alle Kubaner in Kisosi zu konzentrieren und eine Reserveeinheit bereitzustellen, was er so verstand, dass auch die Kongolesen sich zurückziehen sollten. Diese verweigerten den Gehorsam, und in dem allgemeinen Durcheinander gelang es ihnen, Teile eines Granatwerfers verschwinden zu lassen, sodass der dafür zuständige Kubaner nun eine unbrauchbare Waffe in Händen hielt.

Masengo erklärte sich bereit, Salumu anzurufen, um ihn zu einem Gespräch mit Moja zu bewegen. Letzterer sollte den Angriff nach einem einfachen Plan durchführen: Vorrücken auf einen der Punkte, Hinterhalte legen an anderen Punkten, über die Verstärkungen kommen oder die als Fluchtwege dienen konnten. Masengo beabsichtigte, die Aktion mit so geringen Verlusten wie möglich durchzuführen, falls erneut ein ungeordneter Rückzug erfolgen würde. Er stimmte außerdem zu, Aly hinzuzuziehen und keine Munition mehr abzugeben, ohne vorher die Verwendung zu überprüfen.

Im Laufe der Unterhaltung zeigte ich ihm Mundandis Brief. Voller Zorn kündigte er an, er werde ihn am nächsten Tag persönlich entwaffnen. Da ich die ruandischen Genossen inzwischen kannte, schrieb ich sofort an Mbili und wies ihn an, alles vorzubereiten, ihnen die schweren Waffen, die sich noch in ihrem Besitz befanden, abzunehmen und ihnen zuzusichern, dass sie nach Kigoma fahren könnten, wenn sie uns alle Waffen zurückgeben würden. Ich hoffte, Masengo so zu beeinflussen, dass die Überfahrt in diesen spannungsgeladenen Tagen ohne sinnloses Blutvergießen vonstatten gehen konnte. Und Blut wurde dann am See tatsächlich nicht vergossen, denn Masengo konnte nicht fort; er versprach, einen politischen Kommissar zu schicken, und zu guter Letzt wurde Mundandi von niemandem entwaffnet.

Wir unterhielten uns auch über Kabila, und Masengo versicherte mir, dass er in den nächsten Tagen kommen werde. Meine Antwort fiel deutlich aus. Kabila würde den See nicht überqueren, und zwar deshalb, weil er wusste, dass die Geschichte hier zu Ende ging. Die Unterhaltung über diesen heiklen Punkt war ziemlich peinlich, denn es waren noch andere Genossen anwesend; aber ich brachte meine Meinung über das Kommen des obersten Befehlshabers klar und deutlich zum Ausdruck.

Vor diesem Hintergrund setzten die Leute von Fizi ihre defätistischen Aktionen fort, so als hätten wir uns mitten im Wahlkampf in einem friedlichen Land befunden. Es trafen zwei oder drei Nachrichten ein, in denen ich aufgefordert wurde, an einem Treffen am 15. teilzunehmen und eine Empfangsbestätigung zu schicken. Ich erklärte in einem Antwortschreiben, dass ich dieses Treffen als Zeitverschwendung ansähe und es mir in einem so entscheidenden Augenblick, in dem es gelte, die Basis zu verteidigen, unmöglich sei, daran teilzunehmen. Außerdem betrachtete ich es als einen Aufstand gegen die Revolutionsführung. Meine Regierung habe mich nicht hierher geschickt, damit ich mich an solchen nutzlosen Veranstaltungen beteiligte. Die Dinge spitzten sich dermaßen zu, dass Masengo in einem der Briefe als Mörder beschuldigt wurde, ihm aber zugesichert wurde, sein Leben zu schonen, solange er sich in Fizi aufhielte. Die Angehörigen der Armee sicherten dem Chef des Regimentsstabes zu, sein Leben zu schonen! So standen die Dinge.

Genosse Mutchungo, unser Gesundheitsminister, bewies ebenfalls, dass er die Realität aus den Augen verloren hatte. Er schrieb mir Briefe, auf die ich heftig reagierte, woraufhin er zu mir kam und eine Erklärung dafür verlangte.

In einem seiner Briefe hatte er mir mitgeteilt, dass Lambert uns der Unterschlagung von schweren Waffen beschuldigt und verlangt habe, ihm diese Waffen zurückzugeben, damit er Aktionen durchführen könne. Ich musste in langen Erklärungen Lamberts Verhalten bei diesem ganzen Hin und Her deutlich machen. In einem weiteren Brief hatte Mutchungo über eine Bauernversammlung hier ganz in der Nähe, in Jungo, berichtet und mich über die Ergebnisse dieser Versammlung informiert, da ich nicht daran teilgenommen hatte. Weder hatte ich eine Einladung dazu erhalten, noch sah ich irgendeinen Grund dafür, an solchen Bauernversammlungen teilzunehmen, da das nicht zu meinen Aufgaben gehörte. Aber die Forderungen hatten so absurde Ausmaße angenommen, dass die Reaktion des Genossen Mutchungo darauf verständlich war. Um nur ein Beispiel zu nennen, zitiere ich Punkt 3:

> Forderung an die Freunde:
> Jedes befreundete Land muss 12000 Freiwillige schicken. Schließlich sind es revolutionäre Länder. Tschombé bekämpft uns mit ausländischer Unterstützung.

Wenn man davon ausgeht, dass es sich um zwei oder drei befreundete Länder handelte, dann verlangten sie 24000 oder 36000 Freiwillige. Auch wenn die Bauern wie Kinder waren, auf unterster Entwicklungsstufe und wegen ihrer Situation verzweifelt, so musste Genosse Mutchungo in seiner Position als Gesundheitsminister und hoher Vertreter des Obersten Revolutionsrates dennoch darauf reagieren.

Nachdem ich ihn darauf hingewiesen hatte, wie kindisch die Forderungen waren, fragte ich ihn, ob er über die zersetzende Haltung der Genossen in Fizi informiert sei. Er habe so etwas gehört, antwortete er, aber er wisse nur, dass dreihundert Mann von Fizi zur Verstärkung unterwegs seien, um Kibamba zu retten. Angesichts solcher Behauptungen hatte es keinen Sinn mehr, über das Thema zu reden. Dann wurde Mutchungo persönlich und beklagte sich über das Verhalten des Genossen Masengo, der sich weigere, seine Frau und seine sechs Kinder zu evakuieren, was eine sehr schwierige Situation heraufbeschwöre. Ich sprach mit Masengo darüber, und es wurde beschlossen, dass alle Frauen und Kinder von Kämpfern nach Kigoma evakuiert werden sollten, sobald sich die Gelegenheit dazu ergeben würde.

In der Nacht zum 14. überquerte Changa den See, diesmal ohne weitere Zwischenfälle. Er brachte reichlich Lebensmittel und dazu eine Nachricht von Rafael, der mir mitteilte, dass die Haltung der tansanischen Regierung unverändert sei und dass sie auf eine Antwort von uns warte. Es gab weder Anzeichen dafür, dass sie überstürzt handeln wollte, noch dafür, dass sie bereit war, ihre Position zu überdenken. Rafael erkundigte sich, was ich davon hielte, angesichts der Haltung Tansanias mit der Einrichtung einer geheimen Basis zu beginnen. Ich antwortete postwendend, dass wir das unbedingt tun sollten.

Am selben Tag schickte Masengo, dem die Entscheidung Tansanias noch nicht bekannt war, an Kabila folgendes Telegramm, dessen Wortlaut die allgemeine Situation sowie seine persönliche Verfassung widerspiegelte:

> Kabila,
>
> militärische Lage sehr ernst. Front Mundand, vom Feind überrannt. Feind rückt über Nganja auf Basis vor. Mundandi, Calixte und Mbili haben in Nganja Stellung bezogen. Wir befürchten Vorrücken des Feindes über verschiedene Wege auf Basis. Melde Mangel an Lebensmitteln. Dringend benötigt: Bohnen, Reis, Salz. Bitte um sofortige Lieferung von Waffen und Munition .30 sowie Mausergewehren, *pepechá*, Granatwerfer, Kanonengeschosse, Panzerfäuste, Panzerabwehrkanonen und Minenzünder. Bedingungen für mögliche Offensive über Mukundi günstig. Wegen fehlender Ausrüstung Gefahr der Vernichtung sämtlicher Truppen. Erbitte energische Intervention der tansanischen Regierung. Erlöschen der kongolesischen Revolution Konsequenz der Gleichgültigkeit afrikanischer Länder. Betrachten Sie dies als letzten Hilferuf. Zur Vermeidung von Hungertod Finanzhilfe erbeten.
>
> *Masengo*

Abgesehen von der optimistischen Einschätzung einer möglichen Offensive in Mukundi, über die ich nichts Näheres wusste, war Masengos Telegramm eine Zusammenfassung der Situation. Einige unserer Telegramme erweckten fast den Eindruck von Panik, was zum Teil auf die Situation, zum Teil auf die Absicht zurückzuführen war, die Genossen aufzurütteln. Auf die Anfrage unseres Funktionärs in Kigoma bezüglich Kabilas Wunsch, nach Daressalam zu gehen, antwortete ich:

> Boote müssen unbedingt noch heute kommen. Haben Hunger. Sind eingekesselt. Kabila kann fahren.

Unsere Hilferufe waren voller Pathos. In dem Tross, den Changa mitbrachte, befanden sich auch vierzig Kongolesen, die in der Sowjetunion studiert hatten. Voll gestopft mit theoretischem Wissen, baten sie als Erstes um vierzehn Tage Urlaub; sie beschwerten sich unter anderem darüber, dass sie nicht wussten, wo sie ihre Koffer abstellen konnten, und dass keine Waffen für sie bereitlagen. Es wäre zum Lachen gewesen, hätte man beim Anblick dieser jungen Männer, in die die Revolution so viel Hoffnung gesetzt hatte, nicht weinen mögen.

Masengo unterstellte jene Männer sogleich meinem Kommando, und für mich bestand die einzige Genugtuung darin, ihnen nach Strich und Faden die Leviten zu lesen, denn wir konnten uns auf Französisch verständigen. Doch leider war kein Funke revolutionärer Gesinnung in ihnen. Ich ließ sie zur Hochbasis hinaufkommen und sagte ihnen klipp und klar, dass sie sich einer Schießprüfung unterziehen müssten, und wer sie bestehe, werde direkt an die Front geschickt. Wenn sie dazu bereit seien, würde ich sie akzeptieren; wenn nicht, sollten sie gleich nach Hause gehen. Wir hätten nämlich keine Zeit zu verlieren. Ihr Sprecher, der Verständigste unter ihnen, erklärte sich mit den Bedingungen einverstanden, und in den darauf folgenden Tagen verstärkten sie die Verteidigung, oder besser gesagt, sie übernahmen die Waffen derer, die geflüchtet waren, denn sie selbst waren unbewaffnet gekommen.

Mbili schickte uns die neusten Nachrichten: Die Kundschafter hatten in der Nähe des Weges nach Jungo feindliche Soldaten gesichtet, und Mbili befahl einigen Genossen, den Weg zu verminen. Doch die Minen gefährdeten unsere eigenen Leute, denn ich hatte einen Spähtrupp in genau diese Richtung geschickt; nur dem Zufall war es zu verdanken, dass nicht eine unter ihren Füßen explodierte. Die Kriegsmaschinerie trieb führerlos dahin, und die einzelnen Teile bewegten sich aus eigenem Antrieb.

Von der Region Nganja-Karianga konnte man die Basis auf vier verschiedenen Wegen erreichen. Wir wussten nicht, welchen der Feind wählen oder ob er auf allen gleichzeitig vorrücken würde. Er kannte sich im Gelände besser aus als wir, denn er verfügte über die besseren Führer, nämlich die Bauern aus der Region, die unter ihnen lebten und sie mit Lebensmitteln versorgten. Die Soldaten hatten inzwischen einiges über den Antiguerillakampf gelernt, und offenbar behandelten sie die Bauern äußerst zuvorkommend, während wir für die Fehler unseres früheren Verhaltens büßen mussten und die Konsequenzen ihrer Treulosigkeit zu spüren bekamen.

Gemäß seiner Gewohnheit, alle Gruppen, die bei ihm auftauchten, zu uns zu schicken, vermachte mir Masengo liebenswürdigerweise sieben »Selbstmörder«, die in ihrer Zerstörungswut ganz versessen darauf waren, ein Transportschiff zu versenken, das Albertville mit Kigoma verband. Ich erklärte ihnen, dass dies eine relativ leichte Aktion sei, die wir jederzeit durchführen könnten, da die Schiffe keinen Geleitschutz hatten. Im Augenblick, angesichts der abgekühlten Beziehungen zu Tansania, hielte ich Derartiges jedoch für unangebracht, da man das zum Vorwand für neuerliche Restriktionen nehmen könne. Ich hatte eine andere Arbeit für sie: Sie sollten, zusammen mit einigen Kubanern, hinter die feindliche Frontlinie gelangen, Aktionen durchführen und Waffen erbeuten; dabei müssten sie sich einer strengen Disziplin unterwerfen, fügte ich hinzu. Sie versprachen, es sich zu überlegen, und ich hörte nie wieder von ihnen.

Changa hatte Schwierigkeiten, den See zu überqueren. Immer mehr feindliche Boote bewachten den See, und die kongolesische Mannschaft hatte nicht den Mut, die Gefahren einer Überfahrt auf sich zu nehmen.

Bei der Evakuierung der Frauen und Kinder ereigneten sich unangenehme Zwischenfälle. Unter den zu evakuierenden Personen befanden sich auch einige Heranwachsende von manchmal 20 oder 25 Jahren, die die anderen mit Gewalt verdrängten und sich zu den Herren der Lage aufschwangen. Solche Situationen wiederholten sich Nacht für Nacht, wenn die Boote auszulaufen versuchten. Das führte zu Reibereien mit unseren Männern, die für die Sicherheit verantwortlich waren.

Von Kabila kam eine Nachricht folgenden Inhalts:

> Masengo,
>
> ich gebe Deine Nachricht an die Tansanier weiter. Heute breche ich nach Tabora auf, von wo ich umgehend mit Waffen und Munition zurückkehren werde. Ich schicke Dir das gesamte kongolesische Geld, das ich noch habe. Die Erstickung unseres Kampfes ist ein Komplott der hiesigen Regierung mit den Imperialisten. Es gibt kein Geld.

Kabila schrieb, er werde nach Tabora fahren, aber in Wirklichkeit fuhr er nach Daressalam, was er uns verschwieg. Er wollte mit der Regierung reden, aber im Moment des Desasters hielt er sich nicht in Kigoma, sondern in Daressalam auf.

Am 16. November erhielt Genosse Siki einen Brief von Azima:

> Genosse Siki,
>
> ich schreibe diese Zeilen, um Ihnen mitzuteilen, dass ich über nicht mehr als sechzehn Kongolesen und neun Kubaner verfüge; der Rückzug gestaltet sich sehr schwierig, und unsere Stellung ist dem Feind bekannt. Es gibt keine Möglichkeit, sich vor den Flugzeugen zu verstecken. Die Kongolesen wollten abhauen, sie haben keine Lust zu kämpfen, ich kann sie nur mit Mühe hier halten. Sobald die Soldaten vorrücken, werden sie das Weite suchen. Ich schreibe Ihnen das, weil die Situation schwer zu ertragen ist; entschuldigen Sie den Ausdruck, aber ich glaube, ich habe Schiss. Wir zwingen Leute zu kämpfen, die nicht kämpfen wollen, und ich glaube, das ist sinnlos. Ehrlich gesagt, ich bin der Meinung, dass es nicht richtig ist, sie zu zwingen. Ich verfüge nicht über großes Wissen, aber ich finde das sehr schlecht. Außerdem gibt es nichts zu essen, Fleisch

schon gar nicht, und es regnet jeden Tag, schon morgens fallen die ersten Tropfen, und wir wissen nicht, wo wir uns unterstellen sollen. Entschuldigen Sie eventuelle Schreibfehler.

Azima

Ich betrachtete diesen Brief als sehr ernst und gab Siki den Befehl, zu Azima zu gehen und sich ein Bild zu machen. Doch nach Sikis Meinung handelte es sich um einen von Azimas häufigen depressiven Anfällen. Für alle Fälle schickte ich Kiswa los, den Stellvertreter von Aly, der inzwischen mit seinen Männern aus Kabimba zurückgekommen war. Kiswa sollte sich um die Verteidigung kümmern, falls Azima nicht dazu in der Lage war.

Zusammen mit Aly traf Tremendo Punto ein. Er war bei ihm in Kabimba gewesen und hatte mir in einem Brief geschrieben, dass die Spannungen dort auf Alys schwierigen Charakter zurückzuführen seien. Er berichtete von einigen Zwischenfällen, die er erlebt hatte, und fügte hinzu, dass er alles getan habe, um Einmütigkeit herzustellen. Das Verhältnis zu den übrigen Kubanern sei freundschaftlich, nur Aly und der Major könnten nicht miteinander auskommen. Nun bestätigte er mir gegenüber die Behauptungen und illustrierte sie mit weiteren Anekdoten. Aly reagierte auf diese Anschuldigungen wütend und erinnerte unter anderem an einen komischen Zwischenfall, den es wegen Tremendo Puntos Unvorsichtigkeit gegeben hatte: Dieser hatte, entgegen Alys Rat, unbedingt am Tag den See überqueren wollen. Kaum hatte das Boot abgelegt, waren Flugzeuge am Himmel aufgetaucht. Genosse Tremendo Punto warf sich so schwungvoll ins Wasser, dass das Boot kenterte; doch das Schlimmste war, dass Aly, der nicht schwimmen konnte, beinahe ertrunken wäre. Beim Erzählen geriet Aly vor lauter Empörung immer wieder ins Stottern, und so trug sein Ärger dazu bei, den tragischen Momenten auch etwas Komisches abzugewinnen.

Mbili berichtete mir in einem weiteren Brief von den Maßnahmen, die er auf dem Weg nach Jungo angeordnet hatte, und von einem weiteren Vorrücken des Feindes; weder die Kongolesen noch die Ruander blieben auf ihren Posten. Acht Kubaner befanden sich auf jedem der beiden Flügel, in die sich die Verteidigung aufteilte, und auf viel mehr Kämpfer konnte er nicht zählen. Calixte und Huseini blieben in der Etappe, obwohl sie mehrmals aufgefordert wurden, ihre Männer zu begleiten. Mbili konnte sich bei der Verteidigung nur auf die Kubaner verlassen, und auch das nicht hundertprozentig. Ihnen standen rund vierhundert feindliche Soldaten gegenüber, und allem Anschein nach war weitere Verstärkung eingetroffen.

Das war die Lage am 16. November, an dem mehrere Telegramme abgeschickt wurden. Ein von mir unterzeichnetes lautete:

> Rafael,
> wir benötigen dringend SKS-Munition, Geschosse für chinesische 75-mm-Kanone. Wenn möglich, 200 Gewehre samt Munition. Das Erste ist sehr wichtig, sie haben in Kigoma Blockade eingerichtet. Wenn sie nichts schicken wollen, sollen sie es offen sagen. Bestehe auf klarer Aussage. Changa kann nicht fort von hier wegen feindlicher Boote. Schnelles Handeln erforderlich.

Masengo schickte folgendes Telegramm:

> Fühle mich außerstande, Offensive einzuleiten. Dagegen Evakuierung möglich. Situation sehr ernst. Erbitte dringend Information über Versorgung mit Lebensmitteln, Waffen und Munition.

Die Situation wurde mit jedem Augenblick schwieriger, und nirgendwo gab es Anzeichen für eine Besserung. Uns blieb nur, abzuwarten, wie stark die feindlichen Truppen waren und wann sie den Entschluss fassen würden, eine Entscheidung herbeizuführen.

Der Zusammenbruch

Siki ging erneut auf Inspektionsreise. Von der ersten hatte er mir berichtet, dass sein Eindruck recht gut gewesen sei. Die Verteidigungsstellungen waren stabil, es wurde weitergekämpft, und gleichzeitig wurde der allmähliche Rückzug vorbereitet, denn es war nicht möglich, eine starre Verteidigung mit Kämpfern aufrechtzuerhalten, die eine so niedrige Kampfmoral besaßen. Auf die Kongolesen konnte man sich nicht verlassen, dagegen hatten die Ruander sehr gut reagiert und unterstützten nun Mbili. Azima schickte eine persönliche Botschaft an mich. Er schwor, jeden Zentimeter wie ein Stück kubanischen Bodens zu verteidigen; seine Ablösung war also nicht erforderlich.

Siki war in aller Frühe aufgebrochen. Er hatte noch nicht zu Ende berichtet und sich noch nicht von den Strapazen der ersten Reise erholt, als ein Bote den folgenden Brief von Mbili überbrachte. Er bestand aus zwei Teilen, der erste war um neun Uhr geschrieben worden:

> Tatu,
>
> die noch verbliebenen Kongolesen haben sich geweigert, Schützengräben auszuheben, und ihr Gruppenführer hat die Absicht geäußert, den Feind anzugreifen, was nach seinen Worten sinnvoller sei, als Schützengräben auszuheben. Wir haben Charles zu ihnen geschickt, damit er ihnen erklärte, dass es sinnvoller sei, Schützengräben auszuheben. Das hat zu einem heftigen Streit zwischen ihm und dem Gruppenführer

geführt, sie haben sich mit Fäusten traktiert, und der Kongolese hat ein Gewehr genommen, um Charles zu erschießen. Wir haben ihm das Gewehr abgenommen. Er warf Charles vor, er stehe auf der Seite der Kubaner, die Kubaner seien schlecht, und er sei genauso, und wenn der Feind komme, würden sie überlaufen und auf uns schießen. Es verhält sich nämlich so: Einer der Kongolesen hier war der, der mir im Hinterhalt gesagt hat, dass wir Kubaner schlecht seien, und ich glaube, er hat hier weitergemacht. Die Kongolesen verhalten sich uns gegenüber offen feindselig, und das zeigt sich daran, dass sie nichts tun.

11.15 Uhr

Wichtig!

Tatu, sämtliche Ruander sind fort. Das wurde mir um zehn Uhr gemeldet. Ich schickte Akika hin, um nachzuschauen, und es stimmte, sie waren fort. Gestern haben wir uns auf einen Plan geeinigt, und heute haben sie sich zurückgezogen, ohne mir etwas zu sagen. Ich glaube, sie kehren in ihr Land zurück, wie sie es früher schon mehrmals angekündigt haben.

Als die Meldung kam, war Mundandis Adjutant bei mir; ich sagte es ihm, er wunderte sich, ging fort und kam nicht wieder. Soweit ich es beurteilen kann, haben sie die Waffen mitgenommen, und sie haben mir nichts gesagt; gestern haben sie mir zugesichert, mich mit zehn Mann und einem Maschinengewehr zu unterstützen, da die Kongos fort sind. Ich habe nach Calixte suchen lassen, aber niemand hat ihn gesehen, und niemand kann mir sagen, wo er sich aufhält.

Es könnte sich um Verrat handeln. Ich schlage vor, dass wir uns wie vorgesehen ein wenig zurückziehen, zwei Gruppen bilden, wieder in Stellung gehen und den Weg verminen. Wir benötigen dringend Verstärkung, und für den Fall, dass es tatsächlich Verrat war, werde ich Vorsichtsmaßnahmen ergreifen. Der Genosse, der mit der Antwort zu mir kommt, soll den neuen Weg benutzen.

Vaterland oder Tod!

P. S. Die Kongos hier kennen die Nachricht bereits und ziehen sich zurück.

Einige Stunden später wurden die Stellungen, die Mbili aufgegeben hatte, von der Luftwaffe beschossen. Es konnte sich um einen Zufall oder schlicht und einfach um Verrat handeln. Wir begannen, Leute für unsere Verstärkung zu suchen, entwaffneten diejenigen, die sich zur Basis flüchten wollten, und gaben die Waffen den anderen. Dieser Tausch versprach nicht viel, aber es war das Einzige, was man tun konnte. In jedem der Hinterhalte befanden sich acht Kubaner und rund zehn Kongolesen.

Den neuen Rekruten (den Studenten, die aus der Sowjetunion gekommen waren) wurde mitgeteilt, dass sie sich in die vorderste Linie begeben müssten. Sie behaupteten, dass sie stets gemeinsam agieren müssten und sich nicht trennen dürften. Erst nach der entsprechenden Standpauke, während der ich sie vor die Wahl stellte, entweder dem Befehl zu folgen oder aber nach Hause zu gehen, waren einige bereit, die vorderste Linie zu bilden.

Am Nachmittag traf Tremendo Punto mit einem Genossen ein, an dessen Namen ich mich leider nicht mehr erinnern kann. Er machte einen intelligenten Eindruck und wollte etwas tun, doch er hatte keinerlei Erfahrung. Wir sprachen über viele Dinge, aber das Wichtigste schien mir die folgende Bemerkung von mir zu sein: »Wir befinden uns in einer Situation völligen Zerfalls. Uns bleiben zwei Möglichkeiten: eine flexible Verteidigung, bei der wir uns nach und nach zurückziehen, oder eine starre Verteidigung, das heißt: Kampf bis zum Ende unserer Kräfte. Was wir nicht tun können ist, mit verschränkten Armen dastehen und darauf warten, dass der Feind bis zum nächsten Punkt vorrückt und ihn uns ohne Gegenwehr abnimmt, was zur Folge hätte, dass noch mehr Männer desertieren.« Diese Taktik (oder fehlende Taktik) würde dazu führen, dass wir alles verlieren und uns vollkommen auflösten. Genosse Tremendo Punto bat ums Wort. Wenn nur die Wahl zwischen diesen beiden Möglichkeiten bestehe, wähle er unbedingt die zweite, nämlich die starre Verteidigung. Die anwesenden Kubaner sahen ihn an, als wollten sie ihn umbringen oder auffressen. Er tat mir leid. Ort und Umstände legten eine starre Verteidigung nahe, aber mit wem? Die Kongolesen und die Ruander waren fort. Konnte ich von den Kubanern verlangen, dass sie in ihren Schützengräben starben, um dieses Stückchen Nichts zu verteidigen? Und noch wichtiger: Wenn sie es täten, mit welchem Erfolg? Die starre Verteidigung hatte ich eigentlich nur aus pädagogischen Gründen als Alternative erwähnt. Das Einzige, was man in der gegenwärtigen Situation tun konnte, war, sich so schnell wie möglich aus dem Staub zu machen.

Trotz der schlechten Witterung stieg Tremendo Punto noch am selben Abend hinab, um mit Masengo zu sprechen, und ich folgte ihm am nächsten Morgen. An der Unterredung nahmen teil: Tremendo Punto, der Genosse, an dessen Namen ich mich nicht mehr erinnern kann, Genosse Kent aus Kenia, der zur Befreiungsarmee gehörte, Charles Bemba, der gekommen war, um von seinen traurigen Erfahrungen zu berichten, und einige andere Genossen. Wir besprachen die Möglichkeiten, den Kampf fortzuführen, verwarfen die starre Verteidigung, da ich eingestehen musste, dass nur noch wenige Leute zur Verfügung standen, nämlich unsere, auf die ich mich auch nicht hundertprozentig verlassen konnte. Auch ein Rückzug nach Fizi wurde wegen der dort herrschenden Bedingungen ausgeschlossen. Als mögliche Fluchtpunkte blieben Uvira und der Süden. Der Weg nach Uvira führte über den See, eine gefährliche Route, oder auf einem sehr langen und schwierigen Marsch durch die feindlichen Linien und durch das Gebiet um Fizi. Im Süden lagen einige Dörfer wie zum Beispiel Bondo, wo die Möglichkeit bestand, die Verteidigung neu zu organisieren. Es wurde beschlossen, Aly und Moja nach Bondo zu schicken, um die Lage zu erkunden. Eile war geboten, an einem Tag mussten sie dorthin gelangen und eine Entscheidung treffen. Aly hielt das für eine neue »Machenschaft« von Tremendo Punto, denn nach seinen Worten war das eine »schlechte Stellung«. Ich hatte eine kleine Auseinandersetzung mit Aly. Er schimpfte, er habe es satt, die Berge rauf- und runterzurennen, ohne auf die Unterstützung »dieser Leute« zählen zu können. Ich erwiderte scharf, wir würden in Bondo die Evakuierung vorbereiten, er könne sich der Gruppe anschließen, die den Kampf aufgeben wollte. Daraufhin versicherte er mir sogleich, er werde bis zum

Ende bei mir bleiben, doch um sein Gesicht zu wahren, fügte er hinzu: »Auch wenn ich zwanzig Jahre lang die Berge rauf- und runterrennen muss!«

Ich hielt es für angebracht, die Entscheidung Tansanias nicht länger geheim zu halten und sie dem Genossen Masengo mitzuteilen. Die tansanische Regierung verhielt sich nicht richtig. Uns gegenüber war ihr Verhalten zwar korrekt gewesen, aber es gab auch so etwas wie eine revolutionäre Vorgehensweise, der sie verpflichtet war, und dieser Verantwortung entzog sich Tansania. Ich sagte Masengo also, dass ich einige Tage zuvor ein Telegramm erhalten hätte, in dem mir die Entscheidung der Regierung mitgeteilt worden sei. Aufgrund der gegenwärtigen Situation hätte ich es aber für besser erachtet, die Nachricht geheim zu halten, auch vor den Kubanern, nun aber ließe ich es ihn wissen, damit er Konsequenzen ziehen könne. Offenbar sprach er unmittelbar danach mit den Genossen, denn am Abend kam Tremendo Punto zu mir. Er teilte mir mit, dass Masengo mit mir eigentlich über die Einstellung der Kampfhandlungen sprechen wollte. Aber da ich ihm von der Evakuierung an einen anderen Punkt erzählt hätte sowie von verschiedenen Aufgaben, die vor uns lägen, habe er nicht den Mut dazu gehabt. Alle verantwortlichen Genossen hätten einer Einstellung des Kampfes zugestimmt.

Ich erwiderte, das sei eine sehr ernste Entscheidung. In Fizi und Mukundi gebe es Männer, die noch organisiert seien. Außerdem seien da noch die von Uvira und auch die an Muleles Front. Sobald wir uns zurückzögen, hätten die feindlichen Truppen die Hände frei, um diese Gruppen anzugreifen. Unsere Flucht würde zu ihrer Vernichtung beitragen, denn sie seien bekanntlich nicht stark genug, um Widerstand zu leisten. Ich bat ihn, mir einen Brief vorzulegen, in dem Masengo diese Entscheidung mitteile. Tremendo Punto zeigte sich erstaunt und auch ein wenig beleidigt, aber ich bestand darauf. Es gebe etwas, sagte ich zu ihm, das Geschichte genannt werde und sich aus vielen Bruchstücken zusammensetze, die später verdreht werden könnten. Mit anderen Worten, ich wollte diesen Brief in Händen halten, falls irgendwann einmal unser Verhalten falsch ausgelegt werden sollte. Um meinen Argumenten Nachdruck zu verleihen, erinnerte ich ihn an die letzten Beschuldigungen gegen uns. Tremendo Punto hielt meine Forderung für übertrieben, er wisse nicht, ob Masengo ihr nachkommen werde. Für mich war klar: Wenn Masengo nicht bereit war, mir seine Entscheidung in einem Brief schriftlich zu bestätigen, war ihm bewusst, dass er sich unkorrekt verhielt. Und mir war auch klar, dass wir die Verantwortung für den Rückzug niemals übernehmen durften. Genauso sagte ich es Tremendo Punto.

Wir unterbrachen das Gespräch, denn er wollte sich mit seinen Genossen beraten. Da kam ein Telefonanruf von der Hochbasis: Die feindlichen Soldaten waren vorgerückt und hatten angegriffen. Azima hatte sich kampflos zurückgezogen. Verluste hatte es nicht gegeben; nur ein Wachposten war offenbar vor dem Luftangriff, der dem Vorrücken der Truppen vorangegangen war, geflohen und hatte die feindlichen Soldaten nicht bemerkt. Es gab wenig Hoffnung, dass er sich in Sicherheit hatte bringen können. Sein Name war Suleiman. Auch der zweite Wachposten, ein Kongolese, der bei ihm gewesen war, tauchte nicht wieder auf.

Ich informierte Masengo von dem Vorfall und schlug ihm einen sofortigen Rückzug vor. Er war einverstanden. Tremendo Punto ergriff das Wort. Er habe mit seinen Genossen geredet, und man sei der Meinung, dass wir den Kampf endgültig aufgeben sollten. Der Chef der Militärpolizei war bei der Unterredung anwesend. Fünf Minuten später waren alle Telefonisten verschwunden, sämtliche Militärpolizisten waren geflohen, und auf der Basis herrschte Chaos.

Ich schlug Masengo vor, er solle sich um seine Leute kümmern, während ich den Rückzug von allen Punkten, an denen sich Kubaner aufhielten, vorbereiten würde. So geschah es. Ich gab den Befehl, die gesamte Ausrüstung, einschließlich des Senders sowie der schweren Waffen samt Munition, in die dafür vorgesehenen Verstecke zu bringen, alles andere niederzubrennen und noch in derselben Nacht die Basis zu verlassen. Ich würde unten auf sie warten.

Den tragbaren Sender, über den wir bereits mit Kigoma Verbindung aufgenommen hatten, wollten wir mitnehmen. Der Empfang war gut, obwohl die Reichweite nur zwanzig Kilometer betragen sollte und der tansanische Hafen siebzig Kilometer entfernt war.

In der Zwischenzeit wurde eine Reihe von Telegrammen abgeschickt, die Auskunft über die Situation gaben, unter anderem folgendes vom 18. November:

> Rafael,
>
> alles bricht zusammen, ganze Truppenteile und Dörfer laufen zum Feind über. Kongolesische Truppen gibt es praktisch keine mehr. Seit heute könnte der Funkkontakt unterbrochen sein, wir versuchen, die Verbindung mit Kigoma mit dem tragbaren Funkgerät aufrechtzuerhalten. Changa wegen technischer Schwierigkeiten immer noch hier. Bittet dringend um Mannschaft und seetüchtige Boote.

Schließlich konnte Changa den See doch überqueren, zusammen mit einer riesigen Gruppe von Frauen und Kindern, was zu einer heftigen Auseinandersetzung mit dem Vertreter in Kigoma führte. Er behauptete, wir würden ihm nichts als Herumtreiber und Parasiten schicken, und forderte, wir sollten sie wieder dorthin zurückbringen, woher sie gekommen waren. Das taten wir natürlich nicht.

Rafael schickte ein Telegramm, in dem er mir Folgendes mitteilte:

> Tatu,
>
> zweites Gespräch mit Kawawa. Wir wiesen ihn nachdrücklich auf die Situation hin und baten um sofortige Lieferung von Material. Er versprach, alles zu regeln, bevor er nach Korea fährt. Auf dem Weg nach Kigoma sahen wir einen Lastwagen mit sehr wenigen Gütern für Euch. Gestern Gespräch mit Cambona, er versprach, sich darum zu kümmern und uns heute, nach Gespräch mit Präsidenten, Antwort zu geben. Eine direkte und endgültige Aufforderung mit Androhung von Konsequenzen. Gespräch mit Sowjets und Chinesen, Hinweis auf die lächerliche Situation mit dem Material, das sie geschickt haben. Wir schlugen vor, mit Botschaftern aus Uganda, Ghana und Mali zu sprechen und ihnen zu sagen, dass Tansania aufgrund der Übereinkunft von Accra kein

> Material an Nationalisten liefere, die den weißen Söldnern Widerstand leisten; dass die Verantwortung für die eventuelle Vernichtung bei tansanischer Regierung und afrikanischen Staatschefs liegt. Kabila soll mit unserem Einverständnis mit Regierungsmitgliedern sprechen, im selben Sinne auch mit Chinesen und Sowjets.

Ich ließ ihm folgende Antwort zukommen:

> Rafael,
>
> erbitte Information über Reaktion Kubas auf letzten Bericht betreffs Auftrag, mit Tansania zu sprechen. Anfragen, ob auch mit Regierungen in Ghana, Mali und Uganda über diese Angelegenheit gesprochen werden soll. Wie lautet die Übereinkunft von Accra wirklich, und sollen wir uns selbst überlassen bleiben? Wir glauben, Deine Forderungen kommen zu spät. Die ganze Aktion würde rund einen Monat dauern, es nützt uns nichts. Wir beabsichtigen Evakuierung und als zweiten Schritt Evakuierung der Mehrheit der Kubaner. Eine kleine Gruppe wird bleiben, als Symbol für Kubas Reputation. Informiere Kuba.

Ich beabsichtigte, die Kranken, die Schwachen und all diejenigen, die »wacklige Knie« hatten, zu evakuieren und mit einer kleinen Gruppe weiterzukämpfen. Mit Blick auf dieses Ziel führte ich einen kleinen »Entscheidungstest« unter den kämpfenden Genossen durch, der entmutigende Ergebnisse brachte. Fast niemand war bereit, den Kampf fortzusetzen, wenn er selbst zu entscheiden hätte.

Die schweren Waffen, die nicht transportiert werden konnten, mussten gut versteckt zurückgelassen werden, der Rest wurde mitgenommen. Einige Genossen, wie zum Beispiel Mbili und seine Einheit, mussten einen langen Weg zurücklegen, wenn wir die untere Basis noch vor Tagesanbruch verlassen wollten. Aufgrund der bisherigen Erfahrungen mit den feindlichen Angriffen ging ich davon aus, dass sie uns einen Tag Pause gönnen würden, bevor sie weitere Aktionen starteten. Das würde uns den Rückzug erleichtern, aber wir mussten Maßnahmen ergreifen, um Feindkontakte zu vermeiden und so viele Dinge wie möglich zu retten.

Unsere Kranken – drei – fuhren, zusammen mit Njenje, dem Chef der Basis, in ein kleines Dorf namens Mukungo, von wo aus wir den Widerstand organisieren wollten. Sie nahmen einige schwere Waffen aus Azis Arsenal mit, nicht alle, denn die allgemeine Auflösung hatte auch den kongolesischen Teil unserer Truppen erfasst, und vieles ging verloren. Die Kongolesen flüchteten in die Region um Fizi. Anfangs wollte ich sie daran hindern, doch dann überlegte ich es mir anders und gab Anweisung, jeden gehen zu lassen, der darauf bestand; schließlich konnten wir nicht alle mitnehmen, wenn es denn zur Evakuierung kommen sollte.

In der Nacht brannten wir das Haus nieder, das uns fast sieben Monate lang als Unterkunft gedient hatte. Damit verbrannten auch viele Dokumente, doch es war besser, alles miteinander zu vernichten, um nicht später etwas zu vergessen. Kurz darauf, bereits bei Tagesanbruch, ging das Waffenlager in Flammen auf. Diese Entscheidung war nicht abgesprochen worden, und weder Masengo noch ich hatten einen dementsprechenden Befehl gegeben; im Gegenteil, ich hatte die Kongolesen davon zu überzeugen versucht, dass es wichtig sei, das Material, wenn auch nicht bis zur neuen Basis, so doch wenigstens in die nahen Berge zu bringen. Doch daraus wurde nichts, irgendjemand legte Feuer, und so wurde viel vernichtet. Ich beobachtete vom Weg nach Jungo aus die Flammen, die die wertvolle Munition explodieren ließen, während ich auf die Flüchtenden wartete. Es waren viele, und alle so übermüdet, als hätten sie seit Jahren nicht mehr geschlafen. Ihre Erschöpfung bestürzte mich; sie ließen Waffenteile zurück, um sich von dem Gewicht zu befreien, ohne sich Gedanken darüber zu machen, wie entscheidend eine Waffe im Gefecht ist. Es befanden sich praktisch keine Kongolesen mehr unter ihnen, und alles wurde von den Kubanern transportiert. Ich wies darauf hin, wie nötig es war, mit den Waffen pfleglich umzugehen, da sie lebenswichtig für uns sein würden, wenn wir die Schlussoffensive des Feindes abwehren müssten. Die Männer schleppten sich weiter, blieben häufig stehen und stöhnten unter dem Gewicht einer Kanone und eines Maschinengewehres; zwei hatten sie unterwegs zurückgelassen.

Ich wartete auf die Funkausrüstung; um sechs Uhr sollte die erste Verbindung hergestellt werden. Ich beobachtete Tuma, den Chef der Funkertruppe, wie er den Hang gegenüber der Basis zum See hinunterstieg. Es war zum Verzweifeln: Für einen Hang, den man in zehn Minuten bewältigen konnte, brauchten die Genossen drei Stunden, da sie sich zwischendurch immer wieder ausruhen mussten, bevor sie weitergehen konnten. Ich befahl ihnen, alles Überflüssige zurückzulassen und zu versuchen, schneller voranzukommen. Unter diesen »überflüssigen Dingen« befand sich auch der Code, und der Telegrafist, der ihn vergessen hatte, musste umkehren, um ihn zu holen. Ich sprach ein ernstes Wort mit den Technikern, machte ihnen klar, wie wichtig sie für die Aufrechterhaltung der Verbindungen waren, und flehte sie an, sich zu beeilen, um den Konzentrationspunkt so schnell wie möglich zu erreichen. Um zehn Uhr versuchten wir, eine Verbindung nach Kigoma herzustellen, doch der Versuch misslang. Wegen der drei kranken Genossen kamen wir nur langsam voran. Die Männer waren an Märsche in den Bergen nicht gewöhnt, und so war nur ihr Geist willig. Wir hatten erst eine kurze Strecke zurückgelegt. Normalerweise benötigte man für den Weg zwischen Kibamba, wo sich unsere Basis befunden hatte, und Jungo drei oder vier Stunden. Doch nachmittags um drei Uhr, als wir zum zweiten Mal eine Verbindung nach Kigoma herzustellen versuchten, waren wir noch recht weit vom Konzentrationspunkt entfernt. Aber nun kamen wir nach Kigoma durch, und wir schickten folgende Botschaft:

> Changa,
> haben Basis verlassen, wir senden mit Notausrüstung, antworten Sie umgehend, ob Sie heute Nacht kommen können.

Und noch eine zweite Botschaft:

> Changa,
> heute ist der Feind noch nicht an der Küste, unsere Position ist Jungo, etwa 10 Kilometer südlich von Kibamba. Masengo hat beschlossen, den Kampf aufzugeben, und am besten für uns wäre es, so schnell wie möglich hier rauszukommen.

Der Ausdruck in den Gesichtern der Genossen, die das »Verstanden« vom See vernahmen, veränderte sich, so als hätte ein Zauberstab sie berührt.

In unserer letzten Botschaft fragten wir, ob Changa angekommen war. Die Nachrichten wurden chiffriert gesendet, sie mussten dechiffriert und die Antworten wiederum chiffriert werden. Die – dechiffrierte – Antwort lautete: »Hier ist niemand angekommen.« Dann wurden Probleme mit der Funkanlage gemeldet, und die Verbindung ging zum Teufel.

Offenbar war Changa auf dem See, der an jenem Tag von der feindlichen Luftwaffe überflogen worden war, in Schwierigkeiten geraten, was bedeuten konnte, dass die Boote verloren waren und damit keine Möglichkeit mehr bestand, über den See zu entkommen. Über die Gesichter der Genossen legte sich wieder eine Maske aus Erschöpfung und Angst. Um sieben Uhr unternahmen wir einen erneuten Versuch, doch wir erhielten keine Verbindung. Unter den Bedingungen am See war mit unserem kleinen Gerät nur um drei Uhr nachmittags eine gute Übermittlung möglich.

Wir trafen in Jungo zur Schlafenszeit ein. Es herrschte Chaos, nicht einmal etwas zu essen hatte man vorbereitet. Wir zählten unsere Männer, es fehlten vier: der Wachposten, der vor den feindlichen Flugzeugen geflohen war, zwei, die in Kasima die Lage auskundschaften sollten, und ein vierter, der mit einer Gruppe von der Hochbasis gekommen und auf unerklärliche Weise verschwunden war, ohne dass irgendjemand Genaueres sagen konnte. Dem Spähtrupp in Kasima hatte ich einen Genossen hinterhergeschickt, der die beiden Männer suchen sollte, was ohne Erfolg blieb. In seiner Panik, dort zurückbleiben zu müssen, hatte er nur oberflächlich gesucht – denn sonst wäre er nicht schon nach so kurzer Zeit wieder bei uns gewesen. Ich machte ihm keine Vorwürfe, denn es hatte ohnehin keinen Zweck mehr. Wir stellten eine Gruppe unter dem Kommando von Rebocate zusammen, die den Weg, der von Nganja über den Berg hierher führte, besetzen sollte, sodass wir die beiden Punkte, über die der Feind vorrücken konnte, die Anhöhe und den See, kontrollierten. Als die Männer zu der angegebenen Stelle aufbrachen, hörte man eine Explosion auf dem betreffenden Bergrücken. Da das Gelände vermint war, dachten wir, es handele sich um die vorrückenden Truppen des Feindes, denn wir hatten keine Zeit mehr gehabt, eine Verteidigung auf dem Berg aufzustellen. Wir organisierten auf die Schnelle eine minimale Verteidigung und setzten unseren Weg nach Sele fort, einem Dorf ganz in der Nähe von Jungo.

Die Versuche, um sechs und um zehn Uhr am 20. November eine Verbindung nach Kigoma herzustellen, misslangen ebenfalls. Die Telegrafisten gingen so langsam, dass wir erst gegen Mittag in Sele ankamen, obwohl man normalerweise nicht mehr als eine Stunde für die Strecke benötigte. In Sele war die Mehrheit der Leute versammelt, und wir bekamen etwas, um unseren Hunger zu stillen. Am späten Nachmittag traf Banhir ein, ein Nachzügler, der auf dem Marsch zurückgeblieben war. Er hatte sich bei einem Sturz den Fuß verstaucht und einen Genossen gebeten, uns Bescheid zu sagen. Der andere führte seinen Auftrag falsch oder gar nicht aus, und am nächsten Morgen lag Banhir immer noch an der Stelle, an der er den Unfall gehabt hatte. Bis um neun Uhr am 20. November blieb er dort auf der Basis, dann verließ er sie in dem Glauben, dass er den Kontakt zu uns verloren hätte. Der Feind war noch nicht bis zur Basis gekommen, auf den Wegen war niemand zu sehen, und die Hütten waren verlassen.

Um vierzehn Uhr dreißig gelang es uns, eine Verbindung nach Kigoma herzustellen. Unsere Botschaft lautete:

> Changa,
>
> Gesamtzahl der zu evakuierenden Männer niedriger als zweihundert, mit jedem Tag wird es schwieriger. Wir sind in Sele, 10 oder 15 Kilometer südlich von Kibamba.

Ich erhielt die ersehnte Antwort:

> Tatu,
>
> heute Nacht wird die Überfahrt beschlossen. Gestern hat uns der politische Vertreter nicht fahren lassen.

Die Leute waren außer sich vor Freude. Ich schlug Masengo vor, noch in der Nacht Sele zu verlassen. Da viele kongolesische Soldaten zur Verfügung standen, wurde auf einer Versammlung des Regimentsstabes beschlossen, dass Jean Paulis und seine Männer im Kongo bleiben und wir und die Befehlshaber evakuiert werden sollten. Die einheimische Truppe würde also im Kongo bleiben, aber nichts von unserer Rückzugsabsicht erfahren. Sie sollten unter irgendeinem Vorwand ins nächste Dorf geschickt werden. Eins von den Booten, die wir noch immer besaßen, um uns zwischen den verschiedenen Punkten des Seeufers zu bewegen, nahm einen Großteil der Kongolesen auf, aber einige, die unserer Truppe angehörten, rochen den Braten und wollten bleiben. Ich gab Anweisung, diejenigen auszuwählen, die sich bisher vorbildlich verhalten hatten, um sie wie Kubaner mitzunehmen. Masengo ermächtigte mich, das zu tun, was ich für richtig hielt.

Die Situation war kritisch. Zwei Männer, die wir losgeschickt hatten, würden zurückbleiben müssen, wenn sie ihren Auftrag gewissenhaft ausführten und folglich nicht innerhalb weniger Stunden auftauchten. [Sie wurden einen Monat später von einer Gruppe von Freiwilligen gerettet; die Gruppe bestand aus Ishirini, Anchali, Aja, Alasiri und Adabu, unter dem Kommando von Siki und in Zusammenarbeit mit Changa und einer Gruppe von Marinesoldaten, die in letzter Minute eintraf.] Direkt nach unserer Evakuierung würden alle möglichen Anschuldigungen gegen uns vorgebracht werden, innerhalb und außerhalb des Kongos. Meine Truppe war ein bunt zusammengewürfelter Haufen. Nach dem »Entscheidungstest« konnte ich mit bis zu zwanzig Männern rechnen, die mir, wenn auch inzwischen stirnrunzelnd, folgen würden. Und was sollte ich dann tun? Sämtliche Befehlshaber zogen sich zurück, und die Bauern zeigten sich uns gegenüber immer feindseliger. Doch der Gedanke daran, das Feld endgültig zu räumen und so zu gehen, wie wir gekommen waren, die Bauern schutzlos zurückzulassen, genauso wie die Männer, die zwar bewaffnet, aber aufgrund fehlender Kampferfahrung dem Feind ebenfalls hilflos ausgeliefert waren, ausgehungert und abgerissen, mit dem Gefühl, verraten worden zu sein – dieser Gedanke schmerzte mich tief.

Im Kongo zu bleiben bedeutete für mich kein Opfer, weder für ein Jahr noch für jene fünf Jahre, mit denen ich meinen Leuten Angst eingejagt hatte. Es war Teil einer Idee vom revolutionären

Kampf, die sich in meinem Kopf festgesetzt hatte. Realistischerweise konnte ich mit sechs oder acht Männern rechnen, die mir ohne Stirnrunzeln folgen würden; die übrigen würden es aus Pflichtgefühl tun, die einen mir persönlich, die anderen der Revolution gegenüber. Und ich würde Leute opfern, die nicht begeistert bei der Sache waren. Das hatte ich vor kurzem spüren können: Während eines Gesprächs wurde ich in scherzhaftem Ton aufgefordert, meine Meinung über einige kongolesische Revolutionsführer zu äußern. Meine Antwort war heftig: Man müsse sich erst einmal fragen, sagte ich, wie unser eigenes Verhalten zu beurteilen sei, ob wir reinen Herzens behaupten könnten, dass wir uns korrekt verhalten hätten. Ich jedenfalls würde das bezweifeln. Daraufhin entstand ein betretenes, ja, feindseliges Schweigen.

Der Gedanke, hier zu bleiben, beschäftigte mich bis in die frühen Morgenstunden, und vielleicht habe ich eigentlich gar keine Entscheidung getroffen, sondern war nur einer von vielen Flüchtlingen.

Die Art und Weise, wie die kongolesischen Genossen unsere Evakuierung beurteilen würden, erschien mir beschämend. Unser Rückzug war nichts als eine Flucht, schlimmer noch, wir waren Komplizen jenes Täuschungsmanövers, mit dem die Leute zurückgelassen wurden. Andererseits, wer war ich denn jetzt? Ich hatte das Gefühl, dass meine Genossen seit meinem Abschiedsbrief an Fidel in mir einen Menschen aus einer anderen Welt zu sehen begannen, jemanden, der sich von den konkreten Problemen Kubas entfernt hatte. Ich konnte mich nicht dazu durchringen, von uns das letzte Opfer zu verlangen, hier im Kongo zu bleiben. So verbrachte ich die letzten Stunden, einsam und ratlos, und schließlich, um zwei Uhr nachts, kamen die Boote mit der kubanischen Besatzung. Sie waren am Abend zuvor eingetroffen und hatten sich sogleich auf den Weg gemacht. Die Leute passten nicht alle in die Boote, und die Zeit drängte. Ich setzte drei Uhr morgens als spätesten Zeitpunkt für die Abfahrt fest; um halb sechs, wenn es hell wurde, würden wir uns bereits mitten auf dem See befinden. Die Evakuierung wurde organisiert: Zuerst stiegen die Kranken in die Boote, dann der gesamte Stab Masengos, rund vierzig von ihm selbst ausgewählte Personen, danach alle Kubaner. Und dann begann ein klägliches und wenig ruhmreiches Schauspiel. Ich musste Männer zurückweisen, die uns anflehten, sie mitzunehmen. Unser Rückzug hatte nicht einen Hauch von Größe an sich, und niemand rebellierte. Die Maschinengewehre waren aufgestellt, und die Männer waren bereit zu schießen, falls der Feind uns wie üblich mit einer seiner Attacken vom Land aus einschüchtern würde; doch nichts dergleichen geschah. Nichts als Jammern und Klagen war zu hören, als der Chef der kongolesischen Flüchtlinge das Boot loslassen musste und im Takt der Taue Verwünschungen ausstieß.

Zum Schluss möchte ich die Namen der Genossen nennen, auf deren Unterstützung ich mich stets verlassen konnte, aufgrund ihres Charakters, ihres Glaubens an die Revolution und ihrer Entschlossenheit, ihre Pflicht zu erfüllen, geschehe, was wolle. Einige von ihnen sind in letzter Minute ebenfalls schwach geworden, doch rechnen wir jenen letzten Moment nicht mit, denn diese Schwäche betraf nur ihr Vertrauen, nicht aber ihre Opferbereitschaft. Sicherlich gab es noch weitere Genossen dieser Art, aber mit ihnen hatte ich keinen persönlichen Umgang, und deshalb kann ich sie nicht benennen. Die Liste ist unvollständig, persönlich, durch subjektive Faktoren beeinflusst. Diejenigen, die nicht genannt werden, mögen mir verzeihen und sich ebenfalls zu diesen Männern zählen: Moja, Mbili, Pombo, Azi, Mafu, Tumaini, Ishirini, Tiza, Alau, Waziri, Agano, Hukumu, Ami, Amia, Singida, Alasiri, Ananane, Angalia, Bodala, Anara, Mustafá, die Ärzte Kumi, Fizi, Morogoro und Kusulu sowie unser unbeschreiblicher Admiral Changa, der Herr und Gebieter des Sees. Besondere Erwähnung verdienen Siki und Tembo, mit denen ich mich häufig und manchmal heftig über die Einschätzung der Situation gestritten habe, die mir jedoch stets aufrichtig ergeben waren. Ein letzter Dank gilt Aly, dem tapferen Soldaten und schlechten Politiker.

Obwohl die Boote langsam waren, konnten wir ohne Probleme den See überqueren, und am helllichten Tag trafen wir in Kigoma ein, zusammen mit dem Transportschiff, das zwischen Albertville und der Hafenstadt Kigoma verkehrte.

Es war so, als wäre ein Tau gerissen. Die Freude der Kubaner und Kongolesen in den Booten schäumte über wie kochende

Flüssigkeit in einem zu kleinen Behälter. Sie tat mir weh, doch ich wurde nicht von ihr angesteckt. Während jener letzten Stunden im Kongo hatte ich mich so alleine gefühlt wie nie, weder in Kuba noch an irgendeinem anderen Ort meiner Wanderung durch die Welt. Ich konnte sagen: »Auf meinem ganzen Weg bin ich nie so alleine gewesen wie heute!«

Nachwort

Bleibt nur noch, in einem Nachwort Schlussfolgerungen zu ziehen, die den Schauplatz der Kämpfe, das Zusammenspiel verschiedener Faktoren und meine Meinung über die Zukunft der kongolesischen Revolution betreffen.

Ich werde mich auf die Region der Ostfront konzentrieren, weil ich diese kennen gelernt habe und meine Erfahrungen nicht auf ein ganzes Land übertragen möchte, das so unterschiedliche Merkmale aufweist wie der Kongo.

Die geografische Szenerie, in der wir uns aufhielten, wird von der großen Senke beherrscht, die der Tanganyika-See ausfüllt. Seine Oberfläche beträgt rund 35 000 km² und seine durchschnittliche Breite 50 km. Der See trennt das kongolesische Staatsgebiet von Tansania und Burundi. Auf jeder Seite der Senke erhebt sich eine Gebirgskette; die eine gehört zu Tansania-Burundi, die andere zum Kongo. Letztere, mit einer Durchschnittshöhe von ungefähr 1500 m über dem Meeresspiegel (der See liegt 700 m hoch), erstreckt sich von der Gegend um Albertville im Süden über den gesamten Schauplatz der Kämpfe bis hinter Bukavu im Norden, wo sie zum tropischen Regenwald abfällt. Die Gebirgskette ist unterschiedlich breit, doch können wir für diese Region einen Durchschnittswert von 20 bis 30 km annehmen. Es gibt zwei höhere Gebirgszüge, einen im Osten und einen im Westen, die steil und bewaldet sind und eine hügelige Hochebene einschließen, die sowohl für Ackerbau als auch für Viehzucht geeignet ist. Dieser Erwerbszweig wird vornehmlich von den Schäfern der ruandischen Stämme betrieben, die sich seit jeher der Rinderzucht gewidmet haben. Im Westen fällt das Gebirge steil zu einer Ebene ab, die rund 700 m über dem Meeresspiegel liegt und zum Kongobecken gehört. Es handelt sich um Savannengebiet mit tropischen Bäumen, Grasebenen und natürlichen Weiden, die die Gebirgslandschaft auflockern. Auch die Ausläufer der Gebirge bieten kein einheitliches Bild, und wenn man sich in Richtung Westen begibt, auf die Region um Kabambare zu, stellt man die unverwechselbaren Merkmale einer geschlossenen tropischen Vegetation fest.

Die Berge steigen unmittelbar vom Seeufer auf, was dem gesamten Gebiet ein sehr unruhiges Aussehen verleiht. Schmale Ebenen ermöglichen die Landung von Schiffen und Booten und den Aufenthalt eindringender Truppen, sind jedoch nur schwer zu verteidigen, wenn man nicht die umliegenden Höhen besetzt. Im Süden enden die Verbindungswege über Land in Kabimba, wo sich eine unserer Stellungen befand; im Westen umgehen sie die Berge über die Straße, die von Albertville nach Lulimba-Fizi führt, und von dort aus führt eine Abzweigung weiter nach Bukavu über Muenga und eine andere an der Küste entlang über Baraka und Uvira, ebenfalls nach Bukavu. Von Lulimba aus führt der Weg in die Berge, ein für den Guerillakampf geeignetes Gelände, ebenso wie, wenn auch in geringerem Maße, die Ebene des Kongobeckens.

In der Zeit von Oktober bis Mai regnet es sehr häufig, täglich, und zwischen Juni und September so gut wie nie, obwohl im September bereits vereinzelt Niederschläge fallen. In den Bergen regnet es während der Regenzeit immer, während der Trockenzeit höchst selten. In der Ebene gibt es reichlich Rotwild zum Jagen. Im Gebirge können Büffel in geringen Mengen gejagt werden, außerdem Elefanten und Affen, letztere in großen Mengen. Affenfleisch ist essbar und mehr oder weniger schmackhaft. Das Fleisch des Elefanten ist zäh, gummiartig, aber Hunger ist der beste Koch. Yucca und Mais stellen die Basis der pflanzlichen Nahrung dar, und Öl wird aus dem Palmbaum gewonnen. Es gibt viele Ziegen und viel Geflügel, und an einigen Orten auch Schweine. Guerillatruppen ohne Operationsbasis können sich in dieser Region durchaus ernähren.

Nördlich von Baraka-Fizi ist das Angebot der Landwirtschaft reichhaltiger, und etwas weiter nördlich von Uvira gibt es eine Zuckerfabrik. In der Region von Kabambare-Kasengo werden Erdnüsse und Reis angebaut, früher auch Baumwolle, die heute praktisch verschwunden ist. Mir ist unbekannt, wie diese Pflanze angebaut wurde, aber ihre Ausbeutung war kapitalistisch, mit modernen, zentralen Anlagen ausländischer Gesellschaften.

Der See ist reich an Fischbeständen, doch in den letzten Wochen unseres Aufenthaltes kamen wir wegen der feindlichen Flugzeuge am Tage und der feindlichen Boote in der Nacht nur selten zum Fischen.

Für eine Analyse können wir die Teilnehmer dieses Befreiungskampfes auf Seiten der revolutionären Truppen in drei Gruppen einteilen: Bauern, Befehlshaber und einfache Soldaten.

Die Bauern verteilen sich auf verschiedene Stämme, von denen es in der Region eine große Vielzahl gibt. Sieht man sich den Bericht an, den die feindliche Armee in ihrem Angriffsplan erstellt hat, so fällt auf, dass in jedem Fall die Stammeszugehörigkeit der Männer in der Region genannt wird, eine für die politische Arbeit wichtige Angabe. Die Beziehungen unter den Stämmen sind im Allgemeinen freundschaftlich, aber niemals von inniger Brüderlichkeit geprägt, und zwischen einigen Stämmen gibt es ernsthafte Rivalitäten. Dieses Phänomen kann man zwischen den ruandischen und kongolesischen Stämmen beobachten und, besonders deutlich, zwischen den Stämmen, die dem ethnischen Raum von Nord-Katanga im Süden des Kriegsgebietes, und den Stämmen, die dem der Provinz Kivu im Norden angehören. Diese beiden Gruppen haben ihre bekanntesten Vertreter in Kabila auf der einen und Soumialot auf der anderen Seite.

Die Bauern stellten für uns eins der schwierigsten und aufregendsten Probleme des Krieges dar. Das wesentliche Merkmal aller Befreiungskriege ist die Landarmut, das unsagbare Elend der Bauern, die von Großgrundbesitzern, Feudalherren und, in manchen Fällen, von Gesellschaften kapitalistischen Zuschnitts ausgebeutet werden. Im Kongo ist das nicht der Fall, zumindest nicht in unserem Gebiet und wahrscheinlich auch nicht im größten Teil des Landes. Der Kongo hat eine besonders niedrige Bevölkerungsdichte mit nur etwa 14 Millionen Einwohner, die sich auf mehr als 2 Millionen km^2 verteilen, und das bei sehr fruchtbarem Boden. An der Ostfront gibt es keine Landarmut, privater Landbesitz ist unbekannt, und einfache Übereinkünfte garantieren, dass die Ernte dem gehört, der das Land bebaut. Die Grundstücke werden nicht bewacht, lediglich die Gemüsegärten werden gegen Ziegen und andere schädliche Tiere geschützt. Der Begriff des Landbesitzes ist in allen Gebieten, in die wir gekommen sind, unbekannt, und die riesigen Flächen im Kongobecken bieten jedem, der arbeiten will, die Möglichkeit, sich ohne größere Formalitäten Land anzueignen. Ich habe gehört, dass das Feudalsystem im Norden, in der Region um Bukavu, sehr viel weiter entwickelt ist; dort gibt es richtige Feudalherren mit Leibeigenen – in den Gebirgsregionen, in denen wir uns aufhielten, hingegen nicht, und der Bauer ist dort vollkommen unabhängig.

Wie ist der Entwicklungsstand jener Stämme? Um das zu beurteilen, müsste man eine viel gründlichere Studie mit größerer Datenbasis durchführen, als es uns möglich war, und die Stämme in verschiedene Regionen unterteilen, denn offenbar unterliegt jeder von ihnen besonderen historischen und sozialen Bedingungen, die seine Entwicklung stark beeinflussen. In den Nomadenstämmen sind, so glaube ich, Grundzüge eines Kommunismus zu erkennen; andererseits jedoch gibt es Merkmale von Sklaventum, die sich vor allem in der Behandlung der Frau widerspiegeln, auch wenn sie nicht in Bezug auf den Mann gelten. Die Frau ist eine Ware, die man kaufen und verkaufen kann, und weder Gesetze noch Übereinkünfte regeln ihren Status als persönlichen Besitz oder begrenzt die Anzahl der Frauen, die ein Mann besitzen kann. Von den wirtschaftlichen Verhältnissen jedes Einzelnen hängt es ab, wie viele er sich leisten kann. Die Frau wird gekauft und geht damit in das Eigentum des Mannes über, der sich im Allgemeinen gar nicht oder nur wenig an den Arbeiten im Haus oder auf dem Feld beteiligt. Er nimmt lediglich Aufgaben wie das Jagen wahr, und auch dabei begleiten ihn seine Frauen, die sich aktiv an der Arbeit beteiligen. Die Frau ist verantwortlich für das Bearbeiten des Bodens und den Transport der Ernte, sie bereitet das Essen zu und passt auf die Kinder auf. Die Frau ist eigentlich ein Haustier.

Feudalismus gibt es, wie bereits gesagt, nur im Norden, nicht hier, wo Landbesitz unbekannt ist. Kapitalismus wird nur am Rande betrieben und bestimmt das Bild nur oberflächlich, in Form von kleinen Händlern, die sich an der Peripherie niederlassen, und der Einführung dessen, was wir nach nordamerikanischem Muster den »Vorführeffekt« nennen können, mit Artikeln, die von den Bauern benutzt werden. So ersetzt der Aluminiumtopf zunehmend den aus Ton, der industriell hergestellte Wurfspieß den eigenhändig oder von örtlichen Schmieden angefertigten; moderne Stoffe und Kleider werden immer häufiger von den Bauern und ihren Frauen getragen, und in den wirtschaftlich besser gestellten Haushalten kann man Radios sehen. Der Handel mit landwirtschaftlichen Produkten oder Jagdbeute erlaubt es den Bauern, industrielle Waren zu erwerben.

Früher einmal waren sie Arbeiter oder betätigten sich als Goldwäscher an den Flüssen, die von den Bergen ins Kongobecken herabfließen. Daran erinnern noch die zu diesem Zweck ausgehobenen, aber inzwischen verlassen daliegenden Gräben. Einige Anbaupflanzen, wie zum Beispiel die Baumwolle, werden durch kapitalistische Unternehmen mit Hilfe moderner Maschinen weiterverarbeitet und verpackt. In dieser Region gibt es keine Textilindustrie wie in Albertville. Es gibt keine Industriearbeiter (mit Ausnahme der Beschäftigten in der Zuckerfabrik, deren Status ich nicht kenne), und Hinweise auf Lohnarbeit habe ich nicht gefunden. Die Bauern stellen ihre Arbeitskraft der Armee zur Verfügung, und in der übrigen Zeit widmen sie sich der Jagd, dem Fischfang oder der Feldarbeit. Die Überschüsse werden verkauft. Allgemein akzeptierte Währung ist das kongolesische Geld, das jedoch bei den eigentlichen Produktionsverhältnissen keine Rolle spielt.

Der Imperialismus macht in der Region nur am Rande auf sich aufmerksam. Sein Interesse am Kongo richtet sich im Wesentlichen auf die großen Erzreserven in Katanga, wo es ein Industrieproletariat gibt, auf die Diamantenvorkommen in Katanga und Kasai und die Zinnvorkommen u. a. in der Nähe des Gebietes, in dem wir uns aufhielten. Als landwirtschaftliche Produkte sind interessant: Baumwolle, Erdnüsse und bis zu einem gewissen Grad Palmöl; Ernte und Handel finden jedoch auf der Grundlage primitiver Verhältnisse statt.

Was hatte die Befreiungsarmee den Bauern anzubieten? Die Frage beschäftigte uns unaufhörlich. Wir konnten hier nicht über Landreform oder Landbesitz sprechen, denn Land ist genug für alle da; wir konnten auch nicht über Kredite für den Erwerb moderner Ackergeräte sprechen, denn die Bauern essen das, was sie mit ihren primitiven Werkzeugen erwirtschaften, und die natürlichen Bedingungen der Region eignen sich nicht für modernes Gerät. Wir mussten uns also überlegen, wie wir die Notwendigkeit von Industrieartikeln deutlich machen konnten, die von den Bauern angenommen würden und für deren Erwerb sie bereit waren, etwas zu bezahlen; das würde einen ausgeprägteren Austausch von Waren mit sich bringen. Doch unter den Bedingungen des Befreiungskampfes war an so etwas nicht zu denken.

Wir mussten uns darauf konzentrieren, den Bauern die Ausbeutung, der sie ausgesetzt waren, deutlich zu machen. Doch wie zeigt sich diese? Sichtbares Anzeichen ist die Misshandlung der Bevölkerung; man kann darauf hinweisen, dass in den von der feindlichen Armee besetzten Gebieten Vergewaltigungen von Frauen und das Töten von Männern, Frauen und Kindern zunehmen, dass die Bevölkerung gezwungen wird, Lebensmittel abzugeben und andere Dienste für die Truppen zu übernehmen. Entscheidend dabei ist die negative Grundhaltung gegenüber dem Individuum, bis hin zu seiner physischen Vernichtung, denn diese moderne Armee verfügt über eine durchorganisierte Logistik, mit der sie Versorgungsengpässen oder Feindseligkeiten vonseiten der Bevölkerung vorzubeugen imstande ist.

Was aber konnten wir anbieten? Schutz konnte nur sehr selten gewährt werden, wie wir im Verlauf der Geschichte gesehen haben. Erziehung und Bildung, die ein wirksames Mittel zur Herstellung eines Gemeinschaftsgefühls hätte sein können, fanden nicht statt. Medizinische Versorgung wurde nur von den wenigen kubanischen Ärzten geleistet, die dabei nur auf knappe Vorräte an Medikamenten zurückgreifen konnten; dazu konnte von einem Gesundheitswesen gar nicht und nur von einem primitiven Verwaltungsapparat die Rede sein. Ich glaube, dieses taktische

Problem der Revolution, das durch die Nichtexistenz von Produktionsverhältnissen entsteht, die die Bauern zu einem Landproletariat machen würden, bedarf gründlicher Forschungsarbeit und Analyse. Die Bauernschaft ist die wichtigste soziale Schicht in dieser Region. Ein Industrieproletariat gibt es nicht, und eine kleinbürgerliche Mittelschicht ist kaum ausgeprägt.

Welche Art von Befehlshabern hat die Revolution hervorgebracht? Wir können sie in nationale und lokale Befehlshaber unterteilen. Die beiden Befehlshaber, die kennen zu lernen mir vergönnt war, sind zunächst einmal Kabila und Masengo. Kabila ist zweifellos derjenige von beiden, der einen wachen Verstand und eine ausgeprägte Urteilskraft mit den Qualitäten einer Führungspersönlichkeit verbindet. Er hat Durchsetzungsvermögen, versteht es, die Leute zu Loyalität oder zumindest zu Unterwerfung zu verpflichten, ist geschickt in direktem Umgang mit der Bevölkerung (den er natürlich nur selten sucht); alles in allem ein Führer, der in der Lage ist, die Massen zu mobilisieren. Masengo dagegen hat einen sehr schwachen Charakter und besitzt weder Kenntnisse in der Kriegsführung noch Organisationstalent. Er war von den Ereignissen total überfordert. Nur eine besondere Eigenschaft zeichnet ihn aus: seine unbedingte Treue zu Kabila. Außerdem zeigte er sich über die Maßen gewillt, den Kampf fortzusetzen, auch gegen die Meinung vieler seiner Genossen. Es wäre ungerecht, mehr von ihm zu verlangen. Er tat das, was in seinen Kräften stand und was seine Fähigkeiten ihm erlaubten.

Unter allen Befehlshabern der verschiedenen Sektionen des Generalstabs und den sogenannten Brigadechefs kann man niemanden nennen, der die Eigenschaften eines Führers auf nationaler Ebene besessen hätte. Der Einzige, der sich dazu entwickeln könnte, ist der Genosse Mujumba, der sich immer noch im Kongo aufhält (unter welchen Bedingungen, wissen wir nicht). Er ist jung, ernsthaft, offenbar intelligent, entschlossen, soweit wir es zum gegenwärtigen Zeitpunkt beurteilen können; doch mehr ist über ihn nicht zu sagen.

Von den kongolesischen Führern ist Mulele der große Unbekannte, beinahe ein Phantom. Er wurde nie auf irgendwelchen Versammlungen gesehen und hat seine Region seit Beginn der

Kämpfe nicht verlassen. Es gibt zahlreiche Hinweise darauf, dass es sich bei ihm um ein hervorragende Persönlichkeit handelt, aber seine Gesandten (oder die, die sich als solche ausgeben) besitzen sämtliche negative Eigenschaften ihrer Genossen, der Mitglieder der verschiedenen Kommissionen und Sektionen der kongolesischen Befreiungsbewegung, die in der Gegend herumlaufen und den Untergang der Revolution betreiben.

Unter den Männern, die sich in letzter Zeit einiges Ansehen erworben haben, ist General Olenga, dessen Geschichte ich in diesem Bericht erzählt habe und der, unabhängig davon, ob diese Geschichte stimmt oder nicht, jegliche Opferbereitschaft hat vermissen lassen. Monate hindurch, die zu Jahren werden können, hat er vom Mythos der Revolution gelebt wie ein General im Exil. Andere tun das als politische Führer, doch Olenga ist ein General, der seine Operationen von Kairo oder sonst einer Hauptstadt aus mit telepathischen Fähigkeiten leitet und kontrolliert.

Ein anderer ist Soumialot, den ich für einen fähigen Führer auf mittlerer Ebene der Revolution halte. Er hätte, gut angeleitet und kontrolliert, einiges leisten können, zum Beispiel als Präsident des Obersten Revolutionsrates. Er eignet sich hervorragend dazu, herumzureisen, gut zu leben und Aufsehen erregende Pressekonferenzen zu geben – zu sonst nichts. Er besitzt keinerlei Organisationstalent. Seine Kämpfe mit Kabila, bei denen beide Seiten zu allen möglichen Tricks griffen, trugen in erheblichem Maße zum momentanen Scheitern des Aufstands bei.

Über Gbenyé lohnt es sich nicht zu sprechen; er ist nichts weiter als ein Agent der Konterrevolution.

Möglicherweise tauchen andere junge Männer auf, die Führungsqualitäten mit wirklichem revolutionären Geist verbinden; aber ich habe sie nicht kennen gelernt, oder sie haben solche Fähigkeiten bisher nicht unter Beweis gestellt.

Die lokalen Kommandanten lassen sich in zwei Gruppen aufteilen: die Befehlshaber militärischer Verbände und die Bauernführer. Die militärischen Befehlshaber wurden auf eine vollkommen willkürliche Weise ausgewählt, sie besitzen keinerlei Ausbildung, weder theoretischer noch intellektueller, militärischer oder organisatorischer Art. Ihr einziges Verdienst besteht darin, einen gewissen Einfluss auf die Stämme der jeweiligen Region auszuüben, aber sie können ohne jeden Verlust für die Revolution mit einem Federstrich getilgt werden.

Die lokalen Bauernführer sind die *kapitas* und die Dorfvorsteher. Sie wurden von der ehemaligen Verwaltung Lumumbas oder von den Nachfolgern ernannt und wollen den Keim einer Zivilmacht bilden, doch angesichts der realen Stammespräsenz hat man den bequemen Weg gewählt, die traditionellen Stammesfürsten zu Vorstehern und *kapitas* zu machen. Sie sind nichts anderes als verkleidete Häuptlinge, unter denen es Gute und Schlechte gibt, mehr oder weniger Fortschrittliche, dem Geist der Revolution mehr oder weniger Verpflichtete, deren politisches Bewusstsein jedoch nicht einmal mittelmäßig entwickelt ist. Sie kontrollieren eine Gruppe von Bauern und haben die Aufgabe, durchziehende Truppen und in der Nähe stationierte Einheiten mit Lebensmitteln zu versorgen, bei irgendwelchen Transporten oder beim Bau der Unterkünfte zu helfen etc. Bei derartigen Unternehmungen sind sie von Nutzen, aber sie verrichten nicht im Ansatz irgendeine politische Arbeit.

Jede Truppe hatte ihren politischen Kommissar, eine Bezeichnung, die von den sozialistischen Versionen einer Befreiungs- oder Volksarmee abgeschaut war. Wer die Erzählungen von der Arbeit der politischen Kommissare in Befreiungskriegen gelesen oder von dem Heldenmut und der Opferbereitschaft jener Genossen gehört hat, wird im Kongo dergleichen vergeblich suchen. Hier wurde der politische Kommissar unter Männern ausgewählt, die eine gewisse Bildung genossen haben – fast immer sprechen sie Französisch – und Familien des städtischen Kleinbürgertums angehören. Seine Arbeit war die eines »Sprechers«; bei Truppenversammlungen war es die Aufgabe des politischen Kommissars, sich über konkrete Probleme »auszulassen«, danach musste die Truppe selbst zusehen, wie sie die mündlichen Hinweise mit ihren eigenen Mitteln umsetzen konnte. Von einigen wenigen Ausnahmen abgesehen, nahmen weder die politischen Kommissare noch die Befehlshaber direkt an den Gefechten teil. Sie hielten sich im Hintergrund, bekamen eine bessere Verpflegung und bessere Kleidung als der Rest der Truppe und gönnten sich häufiger Urlaub, um sich in den umliegenden Dörfern mit dem unseligen *pombe* zu betrinken. Der politische Kommissar ist, jedenfalls unter den Bedingungen im Kongo, ein richtiger Maulheld der Revolution. Auch er kann vorbehaltlos gestrichen werden, obwohl es dringend nötig wäre, zuverlässige Revolutionäre auf diese für eine Volksarmee eminent wichtige Aufgabe vorzubereiten.

Die Soldaten entstammen der ländlichen Bevölkerung; sie haben keinerlei Ausbildung, sind besessen von der Idee, eine Uniform, eine Waffe und manchmal sogar Schuhe zu tragen und eine gewisse Macht über die Region ausüben zu können, verdorben durch Untätigkeit und die Befehlsgewalt über die Landbevölkerung, durchdrungen von fetischistischen Vorstellungen vom Tod und vom Feind, ohne irgendeine systematische politische Bildung und demzufolge ohne revolutionäres Bewusstsein, ohne Vorstellungen von der Zukunft, ohne irgendetwas, das über den Horizont ihres traditionellen Stammesgebietes hinausginge. Undiszipliniert, faul, ohne Kampfmoral oder Opferbereitschaft, ohne Vertrauen in ihre Vorgesetzten (die nur mit gutem Beispiel vorausgehen, wenn es sich darum handelt, sich Frauen, *pombe* oder Lebensmittel, also kleine Vorteile zu verschaffen), ohne ständiges Kampftraining, das ihnen eine Entwicklung ermöglichen würde (und sei es nur der Erwerb der Fähigkeit, Menschen zu töten), ohne eine gezielte Ausbildung (denn während unseres gesamten Aufenthaltes wurde nur ein begrenztes Training durchgeführt). Mit anderen Worten: Der kongolesische Revolutionssoldat ist der jämmerlichste Kämpfertyp, den ich bisher kennen gelernt habe.

Selbst wenn wir hier mit der Unterstützung der Befehlshaber hätten rechnen können, wäre es eine gewaltige Aufgabe gewesen, aus diesen Männern revolutionäre Soldaten zu machen. Aufgrund der fehlenden Befehlsstruktur und der Behinderung durch die lokalen Kommandanten wurde sie zur undankbarsten unserer Aufgaben, und unsere Bemühungen waren von vornherein zum Scheitern verurteilt.

Unter den politischen Kommissaren und einigen Ausbildern an speziellen Waffen gab es viele junge Männer, die aus irgendeinem sozialistischen Land kamen, wo sie ein halbes Jahr studiert hatten. Die meisten kamen aus Bulgarien, der Sowjetunion und China. Mit solchen Menschen kann man keine Wunder vollbringen. Bereits die Vorauswahl war sehr schlecht gewesen, und es war ein Lotteriespiel, unter ihnen echte Revolutionäre oder zumindest kampftaugliche Männer zu finden. Sie brachten eine ordentliche Portion Selbstzufriedenheit mit, ein sehr hoch entwickeltes Bewusstsein von der Pflicht jedes Einzelnen, sich vor allem um sich selbst zu kümmern, und die in ihren Taten und Forderungen klar zum Ausdruck kommende Überzeugung davon, dass die Revolution ihnen viel verdankte, weil sie eine Zeit lang im Ausland studiert hatten, und ihnen das Opfer vergelten musste, das sie auf sich nahmen, indem sie nun bei ihren Genossen waren. An den Gefechten beteiligten sie sich fast nie. Manchmal betätigten sie sich als Ausbilder, wofür sie, bis auf einige wenige Ausnahmen, nicht qualifiziert waren, oder bildeten politische Gruppen, die sie marxistisch-leninistisch nannten, die aber nur dazu dienten, die Meinungsverschiedenheiten zu vertiefen. Ich glaube, dass die Gründe für die meisten Missstände in einer fehlenden oder schlechten Vorauswahl zu suchen sind. Eine gute Ausbildung trägt in außergewöhnlichem Maße zur Entwicklung eines Menschen bei. Bei jenen domestizierten und bequemen »Revolutionären« wurde jedoch in all den Monaten, in denen sie sich in den sozialistischen Ländern aufhielten, lediglich ihr Anspruch entwickelt, später aufgrund ihres kolossalen Wissens eine Führungsposition zu bekleiden; und dazu der Hang, sich an der Front voller Wehmut an die schöne Zeit im Ausland zu erinnern.

Wir müssen uns fragen: Was bleibt nach unserer Niederlage? Vom militärischen Standpunkt aus ist die Situation nicht so katastrophal. Die kleinen, von unserer Armee besetzten Ortschaften fielen in die Hände des Feindes, aber die Truppen im Umland sind nach wie vor intakt, nur schlecht mit Waffen und Munition ausgerüstet, aber im Wesentlichen unversehrt. Die feindlichen Soldaten besetzen nur das Gebiet, in dem sie sich jeweils aufhalten. Das ist die Realität.

Vom politischen Standpunkt aus ist die Situation ungünstiger. Es sind nur noch vereinzelte Gruppen übrig, die sich immer mehr auflösen; aus ihnen wird man eine oder mehrere Kerngruppen bilden müssen, aus denen in der Zukunft wiederum eine Untergrundarmee entstehen könnte. Zum gegenwärtigen Zeitpunkt gibt es Truppen in der Region Fizi-Baraka (ohne Kontrolle über irgendeine Ortschaft oder ein Gebiet); in Uvira (mit der Kontrolle über die Straße, die von Baraka nach Bukavu führt; eine lange Strecke); und in Mukundi, wo sich der Genosse Mujumba aufhält, woraus sich eine politische Kampforganisation entwickeln könnte. Auch in Kabimba befinden sich einige ziemlich gut ausgerüstete Einheiten, und in Kabambare und Kasengo müsste es noch Verbände in den Bergen geben, obwohl wir zu denen schon seit langem keine Verbindung mehr hatten.

Man muss dazu sagen, dass alle diese Gruppen sehr wenig miteinander zu tun haben, dass sie praktisch keine Befehle von oben ausführen und ihr Horizont nicht über die Region hinausgeht, in der sie eingeschlossen sind. Darum stellen sie nicht den Kern einer neuen Armee dar, sondern müssen als Überreste der alten bezeichnet werden. In der Region gibt es möglicherweise vier- bis fünftausend Gewehre, die sich bei den Bauern in schlechten Händen befinden und nicht leicht wiederzubeschaffen sein werden; die Anzahl an schweren Waffen ist im Moment nicht genau zu bestimmen. Wenn es nur einen einzigen Kommandanten mit den notwendigen Eigenschaften gäbe, könnten an der Ostfront in kürzester Zeit dieselben Gebiete zurückerobert werden, die bis zum Zusammenbruch besetzt worden waren.

In letzter Zeit haben Soumialot und Kabila Konkurrenz bekommen, und zwar in der Person des Außenministers des Obersten Revolutionsrates, Mbagira, der sich in Uvira aufhält; aber über ihn können wir uns keinerlei Urteil erlauben. Die Zukunft wird zeigen, ob er wirklich der Führer ist, den der Kongo im Moment braucht.

Welche Merkmale kennzeichnen den Feind? Ich muss erklärend vorausschicken, dass das Erbe der belgischen Kolonialzeit eine schlecht ausgebildete kongolesische Armee ohne Führungskader und ohne Kampfgeist war, die von der Revolution fortgespült wurde. Sie war derart demoralisiert, dass die Städte praktisch ohne Gegenwehr eingenommen werden konnten. (Es scheint tatsächlich so gewesen zu sein, dass die Rebellen ihre Absicht, eine Stadt zu erobern, telefonisch ankündigten und sich die Regierungstruppen daraufhin zurückzogen!) Dann wurde die alte Armee von Nordamerikanern und Belgiern übernommen und zu einem bewaffneten Korps mit den Merkmalen einer regulären Armee ausgebildet, das eigenständig kämpfen konnte, auch wenn es in der Endphase des Krieges von weißen Söldnern unterstützt wurde. Sie sind gut ausgebildet und diszipliniert und verfügen über fähige Offiziere. Die weißen Söldner kämpfen an der Seite der Schwarzen. Ihre Bewaffnung ist zur Zeit nicht besonders gut; ihre wirksamste Waffe sind die PT *boats*, die uns die Überquerung des Sees unmöglich gemacht haben. Ihre Luftwaffe ist veraltet und nicht sehr wirksam, und ihre Infanteriewaffen wurden erst in letzter Minute erneuert.

Im Wesentlichen besaß die Befreiungsarmee bessere Waffen als die Armee von Tschombé. Es ist schwer zu begreifen, aber es entspricht der Wahrheit. Das war einer der Gründe dafür, dass die patriotischen Rebellen sich in dieser Beziehung vollkommen gleichgültig verhielten und nicht einmal die Waffen der getöteten Feinde an sich nahmen.

Die Taktik des Feindes war die in solchen Kriegen übliche: Schutz durch die Luftwaffe für Angriffe auf Kolonnen oder Ortschaften, Aufklärungsflüge über Straßen und zum Schluss, wenn unsere Truppen in ausreichendem Maße demoralisiert waren, direkte Attacken vorrückender Kolonnen auf unsere Stellungen in den Bergen, die, so viel ist sicher, ohne Gegenwehr eingenommen wurden. Die Moral dieser Armee kann zerstört werden, indem man sie angreift und vernichtet, was aufgrund der geografischen Verhältnisse mit der richtigen Taktik ohne weiteres möglich ist.

Bleibt noch eine Analyse unserer Gruppe. Die Mehrheit unserer Leute waren Schwarze. Das hätte Einmütigkeit mit den Kongolesen herstellen können, tat es aber nicht. In unserem Fall kann man nicht behaupten, dass die bloße Tatsache, schwarz oder weiß zu sein, die Beziehungen untereinander wesentlich beeinflusst hätte. Die Kongolesen wussten die persönlichen Eigenschaften jedes Einzelnen unabhängig davon zu beurteilen – nur bei mir hatte ich manchmal den Verdacht, dass meine Hautfarbe eine gewisse Rolle spielte. Allerdings besaßen unsere eigenen Genossen eine ziemlich armselige kulturelle Basis und ein relativ bescheidenes politisches Bewusstsein. Sie kamen voller Optimismus und guten Willens in den Kongo und wollten im Triumphzug das Land durcheilen. Vor Beginn der Kämpfe äußerten sich einige Genossen dahingehend, dass Tatu den Dingen des Krieges verständnislos gegenüberstehe und dass er sie nicht von einer energischen Aktion abhalten könne, nur weil er sich vor der feindlichen Übermacht fürchte. Sie wollten an einem Punkt vordringen und auf der anderen Seite siegreich herauskommen. Das Land war praktisch schon befreit, eigentlich konnten wir wieder nach Havanna zurückkehren.

Für die Dauer des Krieges veranschlagte ich drei bis fünf Jahre, aber niemand glaubte mir. Alle träumten lieber vom Triumphzug, vom Abschied, wahrscheinlich mit großartigen Reden und Ehrungen, von Orden und von der Rückkehr nach Havanna. Die Realität war ein Schock: Lebensmittel waren knapp, an manchen Tagen gab es nur Yucca ohne Salz oder *bukali*, was dasselbe war; es fehlten Medikamente, manchmal Kleidung und Schuhe, und vor allem entwickelte sich nie das Zusammengehörigkeitsgefühl, von dem ich geträumt hatte, es gab keine Übereinstimmung zwischen unserer kampferprobten, disziplinierten Truppe und den Kongolesen.

Die nötige Integration fand niemals statt, und dafür kann man nicht die Hautfarbe verantwortlich machen: Einige von uns waren so schwarz, dass sie sich nicht von den kongolesischen Genossen unterschieden. Und dennoch hörte ich, wie einer von ihnen sagte: »Schick mir mal zwei von den Schwarzen her«; damit meinte er zwei Kongolesen.

Unsere Leute waren Ausländer, höhere Wesen, und das ließen sie die anderen zu deutlich spüren. Die aufgrund der Unterdrückung durch die Kolonialherren äußerst sensibilisierten Kongolesen nahmen gewisse verächtliche Gesten bei den Kubanern wahr, und sie litten darunter. Auch konnte ich es nicht verhindern, dass das Essen ungerecht verteilt wurde, und obwohl es meist die Kubaner waren, die die schwersten Lasten trugen, ließen sie doch keine Gelegenheit aus, irgendeinen Kongolesen zu bepacken, was von einem gewissen Mangel an Sensibilität zeugte. Dieser Widerspruch ist nicht leicht zu erklären, denn es handelt sich dabei um subjektive Empfindungen und subtile Gesten. Ein einfaches Beispiel soll das Problem verdeutlichen: Ich konnte nicht erreichen, dass die Kongolesen auch so genannt wurden. Sie hießen immer »die Kongos«, was sich im ersten Moment einfacher und familiärer anhörte, aber immer eine gehörige Portion Bosheit mitschwingen ließ. Eine wirkliche Barriere für das gegenseitige Verständnis war die Sprache. Für unsere Truppe stellte es ein großes Problem dar, sich unter den vielen Kongolesen zu bewegen und zu arbeiten, ohne ihre eigene Sprache gebrauchen zu können. Einige von denen, die von Anfang an mit den Kongolesen zusammenlebten, lernten sehr rasch, sich in einem rudimentären Suaheli, das heißt in einer Art Behelfssprache, zu verständigen, doch das gelang nur sehr wenigen. Stets bestand die Gefahr, dass wir missverstanden wurden, was unsere Beziehungen zu den Kongolesen trübte oder zu Fehleinschätzungen führte.

Ich habe versucht, den Auflösungsprozess unserer Truppe so darzustellen, wie er verlief. Es ging allmählich vonstatten, aber nicht in einem unaufhörlich fortschreitenden Zerfallsprozess, sondern indem sich explosives Potenzial ansammelte, das sich bei bestimmten Gelegenheiten entlud. Solche Situationen waren: die Niederlage in Front de Force; die zunehmenden Desertionen der Kongolesen während der Partisanenkämpfe bei Katenga, wo es außerdem noch zahlreiche Krankheitsfälle gab; mein persönliches Desaster beim Transport des Verwundeten, der mit wenig Unterstützung durch die Kongolesen durchgeführt werden musste; der endgültige Rückzug unserer Verbündeten. Jede dieser Zuspitzungen brachte weitere Demoralisierung und einen wachsenden Widerwillen unserer Männer mit sich.

Zuerst ließen sie sich von der Stimmung am See anstecken. Sie wollten nach Hause zurück, träumten von der Heimkehr und waren nicht gewillt, ihr Leben zu riskieren, damit die Einheit gerettet wurde oder die Revolution insgesamt voranschritt. Alle wollten sich ans andere Ufer retten. Die Disziplin brach in einem solchen Maße zusammen, dass sich wirklich groteske Dinge ereigneten, die eigentlich sehr harte Strafen gegen die Genossen hätten nach sich ziehen müssen.

Wenn wir das vornähmen, was wir eine objektive Analyse nennen, würden wir herausfinden, dass die Kubaner allen Grund hatten, demoralisiert zu sein; dennoch verhielten sich viele Genossen bis zum Schluss diszipliniert und verantwortlich. Wenn ich immer wieder auf die Schwächen zu sprechen gekommen bin, dann deshalb, weil ich finde, dass das Wichtigste an diesem Bericht die Analyse unseres Zusammenbruchs ist. Der nämlich war das Ergebnis einer unseligen Verkettung widriger Umstände. Das Problem besteht darin, dass wir den Schwierigkeiten, mit denen wir zu kämpfen hatten, bei den nächsten Etappen des revolutionären Kampfes in Afrika kaum aus dem Weg gehen können, denn sie sind typisch für Länder mit einem sehr niedrigen Entwicklungsniveau. Einer unserer Genossen sagte einmal in pathetischem Ton: »Im Kongo laufen alle Bedingungen der Revolution zuwider.« Da ist etwas Wahres dran, betrachtet man die Situation durch die Brille einer gereiften Revolution, die inzwischen Fuß gefasst hat. Aber die rohe Masse, aus der der Künstler den revolutionären Geist formen muss, besaß im Kongo ganz ähnliche Grundvoraussetzungen wie die der Landbevölkerung der Sierra Maestra während der ersten Phase der kubanischen Revolution.

Uns interessiert die Frage, welche Voraussetzungen ein Aktivist mitbringen muss, damit er mit den Traumata einer widrigen Realität fertig werden kann, der er sich möglicherweise gegenübersieht. Meiner Meinung nach sollten die Kandidaten sich zunächst einmal einem sehr strengen Auswahlverfahren unterwerfen und einen vorbeugenden Ernüchterungsprozess durchmachen. Wie ich bereits gesagt habe, nahm niemand meine Ankündigung ernst, die Revolution werde drei bis fünf Jahre bis zu ihrer Durchsetzung brauchen. Als die Realität mir Recht gab, wurden sie aus ihren Träumen gerissen und brachen innerlich zusammen. Die revolutionären Kämpfer, die sich einer ähnlichen Erfahrung stellen wollen, müssen ihre Träume und alles, was ihr bisheriges Leben und Streben ausmachte, aufgeben. Das sollten nur diejenigen tun, die eine revolutionäre Standhaftigkeit mitbringen, die über das normale Maß – auch in einem revolutionären Land – hinausgeht; darüber hinaus eine im Kampf gewonnene praktische Erfahrung, ein ausgeprägtes politisches Bewusstsein und eine eiserne Disziplin. Der Aufnahmeprozess sollte, ausgehend von einer kleinen, aber schlagkräftigen Einheit, graduell erfolgen, bevor dann die Auswahl der neuen Kämpfer vorgenommen werden kann, wobei jeder, der nicht die geforderten Bedingungen erfüllt, ausgesondert werden muss. Zu diesem Zweck sollte eine Kaderstrategie verfolgt werden, mit der man, ohne den Kern zu schwächen, nach und nach die Truppe verstärken und sogar neue Kader des Geberlandes in den aufständischen Gebieten des Nehmerlandes aufstellen kann. Wir sind nämlich nicht nur Lehrer, sondern auch Schüler neuer revolutionärer Schulen.

Ein weiteres Problem, dem wir in Zukunft höchste Aufmerksamkeit schenken müssen, betrifft die Versorgungsbasis. Relativ große Summen verschwanden in unersättlichen Schlünden, und nur winzige Mengen an Nahrungsmitteln und Ausrüstung gelangten zu den kämpfenden Truppen. Erste Bedingung: Die Befehlsgewalt in den Operationsgebieten muss unstrittig und absolut sein, die Versorgungsbasis muss streng kontrolliert werden, und die Männer, die diese Aufgabe übernehmen sollen, müssen sich lange vorher einem strengen Auswahlverfahren unterziehen. Wie wichtig ist eine Schachtel Zigaretten für jemanden, der im Partisanenkampf vierundzwanzig Stunden am Tag herumsitzt, ohne etwas zu tun, und wie wenig kosten die 100 Schachteln, die täglich geraucht werden, im Vergleich zu den vielen unnützen Dingen, für die Geld ausgegeben wird, oder zu dem Material, das bei den verschiedenen Aktionen verloren geht.

Nun muss ich die schwierigste Analyse vornehmen, nämlich die meines persönlichen Verhaltens. Bei der selbstkritischen Analyse, zu der ich mich imstande sah, kam ich zu folgenden Ergebnissen: Was meine Beziehungen zu den Revolutionsführern betrifft, so fühlte ich mich von Anfang an durch die Art und Weise, wie ich in den Kongo gelangt war, eingeschränkt, und ich war nicht fähig, diese Schwierigkeit zu überwinden. Meine Reaktionen waren unterschiedlich: Lange Zeit legte ich ein Verhalten an den Tag, das man als übertrieben nachsichtig bezeichnen könnte; dagegen hatte ich manchmal sehr heftige, sehr verletzende Wutausbrüche, die vielleicht auf meine angeborenen Charaktereigenschaften zurückzuführen sind. Die einzigen, zu denen ich durchgehend ein gutes Verhältnis hatte, waren die Bauern, denn ich bin mehr eine direkte Sprache mit konkreten Beispielen gewohnt und glaube, dass ich bei ihnen damit Erfolg hatte. Suaheli habe ich nicht schnell und nicht gründlich genug gelernt; das lag zuallererst daran, dass ich mich mit den Befehlshabern auf Französisch verständigen konnte. Nachteilig war jedoch, dass ich mich dadurch zu sehr von der Basis entfernte. Es fehlte mir der Wille, die nötige Kraft und Ausdauer aufzubringen, um die fremde Sprache zu erlernen.

Was den Kontakt zu meinen Leuten betrifft, so glaube ich, mich selbstlos genug verhalten zu haben, dass mir persönlich niemand etwas vorwerfen kann. Aber ich konnte mich im Kongo meinen beiden Hauptlastern hingeben: dem Tabak, der mir nur selten ausging, und dem Lesen, das ich immer sehr ausgiebig betrieb. Kaputte Stiefel oder schmutzige Wäsche zu tragen oder denselben Fraß wie die Truppe zu essen und unter denselben Bedingungen zu leben, all diese Unbequemlichkeiten betrachtete ich nicht als Opfer. Vor allem die Tatsache, dass ich mich zum Lesen zurückzog und so vor den Problemen des Alltags floh, trug dazu bei, dass ich mich von meinen Leuten entfernte. Außerdem gibt es bestimmte Punkte in meinem Charakter, die einen vertrauten Umgang mit mir nicht gerade erleichtern. Ich war streng, aber nicht übermäßig, wie ich glaube, und auch nicht ungerecht; ich griff zu Maßnahmen, die in einer regulären Armee nicht üblich sind, wie zum Beispiel dem Essensentzug. Das ist die einzig wirksame Strafe im Partisanenkampf, die ich kenne. Am Anfang versuchte ich, moralischen Druck auszuüben, hatte damit aber keinen Erfolg. Ich wollte, dass die Truppe die Gegebenheiten mit den gleichen Augen betrachtete wie ich, und ich scheiterte in meinen Bemühungen. Meine Leute waren nicht darauf vorbereitet, optimistisch in eine Zukunft zu blicken, die man durch schwarze Nebelschleier in der Gegenwart nur erahnen kann.

Ich hatte nicht den Mut, im entscheidenden Moment das größte Opfer zu fordern. Es war wie eine innere, psychische Hemmung. Für mich wäre es sehr einfach gewesen, im Kongo zu bleiben. Das war genau das, was die Selbstachtung einem Kämpfer gebot. Doch in Bezug auf meine zukünftigen Aktivitäten war diese Entscheidung irrelevant. Wenn man bedenkt, wie leicht das letzte Opfer zu erbringen gewesen wäre, dann spricht alles gegen mich. Ich glaube, ich hätte die Qual dieser selbstkritischen Analyse nicht auf mich nehmen und bestimmten Genossen die letzte Heldentat zumuten sollen. Wenigen nur, aber wir hätten bleiben müssen. Außerdem fehlte mir der Mut oder die Klarsicht, mich von der Küste zu entfernen und mich mit der gesamten oder der reduzierten, der gereinigten kubanischen Truppe an einen Ort zurückzuziehen, wo es nicht die ständige Versuchung des Sees mit seinen Hoffnungen auf Rückkehr angesichts eines neuerlichen Scheiterns gegeben hätte.

Schließlich belastete in den letzten Tagen – ich konnte es ganz deutlich spüren – der Abschiedsbrief an Fidel meine Beziehungen zur Truppe. Dieser Brief führte dazu, dass die Genossen, wie vor vielen Jahren in der Sierra Maestra, in mir einen Ausländer im Kontakt mit Kubanern sahen. Damals war ich der, der soeben angekommen war; jetzt war ich der, der sich verabschiedet hatte. Es gab bestimmte Dinge, die wir nicht mehr gemein hatten, bestimmte Träume, auf die ich stillschweigend oder ausdrücklich verzichtet hatte und die doch jedem Menschen heilig sind: seine Familie, sein Land, seine Umgebung. Der Brief, der innerhalb und außerhalb von Kuba mit so viel Anerkennung bedacht wurde, hat mich meinen Genossen und Mitstreitern entfremdet.

Möglicherweise erscheinen diese psychologischen Betrachtungen deplatziert in der Analyse eines Krieges von beinahe kontinentaler Bedeutung. Meinem Konzept einer Kerntruppe bleibe ich treu. Ich war der Chef einer Gruppe von Kubanern, einer Kompanie, sonst nichts. Und meine Aufgabe war es, sie zu einem Sieg zu führen, der den Aufbau einer echten Volksarmee hätte vorantreiben können. Meine spezielle Situation jedoch machte mich zu einem einfachen Soldaten, zum Repräsentanten einer ausländischen Macht, zum Ausbilder für Kubaner und Kongolesen, zum Strategen und hohen Politiker in einem unbekannten Land; und für die Revolutionsführer wurde ich zu einem ständigen und lästigen Kritiker. All diese Fäden verwoben sich zu einem gordischen Knoten, den zu durchschlagen ich mich nicht entscheiden konnte. Wäre ich ein richtiger Soldat gewesen, dann hätte ich auf die anderen Aspekte meiner komplexen Beziehungen mehr einwirken können. Ich habe berichtet, wie es dazu kam, dass ich im Moment des großen Desasters meine eigene kostbare Haut gerettet habe und mich im letzten Augenblick nicht über subjektive Bedingungen hinwegsetzen konnte.

Ich habe im Kongo viel gelernt. Einige Fehler werde ich nicht mehr machen, andere werden sich vielleicht wiederholen, und wieder andere werden hinzukommen. Mein Vertrauen in den Partisanenkampf ist größer denn je, aber wir sind damit gescheitert. Ich trage große Verantwortung; ich werde weder die Niederlage noch die wertvollen Lehren daraus vergessen.

Was wird uns die Zukunft im Kongo bringen? Natürlich am Ende den Sieg, aber bis dahin ist es noch ein weiter Weg.

Der Befreiungskampf gegen die Kolonialmächte neuen Typs wird in Afrika auf enorme Schwierigkeiten stoßen. Tatsächlich gibt es kein Beispiel, anhand dessen man die verschiedenen Phasen bis zum Sieg aufzeigen könnte. Portugiesisch-Guinea [Guinea-Bissau] ist ein noch nicht endgültig erbrachter Beweis einer gut geführten Volkserhebung gegen den Kolonialismus. Algerien kann man nicht als brauchbares Beispiel für unsere Erfahrungen ansehen, da Frankreich neokoloniale Formen entwickelt hatte, die wir als typisch für die koloniale Unterdrückung bezeichnen können.

Der Kongo ist das Szenarium des grausamsten und erbittertsten Befreiungskrieges; darum wird uns eine Analyse dieser Erfahrung nützliche Ideen für die Zukunft liefern können.

Im Gegensatz zu Lateinamerika, wo der Prozess der Neokolonialisierung vor dem Hintergrund heftiger Klassenkämpfe stattfand und die einheimische Bourgeoisie sich vor ihrer endgültigen Kapitulation am antiimperialistischen Kampf beteiligt hatte, bietet Afrika das Bild eines vom Imperialismus geplanten Prozesses; nur wenige Länder haben ihre Unabhängigkeit durch einen bewaffneten Kampf erlangt, alles ist mit der Geschmeidigkeit eines geölten Mechanismus vor sich gegangen.

Offiziell kolonisiert bleibt praktisch nur der südliche Teil Afrikas. Doch der allgemeine Protest gegen die Fortdauer dieses Zustandes wird, zumindest in den portugiesischen Kolonien, bald zu einer Beendigung führen. Die südafrikanische Union hat mit verschiedenen Problemen zu kämpfen.

Die weiteren Etappen im afrikanischen Befreiungskampf werden ähnlich wie die gegenwärtigen Volksaufstände verlaufen. Das Grundproblem ist, wie sie auf eine solide Basis gestellt werden können, und dort gibt es noch viele Fragen, die zu beantworten ich mich außerstande sehe. Ich möchte lediglich einige Standpunkte darlegen, Ergebnisse meiner bescheidenen und bruchstückhaften Erfahrung. Wenn der Befreiungskampf in Afrika unter den gegenwärtigen Bedingungen Erfolg haben soll, dann ist es nötig, einige Schemata der marxistischen Analyse auf die Gegenwart abzustimmen.

Was ist der Hauptwiderspruch unserer Epoche? Wenn es der zwischen den sozialistischen und den imperialistischen Ländern oder zwischen den imperialistischen Ländern und ihren Arbeiterklassen wäre, könnte die sogenannte Dritte Welt nur eine sehr untergeordnete Rolle spielen. Doch es sprechen immer gewichtigere Gründe dafür, das der Hauptwiderspruch zwischen ausbeutenden Staaten und ausgebeuteten Völkern besteht. Ich bin nicht in der Lage, hier den Beweis dafür zu erbringen oder darzulegen, warum diese Tatsache der Charakterisierung unserer Epoche als Übergangszeit zum Sozialismus nicht entgegensteht. Das würde uns auf umständliche Seitenwege führen und eine Fülle von Daten und Argumenten erfordern. Ich stelle das lediglich als eine aus der Praxis geborene Behauptung in den Raum.

Wenn das so ist, würde Afrika eine wichtige aktive Rolle bei diesem Hauptwiderspruch zukommen. Doch wenn man die Dritte Welt im gegenwärtigen historischen Augenblick als Hauptbeteiligte an diesem Widerspruch betrachtet, so gibt es doch graduelle Unterschiede zwischen den einzelnen Ländern und Kontinenten. Aufgrund einer flüchtigen Analyse können wir sagen, dass Lateinamerika in seiner Gesamtheit an einen Punkt gelangt ist, wo sich der Klassenkampf zuspitzt und die nationalen Bourgeoisien vor dem Imperialismus völlig kapituliert haben, sodass die Zukunft des Kontinents kurzfristig die eines Befreiungskampfes ist, der durch eine sozialistische Revolution gekrönt werden wird.

In Asien kann man zur Zeit genau diesen Prozess beobachten, auch wenn die Situation dort sehr viel komplizierter ist: Es gibt kolonisierte imperialistische Länder wie Japan, wichtige sozialistische Staaten wie China und so große und, aufgrund ihres früheren Ansehens, gefährliche Marionettenstaaten des Imperialismus wie Indien. Dennoch hat in den Ländern, die wir typisch nennen können und in denen der Befreiungskampf stattfinden kann, die

Bourgeoisie ihre Rolle als Gegner des Imperialismus noch nicht ausgespielt, obwohl man feststellen muss, dass sie sich in diese Richtung bewegt. Es sind dies Länder, die soeben ihre Freiheit erlangt haben – was etwas anderes ist als jene scheinbare Freiheit, derer sich Lateinamerika seit mehr als hundert Jahren erfreut, wo es einige Zeit dauern wird, bis die Unumgänglichkeit der Revolution sichtbar wird.

In Afrika, vor allem in dem Teil, der aufgrund der Hautfarbe seiner Bewohner Schwarzafrika genannt wird, kann man vom primitiven Kommunismus bis – auf einzelnen Flecken der Landkarte – zum Proletariat und zur sich herausbildenden Bourgeoisie alles finden. In Übereinstimmung mit dem neuen Handlungsschema des Imperialismus besteht keinerlei Gegensatz zwischen den nationalen Bourgeoisien und den neokolonialen Mächten. Jedes Land, das einen Befreiungskrieg plant, muss damit beginnen, seine Feinde in den Imperialisten zu sehen, in den Gesellschaftsschichten, die deren Macht unterstützen (wie zum Beispiel die zurückgebliebenen Kolonialarmeen und damit, was noch gefährlicher ist, die koloniale Mentalität der Offiziere), sowie in allen Neureichen, den Importeuren und Industriellen, die sich breit zu machen beginnen und eng mit dem Monopolkapital in Form des Bürokratiekapitalismus verbunden sind.

Unter diesen Bedingungen ist es das Kleinbürgertum, das den Kampf gegen die Fremdherrschaft führt. Was aber ist das Kleinbürgertum in den afrikanischen Ländern? Es ist eine Schicht, die dem Imperialismus oder dem Neokolonialismus gedient und erkannt hat, welche Beschränkungen ihrer wirtschaftlichen Entwicklung entgegenstehen oder ihre Menschenwürde untergraben. Sie schickt ihre Söhne und Töchter zum Studieren in die klügeren Kolonialländer, die dieses ermöglichen, oder, seit neuester Zeit, in die sozialistischen Länder. Tatsächlich aber ist das Kleinbürgertum als führende Kraft eines Befreiungskampfes äußerst schwach.

Daneben gibt es noch die Bauernschaft, die, wie ich bereits ausgeführt habe, im Kongo in eine unendliche Vielzahl größerer und kleinerer Stämme zerfällt, deren Bindungen umso stärker sind, je kleiner das Gebiet ist, auf dem sie leben. Mit anderen Worten, es gibt große Stämme, wie zum Beispiel in Katanga und Kivu, mit

»nationalen« Bindungen, die sich in kompaktere lokale Gruppen und kleinere Dorfgemeinschaften aufteilen.

Die Solidarität unter Dörfern desselben Stammes ist sehr groß, die Solidarität unter den Bewohnern desselben Dorfes noch größer, allerdings im eingeschränkten Rahmen des bereits beschriebenen einfachen Lebens. Das gilt zumindest für das Gebiet, in dem wir uns aufgehalten haben. In anderen Regionen werden die Bauern gezwungen, die Kapitalisten mit bestimmten Produkten der wunderbaren kongolesischen Natur zu versorgen, zum Beispiel mit Kopal (Harz), Elefantenzähnen und, in der Vergangenheit, mit der Frucht der Ölpalme etc. Und das bedingt anders geartete Beziehungen, die ich nicht näher untersucht habe. Auf der anderen Seite gibt es Zentren eines entwickelten Proletariats an den Orten, an denen die *Union Minière* (Bergwerksgesellschaft) die Verarbeitung eines Großteils ihrer Erzeugnisse im Kongo betrieb. Anfangs mussten die Bergwerksarbeiter zu der neuen Arbeit gezwungen werden, denn ihre ursprüngliche, natürliche Umgebung erforderte in keiner Weise einen Wandel in ihrem Leben. Zur Zeit jedoch scheint dieses Proletariat trotz der – verglichen mit europäischen Verhältnissen – Hungerlöhne kein aufständisches Potenzial zu bilden. Auch wenn die Arbeiter vielleicht ihrem freien Leben nachtrauern, so wurden sie doch durch die kleinen Bequemlichkeiten der Zivilisation gewonnen. Ich muss mich wieder einmal wegen der Oberflächlichkeit der Analyse entschuldigen; sie beruht auf fragmentarischen, praktischen Erfahrungen und wurde in nur oberflächlicher eingeschränkter Kenntnis der sozialen Fragen im Kongo erstellt.

Wie dem auch sei – welche Strategie muss verfolgt werden? Die Konfliktpunkte in den Städten sind offensichtlich: eine hohe Inflation, eine Re-Kolonialisierung mit klarer Diskriminierung – nicht nur der Schwarzen durch die Weißen, sondern auch der armen Schwarzen durch die reichen Schwarzen; viele Menschen, die sich den Lichtern der Städte genähert hatten, gehen wieder in ihre Dörfer zurück. Diese Unzufriedenen könnten zu vereinzelten Aufständen bereit sein, doch die einzige, entscheidende Macht ist die Kolonialarmee, die alle möglichen Privilegien besitzt und nur eingreift, um diese zu sichern oder zu vermehren.

Innerhalb der Bauernschaft herrscht völlige Armut. Doch diese Armut ist nicht größer als vor zehn Jahren. Außer in den Kriegsgebieten fühlt sich der Bauer nicht veranlasst, wegen der sich verschlechternden Lebensbedingungen zu den Waffen zu greifen. Und man muss hier hinzufügen, dass es für eine objektive Einschätzung der Lebensbedingungen weniger von Interesse ist, das Niveau eines Dorfes an dem anderer zu messen, als es innerhalb eines Dorfes zu vergleichen. Für unseren Bauern in Südamerika ist das Elend nur in Bezug auf sich selbst real: Nimmt die Ausbeutung zu, nehmen auch Hunger und Armut zu. In vielen Regionen des Kongos ist das vermutlich nicht der Fall. Das alles macht deutlich, wie schwierig es ist, ein Land mit wirtschaftlichen Argumenten wachzurütteln. Von den wichtigsten Argumenten für einen Volksaufstand – der nahe liegenden Forderung nach Land – habe ich bereits gesprochen. Am häufigsten wird bei den Stammesbeziehungen angesetzt, aber damit kommt man in einem Unabhängigkeitskrieg nicht weit. Ich kann nicht sagen, ob es nützlich oder notwendig ist, sich in einer ersten Phase darauf zu stützen; sicher ist, dass man keine Fortschritte erzielen kann, wenn man die Stammeskonzeption nicht zerstört. Eine Stammesgruppe, die sich weiterentwickelt, wird unweigerlich mit den Nachbarstämmen und nicht mehr mit der Armee der Unterdrücker in Konflikt geraten. Im Laufe des Befreiungskampfes werden Stammesvereinigungen mit einem gemeinsamen Ziel gebildet werden müssen; darum ist es so wichtig, ein solches gemeinsames Ziel zu finden – und die Partei oder den Mann, die es symbolisieren.

Ein äußerst wichtiger Faktor in der Entwicklung des Kampfes ist die Universalität, die die gegensätzlichen Konzepte nach und nach erlangen. Es steht fest, dass der Imperialismus überall dort einen Sieg erringen wird, wo es ihm gelingt, die Volksaufstände zu unterdrücken; und es steht ebenso fest, dass er überall dort eine Niederlage erleiden wird, wo eine wirklich fortschrittliche Regierung an die Macht gelangt. Wir dürfen bei unseren Gesellschaftsanalysen die Länder nicht als abgeschlossene Territorien betrachten. So können wir heute sagen, dass Lateinamerika in seiner Gesamtheit ein neo-kolonisierter Kontinent ist, auf dem kapitalistische Produktionsverhältnisse herrschen (auch wenn es unzählige Beispiele für feudale Verhältnisse gibt) und wo der Befreiungskampf, der von Anfang an antiimperialistische, das heißt antikapitalistische Ziele verfolgt hat, im höchsten Grade sozialistisch ist. Und wir müssen im Kongo oder in jedem anderen afrikanischen Land auch mit der Möglichkeit rechnen, dass sich Vorstellungen von der Welt entwickeln, die etwas völlig Neues erkennen lassen, etwas, das über das kleine Jagdrevier oder die Region, in der die Feldfrüchte für den direkten persönlichen Gebrauch angebaut werden, hinausgeht. Die Wirkung der sozialistischen Ideen muss die Massen der afrikanischen Länder erreichen, nicht wie ein Transplantat, sondern um die Bevölkerung an die neuen Bedingungen heranzuführen und ihr ein konkretes Bild substanzieller Verbesserungen zu vermitteln, von denen sie sich eine klare Vorstellung machen kann.

Für all das wäre es ideal, eine Partei auf wirklich nationaler Basis und mit großem Rückhalt bei den Massen zu gründen, eine Partei mit zuverlässigen und gut ausgebildeten Kadern. Solch eine Partei gibt es im Kongo nicht. Sämtliche lumumbistischen Bewegungen haben vertikale Strukturen, an deren Spitze Männer mit einer gewissen intellektuellen Ausstattung stehen und die von unzuverlässigen und unbeständigen Kadern aus dem Kleinbürgertum beherrscht werden.

Unter den gegenwärtigen Bedingungen im Kongo muss sich eine neue Partei, die auf der marxistischen Lehre basiert und sich der neuen Situation anpasst, zumindest am Anfang auf angesehene Persönlichkeiten stützen können, die für ihre Anständigkeit, ihre Opferbereitschaft und ihre Führungsqualitäten bekannt sein müssten, wirkliche Repräsentanten des neuen kongolesischen Nationalgefühls, die in der Lage wären, als Integrationsfigur zu wirken. Solche Männer werden aus dem Befreiungskampf hervorgehen.

Zur Zeit kämpft noch der Genosse Mulele im Untergrund. Das ist auch im Osten des Kongos möglich, wo die Basis für eine Untergrundarmee geschaffen wurde: der Aufstand gegen die Unterdrückung, die Ausbildung an Feuerwaffen, das tiefe Bewusstsein von den sich bietenden Möglichkeiten. Doch die Bevölkerung hat kein Vertrauen zu ihren Führern, und es gibt keine Partei, die sie lenken könnte. Daraus ergibt sich, als wichtigste Aufgabe zum gegenwärtigen Zeitpunkt, der Aufbau einer Revolutionspartei auf nationaler

Ebene mit im Volk verankerten Zielen und anerkannten Kadern. Und dafür ist eine fähige, heldenhafte Führungsmannschaft mit Visionen vonnöten. Später dann müsste ein Zusammenschluss mit den Arbeitern stattfinden, was nicht heißen soll, dass wir das Bündnis von Bauern und Arbeitern ignorieren. Zunächst wird es zu einem Bündnis zwischen einer sehr rückständigen Bauernschaft und der Ideologie des Proletariats kommen. Später werden sich die unter den gegenwärtigen Bedingungen im Kongo trotz ihrer Ausbeutung privilegierten Industriearbeiter durch die bewaffnete Aktion mit der Guerillabewegung zusammenschließen. Die »bewaffnete Propaganda« im vietnamesischen Sinne stellt die wichtigste Aufgabe bei der Entwicklung des Gesamtprozesses dar.

Es ist nicht nötig, noch einmal darauf hinzuweisen: Der Partisanenkampf, der Kampf des Volkes, ist ein Kampf der Massen. Wir können nicht akzeptieren, dass der Partisanenkampf (das heißt der Kampf ausgewählter Kerntruppen) dem Kampf der Massen als Gegensatz gegenübergestellt wird, wie es bisweilen geschieht. Diese Vorstellung ist falsch – ob sie von den dogmatischen Verfechtern einer allgemeinen Strategie, die auf der Vorherrschaft der Arbeiterschaft basiert, vertreten wird, oder von einigen Guerilleros, in deren Augen der Partisanenkampf ein bloßes Instrument der entschlossensten Gruppen ist, um die Macht der Ausbeuter zu beseitigen. Die wichtigste Funktion des Partisanenkampfes aber ist die Erziehung der Massen, um ihnen die Möglichkeiten eines Sieges und einer neuen Zukunft aufzuzeigen und gleichzeitig die Notwendigkeit von Veränderungen deutlich zu machen, die es ermöglichen, diese Zukunft durch den bewaffneten Kampf des gesamten Volkes zu erreichen.

Es wird notwendigerweise ein langer Krieg werden, wenn er in den ländlichen Gebieten erst einmal richtig begonnen und sich auf weitere Regionen ausgebreitet hat, wodurch dem Feind neue Niederlagen beigebracht werden. Doch das ist im Moment nicht unser Problem. Uns interessiert die Frage, wie die Entwicklung jetzt vorangetrieben werden kann. Denn wir haben eine Niederlage erlitten und sind in unseren Bemühungen zurückgeworfen worden. Aber im Kongo sind wesentliche Bedingungen für den bewaffneten Kampf gegeben: eine Bauernschaft, die rebelliert; die zugrunde gerichtet, misshandelt und schikaniert wurde, die aber rebelliert; die Erfahrungen im bewaffneten Kampf gemacht hat und über Waffen verfügt; die den Krieg erlebt hat.

Heute ist diese Bauernschaft in autonome Gruppen aufgespalten, mit lokalen Befehlshabern ohne die Vision eines vereinten Kongos, ja, ohne die Vision des Kongos als Nation. Ihre Nation reicht bis zu den Stämmen, von denen sie umgeben sind. Darum ist es so wichtig, aus den besten Kämpfern eine Kerntruppe zu bilden, wenn auch nur eine einzige, doch die sollte eisenhart sein; denn man darf die Guerilla nicht auch nur um einen Mann erweitern, wenn dadurch keine Qualitätssteigerung erreicht wird. Auf dieser Basis kann mit der Erziehung des Volkes begonnen werden, das durch die Teilnahme am revolutionären Kampf in Windeseile die historischen Etappen durcheilen wird. Ausgehend von seinem gegenwärtigen primitiven Zustand, der in manchen Fällen einem primitiven Kommunismus, dem Sklaventum oder dem Feudalismus nahe kommt, muss man zu fortschrittlichen Konzeptionen gelangen. Das Volk muss nach und nach die Waffe in die Hand nehmen und im Wesentlichen auf seine eigenen Mittel zurückgreifen. Die eigene Anstrengung macht Erziehung möglich. Jede Waffe soll eine Prämie sein für den Kämpfer, der alles tut, um der Volksarmee zu dienen. Die Waffe soll die Bestätigung seines Status als Volkskämpfer sein, ein unverzichtbares Symbol. Um dieser riesigen und langwierigen Aufgabe gerecht zu werden, müssen wir natürlich zuerst einmal die jetzigen Kader beseitigen, sie einfach nicht beachten, und mit dem Kern beginnen: so klein wie nötig, so groß wie möglich. Auf diese Weise werden die neuen Führungskader entstehen, die sich durch Kampf und Opfer herauskristallisieren und die strenge Auslese durch den Tod auf dem Schlachtfeld überstehen werden.

Unter diesen Bedingungen wird unweigerlich der weitsichtige Führer geboren werden, der opferbereite und allgemein respektierte Führer, der die stürmische Entwicklung der revolutionären Bedingungen im Landesinnern vorantreiben wird. Gleichzeitig wird dieser große Kampfprozess den Soldaten und den Kader hervorbringen; denn genau genommen verfügen wir heute über keinen von beiden. Der Kampf muss vom Land in die Dörfer und von dort in die Städte getragen werden, zuerst in kleinen Gruppen, die keine massive Verteidigung von Gebieten erfordern. Sie müssen die Taktik von Konzentration und Dekonzentration verbessern und die moderne Militär- und Guerillatechnik systematisch erlernen; durch ihr Beispiel werden sie unaufhörlich den revolutionären Samen aussäen. Das ist der Weg zum Sieg. Je früher jene opferbereiten Führer hervortreten, die fähig sind, ihrerseits opferbereite Führungskader heranzubilden, die wiederum die Entwicklung der Volksarmee auf der Basis einer ihrem Wesen nach aufständischen Bauernschaft voranzutreiben imstande sind, desto schneller wird der Sieg errungen werden.

Es stellen sich Probleme von außergewöhnlicher Reichweite. Wir müssen zur Theorie und Praxis der Revolution zurückkehren, die anzuwendenden Methoden gründlich studieren, die geeignetsten auswählen, um die Bauernschaft in die Volksarmee einzubinden, und beide zu einer einzigen Streitkraft zusammenführen. Dann wird ein langer, aber unumkehrbarer Prozess eines langwierigen Krieges beginnen, durch den weitere Bevölkerungsschichten in abgelegeneren Regionen gewonnen werden und an dem sich das Proletariat der Industriegebiete des Kongos beteiligen wird. Wie lange das dauern wird, kann man nicht vorhersagen; es wird möglich sein, das ist alles. Uns stehen tüchtige Helfer zur Seite: die gegenwärtigen Bedingungen der Menschheit, die Verbreitung der sozialistischen Ideen und die Grausamkeit eines Feindes, die immer das negative Spiegelbild der in die Volksarmee gesetzten Hoffnungen ist. Am Ende werden wir den Sieg erringen.

Ich bin überzeugt, dass Afrika für den nordamerikanischen Imperialismus von Bedeutung ist, vor allem als Reserve. Wenn der Befreiungskrieg in Lateinamerika sich auf alle Regionen ausweitet, wird es schwierig für ihn werden, die natürlichen Reichtümer und die Märkte, Basis seiner Macht, in gleichem Maße auszubeuten. Wenn er hingegen seinen Neokolonialismus ohne großartige Erschütterungen in aller Ruhe in Afrika weiter betreiben kann, wird er, um zu überleben, seine Investitionen dorthin verlegen – wie er es bereits schon tut –, da die imperialistische Ausbeutung dieses riesigen und reichen Kontinents praktisch erst am Anfang steht.

Im Rahmen eines Befreiungskampfes mit weltpolitischer Bedeutung muss in Afrika verhindert werden, dass es an den Stützpunkten des Imperialismus ruhig bleibt. Darum ist es die Verpflichtung jedes einzelnen Dorfes innerhalb des großen Kampfes der Völker der Welt, seinen Kampf um wirkliche Befreiung bis zum Äußersten zu führen, und unsere Verpflichtung ist es, diejenigen Bewegungen konsequent zu unterstützen, die eine tatsächliche, ernsthafte allgemeine Mobilisierung bis zum Sieg erhoffen lassen.

Wie werden wir uns an alldem beteiligen? Vielleicht werden wir einen Kern von ausgewählten Kadern entsenden, die bereits Erfahrungen im Kongo gesammelt, die aber den Zusammenbruch, von dem ich berichtet habe, nicht miterlebt haben; mit Waffen und möglicherweise auch mit Geld helfen, wenn die Verbündeten es erlauben; außerdem könnten wir Kader ausbilden. Dafür müssen wir jedoch einen der Grundsätze abändern, die unsere revolutionäre Strategie bisher bestimmt haben: Unsere Hilfe ist an keinerlei Bedingung geknüpft, und das ist ein Fehler. Wenn man hilft, bezieht man Position, und zwar aufgrund bestimmter Untersuchungen über die Loyalität und die Effektivität einer revolutionären Bewegung im Kampf gegen den Imperialismus, im Kampf um die Freiheit eines Landes. Um eine solche Analyse durchführen zu können, müssen wir die Befreiungsbewegungen von innen her besser kennen lernen. Unsere Hilfe muss an Bedingungen geknüpft sein, sonst laufen wir Gefahr, dass sich das, was wir erreichen wollen, in sein genaues Gegenteil verkehrt. Zum Beispiel in fürstliche Reisen der Herren Revolutionäre, der *freedom fighters*, die ihr Volk opfern und verraten und den revolutionären Prozess behindern. Mit anderen Worten, wir werden Gefahr laufen, zu Verbündeten des Imperialismus zu werden. Denn für ihn ist nichts leichter (ich bin mir sicher, dass der Imperialismus es tun wird, wenn er es nicht bereits schon praktiziert), als auf den Konferenztisch der afrikanischen Befreiungsbewegungen ein paar tausend Dollar zu werfen, deren Verteilung mehr Unruhe, Streitereien und Niederlagen bewirken kann als eine Armee auf dem Schlachtfeld.

Aus diesen objektiven Tatsachen müssen wir Konsequenzen ziehen und unsere Hilfe an dem revolutionären Verhalten der Bewegungen und ihrer Führer orientieren. Den Kolonialismus durch einen Neokolonialismus oder die Neokolonialisten durch andere, scheinbar weniger schlechte, zu ersetzen, ist nicht die richtige revolutionäre Strategie.

Wenn ich gefragt würde, ob es jemanden im Kongo gibt, den ich als einen möglichen Führer auf nationaler Ebene ansehe, so könnte ich, abgesehen von Mulele, den ich nicht kenne, niemanden nennen. Der Einzige, der die Fähigkeiten eines wirklichen Führers der Massen besitzt, ist nach meinem Dafürhalten Kabila. Ein Revolutionär reinsten Wassers kann meiner Meinung nach keine Revolution führen, wenn er nicht bestimmte Führungsqualitäten besitzt; aber ein Mann mit Führungsqualitäten kann allein deshalb noch lange keine Revolution vorantreiben. Er benötigt dazu außerdem revolutionäre Integrität, eine Ideologie, die der Aktion zugrunde liegt, und Opferbereitschaft, die seine Handlungen begleitet. Bisher hat Kabila noch nicht den Beweis erbracht, dass er irgendetwas davon besitzt. Er ist jung, und möglicherweise ändert er sich ja noch; aber ich bin bereit, auf einem Blatt Papier, das erst in vielen Jahren das Licht der Öffentlichkeit erblicken soll, meine tiefen Zweifel daran festzuhalten, dass er in dem Umfeld, in dem er sich bewegt, seine Defizite ausgleichen kann. Die anderen, mir bekannten Revolutionsführer werden fast alle von der Geschichte hinweggefegt werden. Die neuen halten sich heute wahrscheinlich im Landesinnern auf, damit beschäftigt, die wirkliche Geschichte der Befreiung des Kongos zu schreiben.

Januar 1966

Aus Verantwortung für die Umwelt hat sich der *Verlag Kiepenheuer & Witsch* zu einer nachhaltigen Buchproduktion verpflichtet. Der bewusste Umgang mit unseren Ressourcen, der Schutz unseres Klimas und der Natur gehören zu unseren obersten Unternehmenszielen.

Gemeinsam mit unseren Partnern und Lieferanten setzen wir uns für eine klimaneutrale Buchproduktion ein, die den Erwerb von Klimazertifikaten zur Kompensation des CO_2-Ausstoßes einschließt.

Weitere Informationen finden Sie unter:
www.klimaneutralerverlag.de

Verlag Kiepenheuer & Witsch, FSC® N001512

1. Auflage 2021

Herausgegeben von Gianna Minà

Titel der Originalausgabe Pasajes de la guerra revolucionaria: Congo

Aus dem Spanischen von Hans-Joachim Hartstein

Covergestaltung Barbara Thoben, Köln, nach dem Originalumschlag von Seven Stories Press
Covermotiv © Michael Salu
Gesetzt aus der Stempel Garamond und der Cocogoose Compressed
Satz Buch-Werkstatt GmbH, Bad Aibling
Druck und Bindung CPI books GmbH, Leck
ISBN 978-3-462-00076-4

Ein Leben gegen die Ungerechtigkeit – das 20. Jahrhundert in 5 Tagebüchern

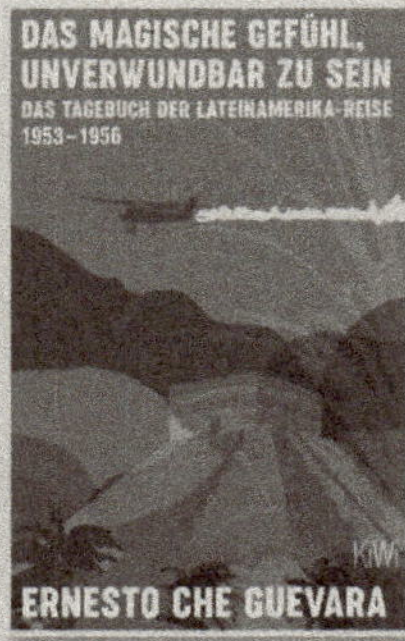